El Cártel Judicial

Radiografía de un poder fallido

J. JESÚS LEMUS

Grijalbo

El Cártel Judicial
Radiografía de un poder fallido

Primera edición: enero, 2024

D. R. © 2023, J. Jesús Lemus

D. R. © 2024, derechos de edición mundiales en lengua castellana:
Penguin Random House Grupo Editorial, S. A. de C. V.
Blvd. Miguel de Cervantes Saavedra núm. 301, 1er piso,
colonia Granada, alcaldía Miguel Hidalgo, C. P. 11520,
Ciudad de México

penguinlibros.com

ISBN: 978-607-384-007-1

Impreso en México – *Printed in Mexico*

Para René Cosme Ramos Limón y Xóchitl Beatriz De la O Yerenas, porque con su litis salvan el periodismo, y porque —como dijo el poeta— sus manos trabajan por la justicia, y porque son pueblo y los quiero. Con mi eterna gratitud, admiración y mi corazón bordado de alegría: gracias, abogados.

Para Viridiana Baena, roca-mujer-ángel de hierro y silencio, que con su valentía y coraje nos ha sacudido a todos. Porque su ejemplo de lucha nos ilumina siempre, y porque ha resignificado la palabra humanidad. A ella, mi gratitud por los siglos de los siglos...

Para Martha Alicia Pérez, porque su desprendimiento ha sido luz en la oscuridad y campana en el silencio. Por su infinito amor profundo. Por su esperanza en la humanidad y en la justicia social. Porque siempre es roble de sombra y arroyo de aguas cristalinas.

Para Bo. La niña eterna de mis ojos, por su amor indivisible, por el pocillo de café, y porque por ella todo lo puedo.

Para mis hermanos Manuel y Juanita Lemus Espinosa, pilares indisolubles, fe y cariño. Amor y silencio. Mis hermanos del alma, y compañeros en esta enorme y emocionante aventura llamada vida. Por el paseo en San Francisco.

Para mis amigos Moisés Vásquez, Felipe Ruiz, Karen de la Garza, Margot Guerrero, José Ochoa, Sonia López de Worner, Marco Antonio Aviña Kick, María Rojas Hernández y Monserrat Chaparro, por el refugio y apoyo que significaron durante la travesía de esta investigación. Gracias por sus consejos.

Índice

Introducción

Como delincuentes

> Y Caín dijo a su hermano Abel: "Vayamos al campo". Y aconteció que cuando estaban en el campo, Caín se levantó contra su hermano Abel y lo mató.
>
> GÉNESIS 4:8

Al más puro estilo de las organizaciones criminales, como si se tratara de un cártel, así opera el Poder Judicial en México. No es fortuito. Eso es producto de las complicidades que —en las últimas décadas— se han tejido al interior del tercer poder de la República, en donde los poderes fácticos se han acomodado para imponer su imperio. Pareciera que el Poder Judicial ha sido secuestrado y ello lo ha convertido en una cofradía de letrados, hombres y mujeres, que se olvidaron de la más alta encomienda, la de impartir justicia, solo para entregarse a la defensa de intereses particulares, a veces propios, a veces ajenos, siempre alejados de lo constitucional.

Contrario a la visión oficial de la Suprema Corte de Justicia de la Nación (SCJN) y del Consejo de la Judicatura Federal (CJF), los dos principales órganos directivos del Poder Judicial federal, que refieren un compromiso de impartición de justicia sin distingos, expedito y

9

cada vez más cercano a la gente, a ras de la calle y al amparo del periodismo de investigación se observa lo contrario: el Poder Judicial en México, hasta donde nos alcanza la luz del razonamiento, a causa del secuestro del que es objeto, ha dejado de operar socialmente; se ha convertido en un instrumento al servicio de las élites y de los grupos sociales y políticos que se consideran dueños de México, que cada vez más rapaces insisten en medrar con el uso del derecho para adueñarse de la justicia.

Como si en México no hubiera más que robar o como si el milenario robo de los recursos y el territorio no se hubiese consumado a plenitud, los poderes fácticos, ese sector neoliberal y conservador de la sociedad que al margen de las instituciones ejerce presión para inclinar la gobernanza a su favor, ahora no solo influyen, sino que, vía el asalto, se han apropiado de las decisiones del Poder Judicial y con ello también se han adueñado de la justicia, el último refugio de igualdad que legalmente persiste entre las disparejas clases sociales que coexisten en el país.

En un México donde el día a día se imbuye en el argot de la criminalidad, como si fuera parte de una herencia no reclamada pero a la fuerza otorgada, brota naturalmente la necesaria analogía imaginativa para entender al Poder Judicial como un poder fallido dentro de la República: este poder, en términos generales, hoy opera como si se tratara de una organización criminal más, como una de las tantas que perviven en el México surrealista medrador del pueblo. Solo que esta "organización" no opera desde la clandestinidad ni sus miembros usan uniformes de faena, ni portan armas con sus carrilleras, ni andan a salto de mata. En lo que bien se podría nombrar el Cártel Judicial se cambiaron las casas de seguridad por juzgados; los centros clandestinos de mando por lujosas oficinas; los uniformes de faena, armas y carrilleras por togas, jurisprudencias y amparos; y todos los juzgadores caminan empoderados, intocados, sin ser molestados o cuestionados por la opinión pública. A manera de organización criminal, el Cártel Judicial está presente en todo el territorio nacional, bajo un mando directriz denominado Suprema Corte de Justicia de la Nación y una jefatura de control a la que se le conoce como CJF. El resto de la "organización" funciona a manera de células que mantienen el control en cada uno de los órganos jurisdiccionales que operan en los circuitos y distritos judiciales, controlados como si se tratara de plazas. El silencio ominoso de la prensa mexicana, cada vez más cercana al poder político, definido en sus facciones como una izquierda mal dibujada y una derecha totalizadora, pero que en sus extremos se tocan por la inercia del gen de la corrupción, no ha sido capaz de exponer el grado de putrefacción en el que se encuentra inmerso el Poder Judicial. Ese tema no se ha expuesto desde los medios de comunicación por la hermandad que siempre enraíza la corrupción entre todos los poderes donde se hace presente. Ha tenido que ser, desde el púlpito presidencial, la clase política la que, aun sin desvelar certeramente los signos de la corrupción dentro del Poder Judicial, ha planteado la necesidad de un nuevo paradigma para ese poder federal.

En el nuevo paradigma que plantea la operación del Poder Judicial de la Federación no es descomunal atribuirle, en términos generales, una autoría criminal. Sobre todo si entendemos que criminalidad es el conjunto de actos antisociales que se cometen por uno o varios actores contra la colectividad. En este caso, como quedará asentado a lo largo de este trabajo, son algunos de los propios ministros, magistrados, jueces y secretarios de juzgado los que, haciendo un uso faccioso e interpretativo del marco jurídico, causan a la sociedad mexicana tanto o más daño que la criminalidad vulgar, al manipular la Constitución, los códigos y los reglamentos —las leyes en general—, para torcerlos a favor de sus intereses y con ello convertir los cánones en cañones, en verdaderas armas de daño masivo.

Bajo ese principio, tampoco es desproporcionado referir que el actual comportamiento antisocial que se observa por parte de algunos funcionarios de mando dentro del Poder Judicial, con su manipulación facciosa de las leyes, para satisfacer intereses insanos, a veces contra particulares, a veces contra el bien común, siempre alejados de la justicia, bien podría calificarse como crímenes de lesa humanidad, sobre todo si tomamos en cuenta lo que establece el artículo 7 del Estatuto de Roma de la Corte Penal Internacional, que a la letra refiere que se entenderán como crímenes de lesa humanidad aquellos actos "que se cometan como parte de un ataque generalizado o sistemático contra una población civil y con conocimiento de dicho ataque".

Los ataques "generalizados o sistemáticos" del Poder Judicial hacia la población mexicana son conscientes por parte de los juzgadores, y se pueden considerar como tales, por ejemplo, cada vez que se trata de la emisión de amparos que se otorgan a empresas y capitales que se comen el territorio en busca de los últimos recursos naturales y que dejan en la orfandad a las comunidades tutoras naturales de esos bienes; o cuando, aun sabiendo que es prevaricación, se dictan sentencias condenatorias a personas inocentes que alimentan la voraz maquinaria creadora de delitos —que sigue operando en la Fiscalía General de la República (FGR) y en todas las fiscalías estatales—; o cuando simplemente el sistema judicial se mantiene ciego, impasible, ante los reclamos de justicia que surgen desde cualquiera de los rincones del país.

Estos ataques generalizados contra la sociedad mexicana, representados en la mala actuación de los juzgadores, no son limitativos del Poder Judicial en su esfera federal. Los mismos vicios se replican en los poderes judiciales de los 32 estados que integran el Pacto Federal. No hay un solo Poder Judicial en ninguna de todas las entidades del país que pueda decirse a salvo del secuestro —por parte de los poderes fácticos— de sus juzgadores. Ningún Poder Judicial local se encuentra ajeno a vicios institucionales como la corrupción, la falta de rendición de cuentas, los dorados privilegios, la opacidad financiera, el nepotismo, el torcimiento de las leyes y la protección entre iguales para la comisión de injusticias a través del uso del derecho.

El Cártel Judicial, como bien podría llamarse a esta clase social que ha surgido aparte y en la que muchos de los funcionarios del Poder Judicial federal se han convertido, luego de ser elevados a ministros, magistrados, jueces y secretarios de juzgados, puede ser tan letal como el más violento de los grupos delictivos; una sentencia a modo —infundada, a la ligera, sin elementos de prueba, con pruebas viciadas o para satisfacer intereses personales— puede llegar a ser peor que la muerte. La muerte es rápida e inmediata, pero una sentencia injusta se vive y duele cada minuto de cada día que se pasa purgando en prisión. Una sentencia sin pruebas, sin estudio y sin razón puede a veces ser más dañina que una ráfaga de un rifle AK-47. Hay quienes han sobrevivido a la ráfaga de un rifle y hay quienes han muerto en prisión a causa de una sentencia injusta.

No alcanzarían un mar de tinta ni un océano de papel para plasmar aquí las decenas, cientos de testimonios recabados a lo largo de este trabajo de personas privadas de su libertad, muchas de ellas todavía en prisión, que refieren cómo comenzaron a morir lentamente cuando frente a la rejilla del juzgado escucharon la sentencia condenatoria de años, dictada por un juez al que nunca conocieron y el que nunca escuchó sus alegatos, más aún, que torció la ley a su modo para dictar lo que a su conveniencia quiso, sin importar el debido proceso. El dolor de una sentencia injusta, dictada por un juez de encomienda, es uno de los más grandes dolores que nadie quiere ver ni escuchar en primera persona. Una sentencia injusta es siempre la evidente reafirmación del Estado fallido. Por eso el legislador consideró las sentencias injustas como un atetado al orden establecido. Por eso las sentencias injustas son consideradas un delito cometido por los servidores públicos. Al menos así queda establecido en el artículo 225, párrafo VI, del Código Penal Federal.

Si tuviéramos que cualificar la fiabilidad del Estado mexicano en función de sus sentencias emitidas y apegadas a lo que los jueces llaman el principio de legalidad y certeza, respetando el Estado de derecho, que no es otra cosa que el principio de gobernanza por el que personas, instituciones públicas y privadas y el propio Estado, incluyendo el Poder Judicial, estamos sometidos a las leyes, tendríamos que comenzar por reconocer, sin apasionamientos de ningún tipo, que el principal problema de la impartición de justicia es la subjetividad con la que los juzgadores entienden la ley para su aplicación.

Por el propio carácter natural de lo subjetivo, la subjetividad es imposible de medir. Con tantos mecanismos de medición que hoy día precisan las ciencias sociales, no existe uno solo con el que en México se pueda establecer algún tipo de parámetro para cuantificar las percepciones y los argumentos que fundamentan el punto de vista de un sujeto —en este caso el juez—, y que a final de cuentas lo mueven poderosamente para sentenciar un asunto legal influido solo por sus intereses y deseos particulares. Por eso es imposible medir el carácter subjetivo con el que están elaboradas todas las sentencias.

La subjetividad con la que actúan los juzgadores del Poder Judicial es innegable. Pero si pretendemos establecer al menos un punto de entendimiento para dimensionar la grave crisis en la que se encuentra el Poder Judicial, solo tomemos una referencia para que los datos hablen por sí mismos: en una estimación resultante de la revisión de sentencias penales emitidas en primera instancia por los jueces federales de los estados de Michoacán, Jalisco, Estado de México, Veracruz, Sonora y Chiapas, se revela que, en promedio, de cada 230 sentencias dictadas en primera instancia, solamente una (0.4%) de ellas no causa apelación. Es decir, de cada 230 sentencias resueltas, en promedio 99.56%, un total de 229 están marcadas por la inconformidad de al menos una de las dos partes actuantes dentro de un litigio, las que por el solo hecho de la apelación están manifestando su desacuerdo con la forma en que el juzgador observó la ley y la torció a favor de sus propios intereses y deseos personales.

Si bien es cierto que la aplicación de la justicia no debe necesariamente dejar conformes a las partes actuantes dentro de cualquier litigio, también resulta que el nivel de apelaciones que se registran en el sistema judicial mexicano es por mucho mayor a los niveles de inconformidad que se registran en otros poderes judiciales de otras partes del mundo. Veamos unos breves datos de nuestra región americana; en Guatemala, por ejemplo, de cada 100 sentencias penales, solamente 78 de ellas van a la apelación. En El Salvador, de 100 sentencias penales emitidas, solo 86 de ellas se encausan por la parte afectada para ser revisada por una instancia superior. En Honduras, 59 de cada 100 sentencias emitidas son las que se tramitan en la apelación. En Colombia, de cada 100 sentencias emitidas, 90 de ellas, en promedio, son remitidas a la apelación; mientras que en Perú las cifras son casi iguales a las de Colombia: 89% de las sentencias de primera instancia recurre a la revisión de un tribunal de alzada. En Estados Unidos, en cifras generales, solo 43% de las sentencias penales son remitidas por cualquiera de las partes en litigio para ser revisadas por una instancia superior.

El hecho de que en promedio 99 de cada 100 sentencias que se emiten en la primera instancia dentro del Poder Judicial mexicano se tengan que ir a la apelación en un tribunal superior no es ni siquiera una cuestión de derecho que les asiste a los inconformes con el actuar del juez de primera instancia. Es más bien una manifestación de desconfianza que se tiene con el juzgador inicial, primero por la subjetividad con la que el juez observa la ley y después por la serie de vicios que se han arraigado en todos los juzgados, donde el principal de esos vicios es la corrupción.

Sin duda alguna, entendiendo a la corrupción como el principal lastre que afecta al Poder Judicial para llegar al estado de secuestro en el que se encuentra, hay que destacar que ese fenómeno reinante en las instancias administradoras de justicia en México no es tanto que los jueces resuelvan asuntos en función de un pago recibido, que es una situación que sí se registra en muchos de los juzgados de distrito del país, y si bien ese hecho es un grave problema, eso no es generalizado dentro del Poder Judicial. Lo que sí es casi generalizado, y también es corrupción, es que por la subjetividad la mayoría de los jueces, magistrados y ministros emite sentencias solo en función de sus propios intereses, filias y convicciones, lo que termina alejándolos de la quimérica e idílica "aplicación de la justicia sin distingos".

15

Y sobre esto no hay poder humano y mucho menos legal que obligue a un juez, a un magistrado, a un ministro, al buen comportamiento social. Todo cae en el terreno de la moralidad, que es todo y es nada a la vez. De nuevo, todo depende de la subjetividad. Ellos mismos, los miembros del Poder Judicial en México, se han procurado un marco jurídico en el que no se les exija nada objetivo en torno a la ejecución de su trabajo y que más bien todo quede en el ámbito de la subjetividad, de la interpretación, del criterio propio, para poder llevar a cabo su encomienda de juzgadores, aun cuando esa encomienda signifique imperar, como un dios, por encima de muchas vidas.

Resulta por demás increíble que en un México como el de hoy, donde la revolución de las conciencias se encuentra en su máxima expresión, donde la primavera democrática florece esperanzadora —como nunca—, donde se reclama una insistente y nívea transparencia sobre los poderes Ejecutivo y Legislativo, no se pida abiertamente una transformación a fondo dentro del Poder Judicial. Hasta el cierre de este trabajo, solo algunas posturas esporádicas del presidente Andrés Manuel López Obrador, reprochando opacidad y corrupción dentro de la casta de juzgadores, es lo que apunta a la necesidad de una reforma —urgente tanto legal como moral— al interior del Poder Judicial. Fuera de ahí, aun cuando las quejas van en aumento, nadie habla de la urgencia de modificar las reglas de operación de ese poder que tiene la alta responsabilidad de la impartición de justicia.

La reforma al Poder Judicial reclamada por el presidente Andrés Manuel López Obrador, que prácticamente urge antes de que se resquebraje la República, no es novedosa en términos del discurso presidencial con el que se pretende desaletargar a los mexicanos. Ese mismo reclamo ya se ventilaba a principios de 1940, al final del sexenio del presidente Lázaro Cárdenas del Río. Desde entonces, según lo refiere la Hemeroteca Nacional y sus mudas páginas amarillas de los diarios de la época, desde el Poder Ejecutivo ya se reclamaba una transformación a fondo en ese poder de la nación, sobre todo por considerar que no estaba puesto a las causas del pueblo.

Ese reclamo, que no ha variado en los últimos 80 años, sigue tan vigente como antes. Cada vez son más las voces que se suman a la exigencia de una transformación a fondo dentro del Poder Judicial de la Federación, el que se estima más y más alejado de la población. Y cómo no va a estar alejado de la gente si desde lo más básico incumple con las normas de la democracia, que es el terreno en el que siempre quiere ser considerado como producto que es de la democracia.

Desde lo básico, el Poder Judicial es, de los tres poderes que conforman la República mexicana, el más antidemocrático y en consecuencia el menos transparente. Al menos el Ejecutivo y el Legislativo, pese a todos sus vicios, están impregnados de la solvencia moral y social que les otorga el uso del sufragio efectivo. Hoy, producto de la inmersión en la democracia participativa, es imposible concebir a un Poder Ejecutivo, representado en un presidente de la República, un gobernador o un alcalde, sin el debido respaldo popular manifiesto en votos. De igual manera es imposible siquiera imaginar un conjunto legislativo, apersonado en diputados y senadores, sin el respaldo popular o sin haber sido avalado en el campo de la batalla electoral. No por nada se encuentra en vilo la permanencia de los diputados plurinominales, cuya principal carencia de autoridad natural la brinda la falta del respaldo popular encarnado en los votos.

Si no fuera porque existe, sería imposible pensar en un Poder Judicial, y los consecuentes 32 poderes judiciales de los estados, sin la participación de la sociedad a través del voto legitimador. Sin embargo, en México es una realidad la existencia de un Poder Judicial federal y local que no tiene un solo proceso interno —a partir de la selección de sus integrantes y dentro de los órganos administradores de justicia— en donde tenga que ver la población a través del voto. Ni siquiera en la designación de los más importantes cargos, como pudieran ser los ministros y el presidente de la SCJN o los ministros y el presidente del Supremo Tribunal de Justicia de cada una de las 32 entidades del país.

El Poder Judicial, en términos generales, por lo visto es inmune al reclamo democrático. Parece mentira, pero es cierto: no existe un solo funcionario dentro del Poder Judicial que sea electo popularmente. Hay procesos de elección, como el que se da para el cargo de presidente de la SCJN, pero no participa la gente. Ahí, en esa ecléctica elección, solo intervienen los 11 ministros de la SCJN, los que se eligen entre sí, lejos de la población, como si se tratara de mantener a la chusma alejada de esa inmaculada clase que pareciera que lo único que busca es continuar preservando sus privilegios.

Lo más parecido a la democracia, para designar funcionarios dentro del Poder Judicial, cuando no se trata de elecciones cerradas entre un grupo reducido de una misma élite que se elige entre sí, es lo que se conoce como concursos por oposición, una herramienta relativamente certera y medianamente eficiente para que las bases del Poder Judicial, aquellos sin palancas, puedan aspirar a ser parte de la élite de poder. Los concursos por oposición son un instrumento semidemocrático muy muy reciente. Su uso se institucionalizó como herramienta obligatoria a partir de la promulgación —por parte del presidente Andrés Manuel López Obrador, el 7 de junio de 2021— de la Ley de Carrera Judicial del Poder Judicial de la Federación.

En el artículo 20 de dicha ley se establece que a través del concurso cualquier persona puede aspirar a formar parte del Poder Judicial; en el artículo 21, que la forma de promocionarse para los cargos de actuaria o actuario, secretaria o secretario de juzgado, asistente de constancias y registro de jueza o juez de control o juez o jueza de enjuiciamiento, secretaria o secretario de tribunal o asistente de constancias y registro de tribunal de alzada, secretaria o secretario instructor, de constancias, de audiencias, de acuerdos, de diligencias y de instrucción de los juzgados laborales y magistrada o magistrado se tendrá que hacer por medio de los concursos internos de oposición.

Eso es lo que marca la ley, porque en la práctica la inercia antidemocrática se sigue dando dentro del Poder Judicial de la Federación. La mayor cantidad de cargos, aun cuando por ley deberían darse por selección a través de un concurso público y abierto de oposición, se siguen dando por designación directa. Aquí es donde surge otro de los vicios del Poder Judicial, el nepotismo, que no solo ha sido tolerado, sino alentado desde los más altos órganos directivos de ese poder de la República. De acuerdo con información oficial emitida por el CJF, dentro del Poder Judicial existen un total de 737 jueces de distrito y 874 magistrados de circuito,[1] que en forma práctica son los juzgadores federales que corren con la carga de trabajo de impartición de la justicia. En pocas palabras, son ellos los responsables de materializar la principal labor del Poder Judicial: brindar acceso a la justicia a todos los mexicanos.

Con esa alta encomienda lo menos que se podría esperar es que la constitución de esos juzgadores fuera el resultado de un mínimo proceso democrático de selección, a través del voto de la población a la que están destinados a gobernar. Pero no es así. Resulta todo lo contrario; la mayoría de los juzgadores habilitados dentro del Poder Judicial para atender a la población llegó a su puesto por designación directa de "alguien" en la cúpula de la élite del poder. Solo un muy reducido porcentaje de jueces y un número aceptable de magistrados llegaron a su cargo a través de un concurso directo de oposición, que aunque esta figura también registra sus vicios, resulta un tanto alentadora si se toma al menos como un instrumento que intenta democratizar al Poder Judicial.

Solo para tratar de ilustrar lo anterior veamos algunas cifras. De acuerdo con la información oficial que proporciona el CJF, de los 737 jueces de distrito que se encuentran habilitados en juzgados federales, solo 11% de ellos, un aproximado de 81 jueces, llegó a su cargo a través de un concurso de oposición. Pero en contraparte resulta que 89% de los jueces de primera instancia del Poder Judicial llegó a su cargo

---

[1] Consejo de la Judicatura Federal, respuesta oficial a solicitud de información, oficio SEA/DGRH/URL/38246/2022, Ciudad de México, 28 de octubre de 2022.

por sus relaciones políticas y personales. Es decir, de los 737 jueces habilitados como juzgadores de distrito, un total de 655 de ellos fueron designados directamente, la mayoría de las veces por recomendación de algún amigo o pariente con poder dentro del CJF. Por esa razón, al menos así se puede entender, el mayor número de deficiencias en la aplicación de la ley en las sentencias del Poder Judicial proviene de la primera instancia de los juzgadores, en donde se privilegia la amistad antes que la capacidad y el conocimiento de la ley.

Otra cifra que resalta, y que permite entender cómo de origen está viciado el Poder Judicial, es la que señala cómo son asignados los magistrados: de los que se estima que de los 874 funcionarios que están habilitados como tales, 30% de ellos —es decir, 262— fue designado en forma directa por sus relaciones personales y políticas que impactaron dentro del Consejo de la Judicatura del Poder Judicial de la Federación. El 70% de todos los magistrados del Poder Judicial —esto es, un total de 611 de esos funcionarios— llegó al desempeño de juzgadores por sus propios méritos, basados en el principio de que sus capacidades fueron mejores que las de otros, lo que así pudo haber quedado demostrado en los concursos directos de oposición.

Pero es necesario señalar que, si bien es cierto que no todos los jueces y magistrados del Poder Judicial de la Federación son corruptos, al menos sí es un hecho sabido que los concursos de oposición para ocupar los cargos arriba mencionados se han corrompido. Para nadie dentro del Poder Judicial federal es un secreto que las respuestas a los exámenes que se presentan en los concursos de oposición para diversos cargos dentro de la carrera judicial, principalmente los que se refieren a los cargos de jueces y magistrados, siempre se proporcionan al mejor postor. A cambio de un pago económico, o a veces hasta por favores sexuales, se pueden obtener anticipadamente las respuestas de los exámenes.

La fuga de información de las respuestas es un tema que ha llegado a ventilarse dentro de la SCJN. Pero, incluso ahí, los ministros de ese máximo tribunal han guardado silencio. Los ministros se han convertido en cómplices de la corrupción dentro del Poder Judicial, al optar por no hacer ningún tipo de posicionamientos cuando se ha requerido. Es como si se tratara de cubrir complicidades o no se quisiera desenterrar pasados. El costo económico por las respuestas de un examen de oposición para el cargo de juez de distrito llega a oscilar entre los 500 mil y los 700 mil pesos, dependiendo cuál sea el distrito cuya titularidad está en juego. Por lo que hace a los exámenes para magistrados, estos llegan a tener un costo por encima de los 2 millones de pesos hasta los 5 millones de pesos, dependiendo también del tribunal del que se trate o si la plaza en juego es de un tribunal unitario o colegiado.

Pero más allá de la corrupción que en sí representa la institución de estos concursos, también —con el fin de poder establecer responsabilidades— es necesario revisar a fondo la operatividad corrupta de otras figuras dentro del andamiaje administrativo de la impartición de justicia. Y es que no toda la responsabilidad de la corrupción en la que se encuentra inmerso el Poder Judicial debe atribuirse a la actuación de los jueces, magistrados y ministros. Existe otra figura que se resguarda, agazapada entre las montañas de expedientes acumulados dentro de los juzgados, que medra silenciosamente con la impartición de la justicia. Esa figura es la de las y los secretarios de juzgado y la de las y los secretarios de tribunal.

Esa, la de secretario o secretaria de juzgados y secretaria o secretario de tribunal, es sin duda la figura más importante —en términos prácticos— dentro de la operación del engranaje judicial mexicano. Sin el secretario de juzgado o tribunal no tienen campo de acción ni operatividad el juez de distrito de primera instancia ni el magistrado de circuito, porque al secretario de juzgado y al secretario de tribunal les corresponden funciones de información que les infunden vitalidad al propio juez y al magistrado. El secretario de juzgado y el de tribunal son los que siempre tienen que ver con la pormenorizada asistencia para la decisión final de cada proceso penal. El secretario de juzgado y tribunal es la persona que más conoce de cada caso que se ventila en el aparato judicial. Él lleva la cuenta de las pruebas, de las actuaciones, de las declaraciones de partes, y con base en ello realiza recomendaciones finales al juez o al magistrado para que la justicia de la balanza se incline a un lado u otro. Esto, claro, también dependiendo de los propios intereses del secretario o secretaria, los que pueden o no empatar con los del juzgador formal.

Antes de entrar en revisión del grado de corrupción que permea dentro del Poder Judicial es importante precisar que no necesariamente todos los que trabajan ahí están imbuidos dentro de esa descomposición que parece acelerada en las últimas dos décadas. Claro que hay buenos, dignos, excelentes trabajadores de la impartición de justicia, pero lamentablemente son los menos frente a todos los juzgadores que han optado por el camino de la corrupción.

De acuerdo con datos oficiales, proporcionados por el CJF a través de una respuesta oficial a una solicitud de información,[2] hasta enero de 2020 eran un total de 28 mil 869 los funcionarios adscritos al Poder Judicial, los que por contar con decisión de mando tienen a su cargo y son los verdaderos responsables de la impartición de justicia de la que tanto se habla. Así, se puede decir que la aplicación de la justicia recae en 19 mil 459 oficiales administrativos, de los que 12 mil 086 son mujeres y 7 mil 373 son hombres; 4 mil 372 secretarios de tribunal, de los que mil 981 son mujeres y 2 mil 391 son hombres; 3 mil 583 secretarios de juzgado, de los que mil 478 son mujeres y 2 mil 105 son hombres; 841 magistrados de circuito, de los que 157 son mujeres y 684 son hombres, además de 614 jueces, de los que 157 son mujeres y 457 son hombres. Ellos son los verdaderos impartidores de justicia.

Si a ellos les sumamos los 11 ministros de la SCJN, los seis ministros del CJF y los siete magistrados del Tribunal Electoral del Poder Judicial de la Federación, en total son 9 mil 434 funcionarios los que

---

[2] Consejo de la Judicatura Federal, respuesta oficial a solicitud de información, oficio SEA/DGRH/URL/4881/2020, Ciudad de México, 29 de enero de 2020.

verdaderamente tienen poder de impartición de justicia. Es importante considerar esta cifra con el fin de establecer que no todos los que laboran dentro del Poder Judicial de la Federación se dedican a administrar la justicia. Con esto, lo único que se quiere señalar es que es injusto cuando se generaliza de corrupto a todo el Poder Judicial. Ahí también trabajan, en tareas ajenas a la supuesta impartición de justicia, haciendo operativo todo el aparato de gobierno judicial, un total de 36 mil 856 personas.

Es decir que, aun cuando el Poder Judicial se identifica popularmente por ser el área de gobierno en donde se imparte justicia, solo uno de cada cinco (20%) de los que ahí trabajan están relacionados con la tarea real de aplicar justicia. La justicia a su entender. Son ellos los que han contribuido a llevar al estado actual —al menos de crisis de credibilidad— en el que se encuentra el Poder Judicial de la Federación. Y hay que resaltar que justamente esa crisis de credibilidad, por no decir la vorágine de corrupción en la que se encuentra el Poder Judicial, es producto de la cuestionable actuación de la mayoría de los jueces de primera instancia y muchos de los magistrados.

Ese personal, responsable de la impartición de la justicia en México, se encuentra distribuido en un total de 415 juzgados de distrito y en 419 tribunales de circuito, extendidos a lo largo de todo el territorio nacional, en donde —por razones obvias— se registra mayor cantidad de juzgados de distrito y tribunales de circuito en función de la densidad demográfica de cada región; así, resulta que las entidades con menor población, como Baja California Sur (tres juzgados y tres tribunales), Campeche (tres juzgados y cuatro tribunales) y Colima (tres juzgados y tres tribunales), son las que cuentan con menor número de centros de impartición de justicia. En contraparte, las entidades con mayor población, como la Ciudad de México (68 juzgados y 94 tribunales), el Estado de México (32 juzgados y 23 tribunales) y Jalisco (33 juzgados y 36 tribunales), son las que más instancias de impartición judicial registran.

Otra cifra a destacar antes de entrar de lleno a la revisión de los procesos de corrupción dentro del Poder Judicial, los cuales se han convertido en la principal razón para que la justicia brille por su inoperancia en nuestro país, es la que se refiere a la designación directa de los jueces de primera instancia, que al final de cuentas son los primeros juzgadores del Poder Judicial que tienen mayor proximidad social. En ninguno de los circuitos judiciales (entidades federativas) del país la cantidad de jueces que llegan al cargo por concurso de oposición es mayor al número de los que son asignados directamente por amistad o compadrazgo desde el poder.

De 706 jueces de distrito que están asignados en las 32 entidades del país, solo 84 de esos ellos, es decir, 11.8%, han llegado al cargo por méritos propios, a través de concursos de oposición. Eso considerando que los concursos abiertos de oposición fueran honestos. De esos 706 jueces de distrito que operan en todo el territorio nacional, 612, es decir, un aproximado de 88.2%, fueron habilitados en el cargo por designación directa, sin tener —en muchos casos— la suficiente capacidad para comenzar a emitir sentencias de ningún tipo. Eso es lo que hace entender que la mayoría de las sentencias que se emiten en primera instancia luego tienen que corregirse, con mayor apego al Estado de derecho, en los tribunales de alzada, en donde, contrario a lo que ocurre en los juzgados de primera instancia, los magistrados son en su mayoría asignados por concursos de oposición.

Las estadísticas oficiales del CJF indican que de 867 magistrados que al cierre de este trabajo, en mayo de 2023, se encontraban habilitados, 255 (29.4% de ellos) llegaron al cargo por designación directa desde la superioridad del Poder Judicial. En contraparte, de los 867 magistrados que operaban hasta mayo de 2023, 612 de ellos (70.5%) llegaron al cargo mediante concursos abiertos de oposición, lo que en teoría garantiza la imparcialidad de los juzgadores por haber llegado sin compromisos a las salas de aplicación de justicia.

Pero, si es escandalosa la corrupción en cuanto a la operatividad de jueces y magistrados que no están preparados para el cargo pero que llegan al mismo solo por sus buenas relaciones públicas, habrá que ver el otro rostro del Poder Judicial, el peor de todos los rostros, el que han configurado unos cuantos jueces y magistrados que por su ambición económica han hecho que la justicia se toque en sus extremos con uno de los poderes más fuertes de México, el de la delincuencia organizada. Sí, lamentablemente es una realidad lo que desde siempre se ha supuesto: dentro del Poder Judicial mexicano existe un grupo de jueces y magistrados que se han dejado seducir por la tentación del dinero. A causa de esa tentación se ha vendido la justicia, ya no solo al que más tiene o al mejor postor, sino que se ha vendido a los más crueles, a los que —desde décadas— por su propio derecho a delinquir tienen a una nación desangrándose.

Hasta ahora solo se había hablado de un Estado mexicano fallido con base en las relaciones y contubernios sostenidos entre los poderes de la criminalidad con instancias del Poder Ejecutivo; los casos de Genaro García Luna, como secretario de Seguridad Pública (SSP), en el gobierno de Felipe Calderón, o del general Salvador Cienfuegos Zepeda, secretario de la Defensa Nacional (Sedena), en el gobierno de Enrique Peña Nieto, aun cuando son icónicos para sugerir que el Poder Ejecutivo se rindió ante intereses personales, apenas si fueron suficientes para plantear mediáticamente el fracaso del Estado. Ese reconocimiento mediático —del fracaso del Estado— si acaso ha pasado a lo efímero del discurso, pero no más allá.

Hasta hoy nadie ha señalado la posibilidad del Estado fallido no solo por la puesta del Poder Ejecutivo al servicio de la criminalidad, durante los periodos de gobierno de Vicente Fox, Felipe Calderón y Enrique Peña Nieto, sino por la entrega del Poder Judicial, al menos una parte de él, al servicio de los poderes fácticos de la criminalidad. Al día de hoy decenas de juzgados de distrito y juzgados colegiados o unitarios de circuito, aun cuando parece que trabajan por la justicia, están torciendo la justicia a favor de algunos representantes de las principales organizaciones criminales del país. Ese torcimiento se hace porque diversas organizaciones criminales tienen pleno control de las acciones de magistrados, jueces, secretarios o secretarias de juzgado y oficiales judiciales, a través de los cuales, por interpósito pago, quien verdaderamente manda en la instrucción judicial es el poder de la criminalidad.

No hay una sola organización criminal, de las grandes y mediáticas que se reconocen a nivel nacional, que no tenga comprados a funcionarios del Poder Judicial en todos los estados del país. Solo así se entiende el fenómeno que tantas veces ha sido señalado por el presidente Andrés Manuel López Obrador, quien desde su conferencia mañanera no ha tenido límite al señalar la corrupción que ahí permea. El presidente ha resaltado que muchos de los jueces y magistrados "pareciera que están al servicio de los grupos delictivos", sobre todo por la forma tan fácil en que se otorgan las liberaciones a los miembros de los grupos criminales, que el gobierno federal de la 4T ha dado en llamar "generadores de violencia". Esos son los mismos a los que en el gobierno de Enrique Peña Nieto y antes en el de Felipe Calderón se les llamaba "objetivos prioritarios de la justicia", y que fue cuando abogados asociados a grupos criminales de todas las denominaciones se arraigaron dentro del Poder Judicial de la Federación.

Aquí hay que destacar que aun cuando la infiltración del crimen organizado en dicho poder es una realidad bien documentada, esta situación, por decoro o por vergüenza, o mejor dicho por opacidad, se niega a ser reconocida por el órgano matriz: en por lo menos medio centenar de ocasiones, entre 2015 y 2023 —según obra en el registro de solicitudes de la Plataforma Nacional de Transparencia— el CJF ha reiterado de manera oficial a decenas de solicitantes que hemos pedido información sobre las sanciones aplicadas, nombre y número de jueces y ministros que han sido suspendidos de su cargo por corrupción u otras conductas atípicas, que "no cuenta con la información" o ha recurrido múltiples veces a la consabida y salvadora fórmula de "que no se cuenta con un registro que atienda lo solicitado, por lo que se tendría que elaborar un documento *ad hoc* para la atención de la solicitud", esto con el fin de eludir su obligación de informar sobre esa realidad lacerante.

Pese a que el silencio del CJF resulta no solo cruel, sino infame, sobre la cantidad de jueces y magistrados que están coludidos con los cárteles de las drogas, desde el interior de muchas de estas principales agrupaciones criminales surgen voces que hablan de la relación real que mantienen con algunos de los funcionarios encargados de la impartición de justicia en todo el país. Sin querer dar más crédito a la palabra de los que actúan fuera de la ley, pero tampoco dejando incuestionada la postura de complicidad del Consejo de la Judicatura del Poder Judicial, que reconoce de manera oficial no tener información sobre el número de jueces y magistrados que están coludidos con los cárteles de las drogas, es necesario al menos establecer que sí existe una casta de juzgadores federales que son pagados por las cúpulas de las principales agrupaciones criminales y que por lo tanto se encuentran al servicio de estas.

Entre las agrupaciones criminales, principalmente cárteles de las drogas, algunos de cuyos miembros aseguran tener a jueces y magistrados si no dentro de una nómina, sí pagados por sus servicios de juzgadores, se encuentran los cárteles de Sinaloa, de Tijuana, de Ciudad Juárez, de Los Caballeros Templarios, de La Familia Michoacana, de Jalisco Nueva Generación, del Golfo, de Los Zetas, de los Beltrán Leyva y de otras 64 organizaciones criminales locales, que en conjunto suman un total de 73 grupos criminales que no solo tienen presencia en todo el territorio nacional, sino que también cuentan con protección dentro del Poder Judicial de la Federación, donde al parecer tienen el fuero necesario para delinquir sin que se apliquen las teóricas consecuencias que establece la ley.

El Cártel Judicial que opera a la par de otros cárteles delictivos en el país se ha valido del "hipergarantismo" —tan criticado desde el Poder Ejecutivo—, que no es otra cosa que tomar como rehén a las garantías individuales de las personas para justificar la liberación de criminales. Una hiperprotección de los derechos humanos que no se toma en cuenta cuando se trata de particulares que no pertenecen a los grupos delictivos bien organizados y que por lo mismo no pueden comprar su libertad, más allá de que sean o no responsables de los cargos atribuidos.

Una revisión simple hecha a las sentencias penales de primera instancia de todos los distritos judiciales de los circuitos de San Luis Potosí, Oaxaca, Tabasco, Estado de México y Guerrero arroja que, de cada 100 sentencias emitidas, en promedio 30 fueron absolutorias, dejando al acusado en libertad, y, de esas 30, en alrededor de 28 el juez consideró que se violentaron los derechos del detenido. Lo curioso de esta revisión es que, de cada 30 sentencias absolutorias revisadas, en promedio 27 de cada 28 personas liberadas son reconocidas en la sociedad como parte de una organización criminal. Solamente en un caso por cada 28 liberados en estos juzgados de distrito se encontró que el declarado inocente y liberado no era miembro reconocido de ninguna organización criminal de las que actúan en cada una de esas regiones.

Las cifras anteriores, que no se pueden contrastar con ningún tipo de cifra oficial respectiva —porque el CJF es totalmente opaco, anteponiendo argumentaciones legales para ocultar información—, reflejan de manera precisa cómo muchos de los jueces y magistrados tienen cierta inclinación por decantar los favores de la justicia hacia miembros de organizaciones criminales reconocidas mediáticamente. En contraparte, como si se tratara de equilibrar el número de liberados por sentencia absolutoria frente al número de sentenciados condenatoriamente, de las personas que terminan siendo sentenciadas en primera instancia solo en 10% de los casos son miembros reconocidos de la delincuencia organizada, mientras que 90% de los sentenciados son personas a las que no se les reconoce haber sido parte o estar dentro de las estructuras criminales de la delincuencia activa del país.

Pero si lo anterior es poco, para develar el grado de corrupción e infiltración del crimen organizado dentro del Poder Judicial hay otro elemento que se debe tomar en cuenta, que se refiere a la operación de la Defensoría de Oficio, una instancia del Poder Judicial que también ha sido invadida por el narco. Esa invasión no es producto de la actual gestión directiva, es más bien una herencia que se viene acarreando desde el periodo de gobierno del presidente Felipe Calderón. Durante la administración del presidente Enrique Peña Nieto no solo se encubrió la corrupción heredada en la Defensoría de Oficio, sino que se alentó. Fue hasta la administración de Andrés Manuel López Obrador cuando se inició de manera institucional una campaña permanente de erradicación de los vicios de corrupción de esa instancia.

Grosso modo, el Poder Judicial en México ha comenzado a dejar de cumplir con la función para la que fue ideado en la Constitución. Si entramos a detalle habremos de encontrar que esa falla generalizada del Poder Judicial se debe al cambio de modalidad en que se ha entrado: ahora los jueces, ministros y magistrados no imparten justicia, prefieren administrarla. Y dicho cambio de modalidad solo se puede entender a causa de una razón: muchos de los juzgadores de la nación, como parte de una casta aparte, ven en la administración de la justicia un jugoso negocio, que les permite sostener formas de vida inexplicables, llenas de lujos.

Para nadie es un secreto que la nueva clase social de la que hoy son parte los juzgadores, tanto locales como federales, se encuentra sostenida en los pilares de los altos sueldos, el nepotismo, la opacidad en la rendición de cuentas, el tráfico de influencias, las conexiones con los poderes fácticos y criminales y en la conservación de un modelo de vida de lujos millonarios. Pero a pesar de ello no hay poder humano ni legal que obligue a los miembros del Poder Judicial a la rendición de cuentas que cada vez más se alza imperiosa en todas las esferas del poder político en México.

Es más, no solo no hay poder humano ni legal que obligue a todos los juzgadores a una rendición de cuentas como a la que están obligados todos los funcionarios de la nación; simplemente no existe el ánimo colectivo o individual entre los propios juzgadores para iniciar las acciones legales tendientes a establecer el marco jurídico necesario que pueda hacer más transparente y con mayor acceso de la población al Poder Judicial. Esta tesis ha sido señalada de forma reiterada por parte del propio presidente Andrés Manuel López Obrador. Como si fuera un catalizador, la propuesta ideológica —la de la revolución de conciencias que él expone—, que da sustancia al movimiento de la Cuarta Transformación, ha revivido en el grueso de la colectividad esa urgencia de una refundación del Poder Judicial a través de una reforma constitucional que democratice la administración de justicia. Pero esta misma tesis no ha tenido ningún tipo de respuesta desde dentro del poder, ni a nivel de juzgadores locales, ni mucho menos a nivel de su cúpula directiva.

Nadie puede negar, como se dejará asentado a lo largo de este trabajo de investigación, que la corrupción dentro del Poder Judicial no es nueva. Es añeja y ha causado un grave retroceso social. Una breve revisión a la memoria hemerográfica del país da cuenta de cómo los principales medios de la época —desde antes de la Revolución— ya hablaban de la necesidad de reformar las reglas de operación del Poder Judicial, por la forma de vida dispendiosa de jueces, ministros y magistrados, pero sobre todo por la falta de honestidad en ese poder. La necesidad de transformación a fondo, para arrancar sus vicios, no es una moda pasajera en la vida política de México. Es una constante en el pensamiento político y en el ideario de la colectividad, que ha estado presente casi a la par desde el nacimiento de la República mexicana.

La necesidad de dicha refundación del Poder Judicial no solo es producto de la ineficiencia social en la que ha caído la impartición de justicia, también se fundamenta en la sospechosa vida de dispendio de los juzgadores, que se puede resumir en una sola palabra: *corrupción*. Y para que la corrupción no prevalezca impune es necesario exponer con nombres y datos exactos, desmenuzar de forma precisa cada uno de los casos de corrupción que ponen en tela de juicio la funcionalidad del Poder Judicial, que hace que siga creciendo la deuda del poder político con los más desprotegidos de la nación.

Por eso este texto. Este es un trabajo periodístico de investigación de largo alcance que pretende exponer de cuerpo completo los vicios enquistados dentro del Poder Judicial. Aquí hay nombres y datos precisos, casos detallados, eventos judiciales particulares, que solo pretenden contribuir a la exposición de las causas que hacen evidente y urgente la necesidad de una reforma constitucional. Una reforma a fondo que modifique la estructura actual de dicho poder, pues solo así se puede garantizar la supresión de los jueces-dioses que hoy tenemos: poderosos, inalcanzables, antidemocráticos y oscuros. Sentencias injustas, redes de nepotismo y corrupción, enriquecimientos ilícitos son la sustancia que compone este trabajo de investigación, en el que se expone al Poder Judicial desde dentro, donde también —hay que decirlo— hay jueces y magistrados que forman parte de una corriente que plantea la urgencia de una reforma, solo con la intención de que los jueces, magistrados y ministros sean también alcanzados por el voto popular y por la misma revocación del mandato, tal como al día de hoy están alcanzados los otros dos poderes.

Es decir, para estar *ad hoc* con la postura presidencial de que se requiere una reforma constitucional que transforme la estructura y operatividad del Poder Judicial de la Federación, no es suficiente con denunciar que los jueces, ministros y magistrados ganan salarios superiores a los del presidente de la República. El verdadero tema, que no se ha querido tocar desde el púlpito presidencial, es el alto grado de corrupción que se registra en todas las esferas de este ente, que de ser revisado a fondo no bastaría con una simple amonestación derivada del señalamiento público, sino que obliga a la concurrencia de la Fiscalía General de la República para la sanción correspondiente por la violación al marco constitucional.

La necesidad de transformar el Poder Judicial de la Federación ha sido manifiesta por el presidente Andrés Manuel López Obrador, pero más allá de pretender con ello el rescate a la justicia del marasmo de corrupción y secuestro en el que se encuentra, parece solo un instrumento del discurso para hacer crecer los bonos de popularidad que invisten a este régimen.

A la luz de la historia se observa que durante los primeros tres años de su gobierno, cuando tuvo el control de la mayoría calificada en el Legislativo, el presidente pudo llevar a cabo una reforma constitucional para transformar de fondo el Poder Judicial Federal, pero no quiso.

López Obrador se negó inicialmente a dicha reforma, porque parecía más viable el control de ese sector de gobierno —de los ministros, magistrados y jueces— a través de las buenas relaciones que sostenía con el que fuera presidente de la Suprema Corte de Justicia de la Nación, el ministro Arturo Zaldívar Lelo de Larrea. Por eso le propuso a este que se reeligiera al frente de la SCJN.

En un ataque de moralidad, el ministro se negó a la posibilidad de la reelección. Optó por el camino de la moralidad, pero a final de cuentas decidió hacerle un regaló al presidente: renunció a su cargo para que su asiento como ministro fuera ocupado por una persona cercana al propio López Obrador.

Intentando mantener el control de la SCJN, AMLO logró tener cinco ministros afines a la 4T, Lenia Batres Guadarrama, Juan Luis González Alcántara Carrancá, Margarita Ríos Farjat, Yasmín Esquivel Mossa y Loretta Ortiz Ahlf.

La relación entre la 4T y el ahora ministro en retiro, Arturo Zaldívar, dejó de ser clandestina. En una sorpresiva decisión, Zaldívar —sin argumentar motivo grave como lo establece la ley— dejó el cargo para sumarse de lleno al equipo de trabajo de Claudia Sheinbaum, que desde finales del 2023 se veía firme postulante a la presidencia de la República.

Con su decisión de quitarse la máscara y militar en una fracción política, el exministro Zaldívar demostró la tesis sustentada a lo largo de este libro: que el Poder Judicial de la Federación está poblado de ambiciones e intereses personales, y que lo último que anima a muchos que llegan a dicho cargo para la aplicación de justicia es justamente eso: trabajar para la justicia.

1

La corrupta casta dorada de la SCJN

La tierra se había corrompido delante de Dios,
y estaba la tierra llena de violencia

GÉNESIS 6:11

Si nos fuera dado entender un todo revisando solo una de sus partes, sin duda al Poder Judicial de la Federación lo podríamos conocer a la perfección solo observando el comportamiento de su órgano cumbre: la Suprema Corte de Justicia de la Nación (SCJN). Ahí se concentran muchos de los vicios de corrupción que mantienen aletargada la impartición de justicia en algunos de los tribunales de circuito y muchos juzgados de distrito en todo el país. Y es que la corrupción, si la entendemos como lo establece el *Diccionario de la lengua española*, como el "deterioro de valores, usos o costumbres", o también —en su segunda acepción— como la "práctica consistente en la utilización indebida o ilícita de las funciones (de una instancia pública) en provecho de sus gestores", se encuentra arraigada en el máximo tribunal de justicia de México.

El comportamiento público de algunos de los integrantes de la SCJN evidencia claramente que, por más que se insista en la nívea conducta social y moral de los ministros-juzgadores, algunos de estos a final de cuentas han quedado manchados. Han dejado claras evidencias públicas de sus amoralidades, muchas de las cuales rayan en conductas atípicas sancionadas por las propias leyes y códigos que ellos mismos juraron cumplir y observar en su cumplimiento.

Si bien es cierto que la inmoralidad no se instaló recientemente dentro de la SCJN, y que la presencia del fenómeno antisocial de la corrupción —que todo lo desequilibra— está arraigada ahí desde hace muchas décadas, también es necesario precisar que al menos en el discurso oficial de los últimos cuatro ministros presidentes de la SCJN (Guillermo Ortiz Mayagoitia, Juan Silva Meza, Luis María Aguilar Morales y Arturo Zaldívar Lelo de Larrea), previos a la actual ministra presidenta Norma Lucía Piña Hernández, siempre proclamaron la necesidad de erradicar la corrupción de la impartición de justicia, con lo que no solo se planteó la necesidad de hacer más clara la impartición de justicia, sino que se reconoció tácitamente la existencia de ese fenómeno-problema dentro del primer cuadro de juzgadores de la nación.

Los vicios, donde quiera que se presenten, nunca son huérfanos, siempre tienen un origen. Si buscamos la génesis de la corrupción dentro del Poder Judicial, partiendo de la SCJN, la encontraremos en la opacidad de la que se ha valido el Poder Judicial para negarse a la rendición de cuentas. Sin rendición de cuentas, ni nada que obligue a la transparencia, el surgimiento de la corrupción solo es cuestión de tiempo, no como resultado inherente a la condición humana —porque el ser humano no es corrupto por naturaleza—, sino más bien como producto del poder por la conservación del poder mismo, porque el poder siembre busca formas de conservarse a sí mismo.

La falta de transparencia, que se puede considerar el origen de la corrupción en el Poder Judicial, viene desde siempre, pero no se puede entender que en el México moderno, en donde existe una Ley General de Transparencia y Acceso a la Información, aún persista la opacidad gubernamental. El único entendimiento de esta sinrazón es considerar que justamente la ley de transparencia está torcida de tal forma que garantiza que el Poder Judicial pueda seguir siendo todo lo opaco que necesite ser.

El ejemplo de lo anterior lo establece una icónica respuesta del propio Instituto Nacional de Transparencia, Acceso a la Información y Protección de Datos Personales (INAI), que, en 2015, ante el cuestionamiento de un ciudadano que solicitaba conocer el salario neto del ministro Genaro Góngora Pimentel, argumentó que

> el INAI a la fecha, se constituye como autoridad solo frente a las dependencias y entidades del Poder Ejecutivo federal y no así ante los demás sujetos obligados —como la Suprema Corte de Justicia de la Nación (SCJN)— quienes en el ámbito de sus respectivas competencias establecerán, mediante reglamentos o acuerdos de carácter general, los órganos, criterios y procedimientos institucionales para proporcionar a los particulares el acceso a la información.[1]

Pese a la evidente falta de transparencia, que se garantiza evitarla puntualmente con la entrada en vigor de la citada ley el 7 de febrero de 2014, a través de la cual las baterías de la rendición de cuentas se focalizan solo sobre las instancias del Poder Ejecutivo y dejan en la opacidad a los poderes Legislativo y Judicial, ni por equívoco en estos últimos poderes se han querido llevar a cabo acciones de propuestas de modificación a la ley para que no solo sea el Poder Ejecutivo el obligado a la rendición de cuentas.

La magnitud de la opacidad del Poder Judicial claramente se puede establecer con el siguiente dato: en los últimos cuatro años, de cada 100 solicitudes de información que se han despachado a través del canal de información pública de la Plataforma Nacional de Transparencia, 92 de esas respuestas han sido respondidas bajo la

---

[1] Instituto Nacional de Transparencia, Acceso a la Información y Protección de Datos Personales, respuesta oficial a la solicitud 0673800141215, Ciudad de México, 21 de mayo de 2015.

declaración de "inexistencia de la información". Es decir, no se otorga ningún tipo de información. Solo 8% de las respuestas es remitido con la información solicitada, aunque la mayoría de estas (en 90% de los casos afirmativos) contienen información a medias. Solo dos de cada 100 solicitudes de información son respondidas con la información requerida al Poder Judicial, ya sea a través de la scjn o a través del cjf. Así es como concibe en el Poder Judicial la responsabilidad de la transparencia a la gente.

El otro 92% de respuestas a solicitudes de información remitidas a solicitantes por parte del Poder Judicial contrasta claramente con las respuestas dadas por los otros poderes; en el Poder Ejecutivo, de cada 100 solicitudes de información presentadas a través de la Plataforma Nacional de Transparencia, un promedio de 68 no son respondidas cabalmente. En el Poder Legislativo, de cada 100 solicitudes, solo 47 no son respondidas con la información solicitada. En el Ejecutivo, de cada 32 solicitudes de información que se responden positivamente, en por lo menos la mitad la información no es la solicitada o está incompleta. Mientras que en el Legislativo, de cada 53 respuestas que se dan con información, solo 25% contiene la información solicitada, aunque en la mayoría de las veces las respuestas afirmativas del Legislativo solo contienen información a medias.

En términos generales, y así lo demuestra la experiencia, el poder público en México desdeña poderosamente la rendición de cuentas. Y el caso del Poder Judicial no es la excepción. Es tal la opacidad del órgano encargado de la impartición de justicia que ni siquiera se conocen oficialmente los ingresos, por concepto de sueldos, de la clase cupular del Poder Judicial. El portal de Transparencia ofrece información sobre ingresos salariales de la base trabajadora, pero no de los funcionarios que se encuentran encima de la pirámide administrativa. Es decir, acerca de los sueldos de los ministros, así como de algunos magistrados y jueces, pese a que se trata de una obligación.

Se sabe de los altos salarios de los magistrados de la Sala Superior del Tribunal Electoral de la Federación, de los ministros de la scjn, y de los que integran el CJF solo por lo que al respecto ha informado recientemente el Poder Ejecutivo:[2] en un informe público emitido por la Procuraduría Federal del Consumidor (Profeco) se evidencian los altos sueldos de algunos funcionarios de las élites doradas de la administración pública, por cuyos fueros y sin fundamento, más allá de los privilegios de clase, gozan de altos sueldos. En dicha información se evidencia cómo los ministros y magistrados del Poder Judicial tienen ingresos por encima de los que obtiene el presidente de México:

El salario mensual del presidente de la República —en julio de 2022— era de 136 mil 700 pesos, 109.65% menos de los 286 mil 600 pesos que ganaba un ministro del CJF; también 109.58% debajo de los 286 mil 500 pesos que ganaba el magistrado presidente de la Sala Superior del Tribunal Electoral de la Federación, y 108.1% menor a los 284 mil 500 pesos que ganaba cualquiera de los ministros de la SCJN. El salario de los ministros y magistrados de los órganos cúpula del Poder Judicial es también mayor al salario que perciben los encargados de los órganos autónomos del gobierno mexicano.

Por ejemplo, los salarios de los representantes del Poder Judicial están por encima de los que obtienen el gobernador del Banco de México (Banxico),[3] el consejero presidente del Instituto Nacional Electoral (INE), el comisionado presidente de la Comisión Federal de Competencia Económica (Cofece), el comisionado presidente del Instituto Federal de Telecomunicaciones (IFT), la comisionada presidenta del Instituto Nacional de Acceso a la Información (INAI), la presidenta del Instituto Nacional de Estadística, Geografía e Informática (INEGI) y el del fiscal general de la República, que es decir mucho, porque todos ellos ganan por encima del salario que obtiene el presidente de la República.

---

[2] Procuraduría Federal del Consumidor, boletín de prensa, "Profeco informa sobre salarios de funcionarios públicos", Ciudad de México, 25 de julio de 2022.

[3] Procuraduría Federal del Consumidor, boletín de prensa, "Tabla de salarios comparados", Ciudad de México, 25 de julio de 2022.

No es intrascendente mencionar los salarios que por decisión propia ganan los que ocupan los principales cargos dentro del Poder Judicial, se trata de demostrar claramente el alejamiento que esta casta social mantiene en relación con el grueso de la población, aun cuando es exagerado establecer como base el salario presidencial. Si bajamos a nivel de calle —comparando con el salario mínimo— el salario de los ministros y magistrados encumbrados del Poder Judicial, el distanciamiento de esa clase burocrática con la realidad es mayor; en promedio un ministro de la SCJN o del Consejo de la Judicatura gana en un mes lo que un trabajador con salario mínimo podría ganar en tres años con nueve meses.

¿Es molesto? Sí. Pero ese es el menor de los males que se presentan dentro del Poder Judicial. Ese, el de los salarios, es nada frente a otros vicios, todos derivados de la inmoralidad manifiesta de muchos de los que llegaron a su cargo para impartir justicia, pero que mejor se han dedicado a administrarla como la mercancía en que han convertido a ese bien intangible de la humanidad. Si fuera posible un examen de control de confianza —aun cuando estos son cuestionables— para todos los impartidores de justicia del Poder Judicial de la Federación, es posible que la mayoría de los que hoy tienen en sus manos las riendas de la justicia no pasara dicho control.

Pero es imposible pensar en un proceso de regulación moral de los juzgadores a través de un examen de control de confianza, pues la propia SCJN ha establecido ya el antecedente legal para no permitir el uso de controles de confianza para jueces y magistrados y, claro, para ministros, al asentar en una sentencia publicada apenas en febrero de 2022 que "el sistema de evaluación de control de confianza, implementado en el estado de Jalisco para sus juzgadores, como condición de permanencia en el cargo, transgrede el principio de independencia judicial".[4] Este antecedente se estableció cuando el Congreso local de

---

[4] SCJN, Tesis 2ª./J.10/2022 (11ª), Sistema de Evaluación de Control de Confianza para Juzgadores del Poder Judicial del Estado de Jalisco. Las disposiciones que

Jalisco, en aras de enmendar la torcida aplicación de justicia que los juzgadores de esa entidad estaban realizando, intentaron crear el Sistema de Evaluación de Control de Confianza para los juzgadores de ese Poder Judicial. Dicho sistema se creó por el Legislativo para someter a los jueces y magistrados de Jalisco a una serie de exámenes de control de confianza, con el fin de garantizar que ninguno de los juzgadores de esa entidad tuviera siquiera la sospecha de servir a otros intereses que no fueran la impartición de justicia. Razones y antecedentes para suponer lo anterior había de sobra.

El caso se llevó hasta la SCJN mediante un juicio de amparo indirecto en el que se argumentó que esa normativa violentaba el principio de independencia judicial. La demanda de protección de la justicia federal para los jueces de Jalisco recayó en la Segunda Sala de la Suprema Corte de Justicia, en donde, con cinco votos a favor de los ministros Alberto Pérez Dayán, Luis María Aguilar Morales, José Fernando Franco González Salas, Javier Laynez Potisek y Yasmín Esquivel Mossa, se dio por buena la solicitud del amparo 231/2021. Se estableció que iba contra la independencia judicial tratar de imponer condiciones de probidad a los jueces y magistrados. El ponente de la citada propuesta fue el ministro Alberto Pérez Dayán. Así se dejó establecida la disposición legal de que ningún juzgador, local o federal, podrá ser sometido a exámenes para cualificar su integridad moral, porque se atenta contra la estabilidad del Poder Judicial. De esa manera se asentó la norma de no reclamar pruebas de honestidad ética o moral para ninguno de los juzgadores.

El miedo a la posibilidad de abrir el Poder Judicial a la auscultación social, a través de la selección minuciosa de sus integrantes —si queremos entender la tesis asentada por el ministro Alberto Pérez Dayán—, ni siquiera se puede atribuir a una situación de intereses creados. El ministro Pérez Dayán es uno de los pocos miembros de la

---

lo prevén violan el principio de independencia judicial, en la garantía de estabilidad, *Semanario Judicial de la Federación*, Undécima Época, 18 de febrero de 2022.

SCJN que no registra ningún tipo de antecedentes mediáticos que lo involucren en escándalos o en deshonras, mucho menos en delitos, que necesiten encubrimientos legales. Por lo tanto, el que el ministro Pérez Dayán haya propuesto desde la SCJN no transparentar los intereses bajo los que actúan todos los juzgadores, a través de la negación de exámenes de control, se puede atribuir solo a un hecho, a su metaformación.

El ministro Alberto Pérez Dayán es un hombre conservador. No solo lo denota el hecho de reconocerse como "un ferviente defensor de la vida, como lo debe ser todo demócrata",[5] como él mismo se calificó en octubre de 2012, cuando habló de su postura sobre la despenalización del aborto, al acudir ante el Senado de la República para intentar —sin éxito— ganar por segunda ocasión el cargo de ministro de la SCJN, esa vez en sustitución del ministro Salvador Aguirre Anguiano. El conservadurismo de este ministro denota el que —en su función de juzgador— no observa gente, población, pueblo o vulgo en el conjunto de personas con deberes y derechos al que debe servir, sino más bien ve a un grupo de "gobernados" —sí, esa es su palabra favorita—, los que por la propia acepción del término están relacionados con el principio de "autoridad".

La palabra *gobernados*, para referirse a la gente, es un término muy utilizado por el ministro Alberto Pérez Dayán. Prueba de lo anterior es que durante su intervención recién aludida en el Senado utilizó ocho veces el término referido, mientras que —solo por citar otro ejemplo— en la sentencia de amparo directo 717/2011 que, entre otras, presentó ante el Senado, como muestra de su trabajo que lo avalaba como aspirante a ministro de la SCJN, Alberto Pérez Dayán utilizó indistintamente el mismo término de *gobernado* o *gobernados* en por lo menos 11 ocasiones.

---

[5] Senado de la República, versión estenográfica de la comparecencia de los integrantes de la terna propuesta por el Ejecutivo federal para cubrir la vacante del C. Sergio Salvador Aguirre Anguiano, ante la Comisión de Justicia, Ciudad de México, 29 de octubre de 2012.

Solo para tratar de entender de dónde proviene el conservadurismo del ministro Pérez Dayán, que pudo ser el motor para determinar su ponencia, avalada finalmente por la SCJN, donde expone que los juzgadores no deben ser objeto de sometimiento a exámenes de control de confianza, hay que señalar que en sus años juveniles, entre 1978 y 1984, cuando era estudiante en la Universidad La Salle, pudo haber sido adoctrinado por el secretario académico de esa institución educativa, el magistrado del Tribunal Superior de Justicia del Distrito Federal y después del Consejo de la Judicatura del Distrito Federal, Diego Heriberto Zavala Pérez, quien a la postre fue padre de Margarita Ester Zavala Gómez del Campo, la que sería después esposa de Felipe Calderón Hinojosa.

Esa relación también es la que nos hace entender de manera precisa por qué luego Alberto Pérez Dayán fue impulsado en forma insistente por el presidente Felipe Calderón, entre 2010 y 2012, para encumbrarlo como ministro de la SCJN. El primer intento que hizo Felipe Calderón para llevar al pupilo de su suegro a una magistratura dentro del máximo tribunal de justicia del país sucedió a principios de 2010. A la muerte del ministro José de Jesús Gudiño Pelayo el presidente Felipe Calderón propuso una terna al Senado de la República para que de ahí surgiera el suplente. Los propuestos fueron Alberto Pérez Dayán, Jorge Higuera Corona y Jorge Mario Pardo Rebolledo. El 10 de febrero de 2011 los senadores decidieron su voto mayoritario a favor de Jorge Mario Pardo Rebolledo.

La segunda vez que Alberto Pérez Dayán fue propuesto y rechazado para ministro ante el Senado de la República sucedió en octubre de 2012. Con ocasión del retiro de los ministros Guillermo Ortiz Mayagoitia y Salvador Aguirre Anguiano, el presidente Calderón propuso dos ternas de candidatos. La integrada por Alberto Pérez Dayán, Andrea Zambrana Castañeda y Pablo Vicente Monroy fue con la que se buscaba cubrir la vacante que dejaría el ministro Salvador Aguirre Anguiano, pero al Senado —ya bajo el control del presidente electo de entonces, Enrique Peña Nieto— no le satisfizo ninguno de los tres recomendados por el presidente Calderón, por lo que la terna fue desechada.

Fue una negociación, nada difícil en los términos de complicidad, entre el presidente en funciones Felipe Calderón y el entonces presidente electo Enrique Peña Nieto; se permitió que Alberto Pérez Dayán fuera integrado de nueva cuenta en otra terna, junto con Rosa Elena González Tirado y Julio César Vázquez Mellado-García, para ser presentado por tercera vez como candidato a ministro ante el Senado para cubrir la vacante dejada por el ministro Guillermo Ortiz Mayagoitia. Apenas nueve días antes de que concluyera el gobierno de Felipe Calderón, el Senado de la República terminó por aceptar la candidatura de Pérez Dayán. Él fue electo el 22 de noviembre de 2012 por dos terceras partes (104 votos) del Senado y tomó protesta como nuevo ministro de la scjn el 27 de noviembre de ese mismo año.

El caso del ministro Alberto Pérez Dayán es solo ilustrativo para tratar de explicar cómo la composición de la scjn es en realidad un juego de poder no entre los poderes de la República, sino entre los grupos políticos, aglutinados como partidos, y los presidentes de la República y sus sucesores en turno, los que desde la designación de los ministros buscan el control no de la impartición de justicia, sino de la administración de esta para sus propios intereses. Y como parte de ese mismo juego de intereses, los ministros también procuran sus propios beneficios. Solo así se entiende la razón por la que el propio Poder Judicial niega la aplicación de controles de confianza para los impartidores de justicia.

Si se aplicaran controles de confianza a los juzgadores, locales y federales, jueces, magistrados y ministros, para asegurar que son íntegros moralmente, que no tienen conflictos de interés o al menos no uno mayor que la sola aplicación de justicia por la justicia misma, ¿cuántos juzgadores continuarían en su cargo? Si comenzamos por revisar a los ministros de la scjn podríamos concluir que nos quedaríamos con muy pocos juzgadores. Menos de los que nos podríamos imaginar. Y es que, de los 11 ministros que actualmente conforman el máximo tribunal de justicia de la nación, por lo menos la mitad de ellos se han visto envueltos en señalamientos mediáticos que en el menor de los casos lo que acusan es una baja calidad moral para el desempeño de su alta responsabilidad.

Tal vez por inmediato y muy mediático en la memoria colectiva aún prevalezca el *affaire* de la ministra Yasmín Esquivel Mossa, la que cuando aspiraba a ser presidenta de la SCJN fue evidenciada por el escritor Guillermo Sheridan, quien, en una publicación del portal *Latinus*, señaló a la ministra de haber plagiado su tesis con la que obtuvo su título profesional de licenciada en Derecho, por parte de la UNAM, allá por 1987. El plagio de la tesis, como quedó establecido, sí ocurrió, y puede ser lo de menos. La ministra Yasmín Esquivel Mossa cuenta con evidencias manifiestas a lo largo de su andar público que la refieren socialmente como una persona con poca probidad para el cargo de máxima juzgadora federal.

Si bien es cierto que nadie tiene por qué cargar con la responsabilidad moral derivada de las conductas de otros, cuando se trata de la pareja se entra en un campo de mayor riesgo, por lo menos en el del compromiso y la especulación. Ese es el caso de la ministra Yasmín Esquivel, la que mediáticamente ha sido cuestionada por la forma en que paralelamente a su carrera político-judicial su esposo ha logrado grandes beneficios a través de contratos de construcción del gobierno federal y del de la Ciudad de México. Eso despierta la suspicacia: o el esposo de la ministra Esquivel se ha valido de la carrera político-judicial de ella para hacer crecer sus negocios, o ella, la ministra Esquivel, se ha valido de las relaciones económico-profesionales de su esposo, para hacer crecer su carrera judicial. Como quiera que sea, ninguna de las dos opciones es aceptable. Al menos no moralmente hablando.

El esposo de la ministra Yasmín Esquivel Mossa es José María Riobóo Martín, un empresario de la construcción, de los más consentidos del gobierno de la Cuarta Transformación, y no de ahora, sino desde que Andrés Manuel López Obrador fue jefe de Gobierno de la Ciudad de México. Con esa amistad y desde entonces, Riobóo ha obtenido una serie de contratos de ejecución de obras que lo han enriquecido extraordinariamente. Son contratos que al menos éticamente son cuestionados por tratarse de designaciones directas, sin ningún tipo de concurso o licitación. Pero más allá de esos contratos, resulta interesante cómo se han logrado estos, donde dos factores se han tenido que conjugar: la amistad de Riobóo con López Obrador y el cobijo que el gobierno de este le ha brindado a Yasmín Esquivel Mossa, hoy ministra de la SCJN.

Sin dejar de considerar que en el cimiento de la amistad del empresario Riobóo y López Obrador no ha importado que aquel sea también amigo y socio del empresario constructor José Andrés de Oteyza, el presidente en México de la empresa española OHL, la constructora consentida en los contratos directos entregados durante la administración del presidente Enrique Peña Nieto, y también uno de los blancos favoritos del presidente López Obrador, cada vez que desde la presidencia de la República se señala la corrupción que imperó en la administración de Peña Nieto, hay que recordar que Yasmín Esquivel siempre ha sido una de las mujeres de mayor confianza de Marcelo Ebrard, tal vez uno de los principales depositarios de la confianza y el poder que en sí representa el propio López Obrador.

Cuando Marcelo Ebrard fue jefe de Gobierno de la Ciudad de México, de diciembre de 2006 a diciembre de 2012, fue cuando Yasmín Esquivel alcanzó el mayor repunte de su carrera profesional; en 2009 ella fue nombrada magistrada del Tribunal de lo Contencioso Administrativo del Distrito Federal, siendo electa como presidenta de dicho tribunal para el periodo 2012-2015. Con el apoyo de Enrique Peña, también cercano a Riobóo a través del constructor De Oteyza, Yasmín Esquivel fue reelecta en su cargo de presidenta del ahora Tribunal de Justicia Administrativa de la Ciudad de México.

En ese lapso, mientras Esquivel fue encumbrada, solo en la administración de Marcelo Ebrard al empresario José María Riobóo se le otorgaron un total de cinco contratos de construcción dentro de la Ciudad de México, todos en forma directa, sin licitar, por un monto total de 238 millones de pesos. Esos contratos fueron para la ejecución de las obras de actualización del proyecto del Periférico Arco Norte, proyecto ejecutivo vial de Constituyentes-Reforma-Palmas, construcción de dos kilómetros en la conexión Luis Cabrera-Periférico Norte, ampliación de la línea 1 del Metrobús y la construcción de un subtramo en la Supervía Poniente. Pese a que estos contratos deberían ser datos abiertos, las evidencias de la contratación no están disponibles a la consulta abierta, al menos no hasta el cierre de esta investigación —en mayo de 2023—, cuando en el Portal Nacional de Trasparencia se negó toda información referente.

Las empresas con las que el empresario, esposo de la ministra Esquivel, se ha puesto al servicio de las obras públicas del gobierno no solo de López Obrador, sino también de sus más allegados, como Alejandro Encinas, Marcelo Ebrard y Claudia Sheinbaum —incluso Miguel Ángel Mancera—, cuando estuvieron al frente del gobierno de la Ciudad de México, es la firma Riobóo, S. A., la que opera a veces directamente y en otras ocasiones a través de sus subsidiarias o divisiones Riobóo, S. A. de C. V., Jorod, S. A., Consultoría Riobóo, S. A. de C. V., Ingeniería Riobóo, S. A. de C. V., y Presforza Ingenieros, S. A. de C. V., a través de las cuales se han logrado decenas de contratos millonarios.

Aun cuando el tema no es Riobóo y sus posibles actos de corrupción, vale la pena revisar cómo este empresario ha hecho crecer su fortuna y su imperio de la construcción a la par de la ascendente carrera judicial de su esposa Yasmín Esquivel; entre el 1º enero de 2012 y el 12 de marzo de 2019 Yasmín Esquivel Mossa fue presidenta del Tribunal de lo Contencioso Administrativo del Distrito Federal, un cargo que le fue conferido en el último año de Marcelo Ebrard al frente del gobierno de la Ciudad de México, en donde también influyó la cercanía que Yasmín Esquivel mantenía con la ministra Margarita Luna Ramos, a quien a la postre habría de suceder en la SCJN.

Antes de que las empresas de José María Riobóo fueran beneficiadas con millonarios contratos por parte del gobierno de Marcelo

Ebrard, el mismo Andrés Manuel López Obrador, siendo aún jefe de Gobierno de la Ciudad de México, también le entregó en forma directa un total de 10 contratos de obras sin licitar. Las obras por las que las empresas de Riobóo obtuvieron más de 400 millones de pesos fueron el proyecto ejecutivo para el segundo piso del Periférico, el puente vehicular de San Antonio, el puente vehicular de Lorenzo Boturini, el puente vehicular de Fray Servando, la rehabilitación de la avenida del Taller, la construcción del paso deprimido en avenida La Rosa, la construcción de la primera etapa de la ciclovía, el levantamiento de las Gazas Elevada de Metrobús, el proyecto del puente de Los Poetas y la construcción del distribuidor vial Zaragoza-Texcoco. Todas esas obras fueron ejecutadas entre 2002 y 2007.

Igual que con las obras entregadas en el gobierno de la Ciudad de México, cuando el jefe de la administración era Marcelo Ebrard, las obras encargadas al esposo de la ministra Yasmín durante la administración de Andrés Manuel López Obrador fueron borradas del registro público de acceso a la información. En el portal de la Plataforma Nacional de Transparencia, igual que al más viejo estilo de opacidad del viejo régimen neoliberal cuando se borraba la corrupción con otra capa de corrupción, no aparece ninguna referencia sobre las solicitudes de información que respecto de esos contratos se hayan presentado. Mañosamente está manipulada la plataforma para no poder acceder a los testigos de los contratos establecidos entre el gobierno de la Ciudad de México y las empresas del constructor José María Riobóo.

De todas las obras con las que se ha beneficiado al esposo de la ministra Yasmín Esquivel, solo subsisten dos contratos en fuentes abiertas. Ambos fueron otorgados más recientemente —en 2022— por parte del gobierno de Claudia Sheinbaum. Uno de ellos es por 11 millones 755 mil pesos y consiste en trabajos para la adecuación del proyecto ejecutivo del viaducto especial Santa Fe.[6] El otro contrato

---

[6] Gobierno de la Ciudad de México, Secretaría de Obras y Servicios, contrato de servicios relacionados con la obra pública DGOT-AD-L-5-008-2022.

que existe en fuentes abiertas es por 32 millones 427 mil pesos y consiste en la adecuación del proyecto ejecutivo de la estación terminal Observatorio.[7] Nadie le exige rendición de cuentas a Riobóo y, aunque se le exija, cuenta con los suficientes mecanismos legales y de relación con el poder para esquivar esa responsabilidad. Lo mismo sucede con la ministra Yasmín Esquivel, ella también es inamovible.

La amalgama del poder económico y judicial que encarnan el empresario y la ministra es solo un ejemplo que nos ilustra la realidad que impera dentro del Poder Judicial mexicano: todos los ministros llegan a la cúpula del Poder Judicial como producto de un favor, y después protegen intereses personales, de grupo o de clase de aquel o aquellos que los encumbraron, incluso de ellos mismos; esa es su doctrina de "servicio". Así está diseñado el sistema judicial mexicano, así ha venido operando y así continuará para alcanzar su propia conservación.

Un ejemplo del método de conservación que para protegerse van asumiendo los miembros encumbrados del Poder Judicial, una vez que llegan al cargo, es la creación de sus propias redes de amigos y allegados. Hoy no existe un solo ministro o magistrado, hombre o mujer, que por su poder no haya recomendado a alguien para incorporarlo a una plaza o encargo laboral dentro de la estructura orgánica del Poder Judicial. La recomendación laboral es una constante que garantiza la permanencia de los más encumbrados dentro de ese poder. La ministra Yasmín Esquivel puede ejemplificar lo anterior.

Si bien es cierto que Yasmín Esquivel ha ido de la mano de Marcelo Ebrard y de Andrés Manuel López Obrador en la escalada de su carrera judicial, ella también ha llevado a otros sobre sus espaldas para protegerse. En 2012, cuando fue promovida por Ebrard para convertirse en magistrada presidenta del Tribunal de Justicia Administrativa del Distrito Federal, uno de los primeros nombramientos

---

[7] Gobierno de la Ciudad de México, Secretaría de Obras y Servicios, contrato de servicios relacionados con la obra pública DGOT-AD-L-5-016-2022.

fue designar secretaria general de la Defensoría de Oficio a María Luisa Gómez Martín —esposa de su primer jefe dentro de la administración pública, David Jiménez González—. Con ello no solo pagó la deuda moral de apoyo que tenía con David Jiménez, al que Yasmín Esquivel le sirvió como subdelegada jurídica del gobierno de la Ciudad de México, como directora de Asuntos Jurídicos de la Procuraduría de Justicia del Distrito Federal y como asesora de la Cámara de Diputados, cuando Jiménez estuvo encima en el escalafón de esos cargos.

Con el nombramiento de Gómez Martín como secretaria de la Defensoría de Oficio del Tribunal de Justicia Administrativa de la Ciudad de México, Yasmín Esquivel echó a andar su propio plan para controlar ese órgano judicial de la capital del país. Tan así se denota ese proyecto personal que apenas Esquivel fue promocionada —en febrero de 2019— por el presidente Andrés Manuel López Obrador para convertirla en ministra de la SCJN, ella misma operó, otra vez, para reposicionar a María Luisa Gómez, a la que colocó como magistrada de la Sala Ordinaria de Justicia Administrativa de la Ciudad de México, cargo que ha venido desempeñado desde el 8 de diciembre de 2020.

También la ministra Yasmín Esquivel, como parte de su red de protección, y cuidando no tener sobresaltos administrativos durante el tiempo que estaría al frente de la presidencia del Tribunal de Justicia Administrativa del Distrito Federal, designó en 2012 como contralora interna de ese órgano a Nicandra Castro Escarpulli, misma a la que apoyaría después para hacerla magistrada de ese tribunal. Nicandra Castro, la protegida de la ministra Esquivel, es una mujer formada principalmente en las filas de la Procuraduría General de la República (PGR), en donde —entre 2000 y 2006— trabó al menos un buen equipo de trabajo con Genaro García Luna, cuando este fue titular de la Agencia Federal de Investigaciones (AFI). De acuerdo con su ficha curricular, la magistrada Castro fue subalterna de García Luna entre 2003 y 2004, cuando fue supervisora e inspectora del personal policial de la AFI, y entre 2004 y 2005, cuando fue directora general de Supervisión e Inspección de la AFI.[8]

Nicandra Castro no solo formó parte del equipo del cuestionado Genaro García Luna, procesado penalmente en Estados Unidos por el delito de narcotráfico. Ella también fue una pieza clave dentro del equipo del general Rafael Macedo de la Concha, el que por instrucciones del entonces presidente Vicente Fox operó para intentar el desafuero de Andrés Manuel López Obrador cuando fue jefe de Gobierno de la Ciudad de México. En el tiempo en que Castro colaboró con el procurador Macedo de la Concha como directora operativa, coordinadora de asesores, inspectora interna de la AFI y directora general de Inspección, la ministra Yasmín Esquivel intentaba consolidar su presencia dentro del equipo de Marcelo Ebrard.

A pesar de sus nexos con los grupos conservadores, Castro siguió siendo acompañada por la ministra Esquivel. Cuando esta fue llevada a la SCJN, en 2019, inmediatamente comenzó a promocionar a Nicandra Castro Escarpulli; el 17 de noviembre de 2020 el Congreso de la Ciudad de México, a propuesta de la jefa de Gobierno Claudia Sheinbaum Pardo, ratificó a Nicandra Castro como nueva magistrada de la Ponencia Doce en la Cuarta Sala Ordinaria del Tribunal de Justicia Administrativa de la Ciudad de México. Desde ahí, la magistrada Nicandra Castro le ha brindado todo el respaldo a su mentora Yasmín Esquivel. Tal respaldo se ha hecho evidente en manifestaciones mediáticas de apoyo en relación con el escándalo de la tesis plagiada.

Otro caso que refleja con precisión el pensamiento de la ministra Yasmín Esquivel acerca del servicio público, visto como un sistema de favores e intereses, es el nombramiento de Andrés Ángel Aguilera Martínez, actual magistrado del Tribunal de Justicia Administrativa de la Ciudad de México. Este magistrado llegó al cargo el 1 de

---

[8] Procuraduría General de la República, Nicandra Castro Escarpulli, declaración patrimonial, fecha de declaración 4 de febrero de 2010, página oficial de Declaranet, consultado 27 de enero de 2023.

junio de 2019, apenas 80 días después de que la ministra Esquivel fuera entronizada como juzgadora de la scjn. El nombramiento no tendría relevancia si no fuera porque Andrés Ángel Aguilera es hijo de Manuel Aguilera Gómez, un connotado priista al servicio del régimen, que llegó a ser jefe del Departamento del Distrito Federal (del 29 de noviembre de 1993 al 30 de noviembre de 1994) en sustitución de Manuel Camacho Solís, y también presidente del Comité Directivo del pri en el Distrito Federal.

Cuando Manuel Aguilera Gómez dirigió al pri capitalino le dio la oportunidad a Esquivel Mossa para ser candidata a diputada. Bajo los colores del pri ella buscó el voto capitalino en las elecciones locales de 1997 y en los comicios federales de 2000. En ambas elecciones Esquivel perdió. Su oferta política no convenció a nadie. Pero su gratitud hacia Aguilera Gómez quedó intacta. De tal forma fue su agradecimiento que cuando ella comenzó a escalar en su carrera judicial no olvidó su lealtad. Como presidenta del Tribunal de Justicia Administrativa del Distrito Federal, apenas asumió el cargo, le otorgó al hijo de su promotor político, Andrés Ángel Aguilera Martínez, la plaza de coordinador de asesores de ese tribunal de la Ciudad de México. Después lo llevaría de la mano hasta convertirlo en magistrado. Al cierre de este trabajo Andrés Ángel Aguilera Martínez era responsable de la Ponencia Dieciocho de la Primera Sala Ordinaria Especializada del Tribunal de Justicia Administrativa de la Ciudad de México, a donde llegó con el respaldo de la ministra Yasmín Esquivel.

Tomando solo como ejemplo las relaciones de poder de Esquivel, que bien sirven para ilustrar el comportamiento genérico de la élite dorada del Poder Judicial de la Federación, basta señalar un caso de influyentismo que, aunque polémico, fue sepultado bajo la infalible técnica de la negación personal y parcial de los hechos; en 2021 la ministra Esquivel fue señalada por la periodista Dolia Estévez de haber viajado en plena pandemia a la ciudad de San Antonio, Texas, en Estados Unidos. El viaje, según la periodista, se hizo con la finalidad de vacunarse la ministra y su esposo José María Riobóo contra el coronavirus SARS-CoV-2, causante del covid-19. En aquel momento, cuando la vacuna contra el covid-19 todavía no se masificaba en México, muchos mexicanos con capacidad económica y con residencia en Estados Unidos hicieron turismo para alcanzar la inmunización, engañando al gobierno estadounidense, uno de los primeros del mundo en contar con el inmunológico en plena cresta de la pandemia.

De acuerdo con la versión de Dolia Estévez, la ministra y su esposo falsearon su lugar de residencia, logrando, por sus relaciones de poder, que el consulado mexicano en San Antonio, Texas, les otorgara una matrícula consular, la que se extiende solo a mexicanos residentes en dicho condado. La obtención de la matrícula consular falseada por la ministra Esquivel y su esposo era necesaria para infiltrarse como residentes mexicanos en Estados Unidos con el fin de que el sistema de salud de aquel país les otorgara sin mayor problema la primera dosis de inmunidad contra el covid-19.

El solo hecho de la mentira de una ministra de la SCJN en sí ya resulta reprobable, pero es más mezquino el hecho de que una mentira se quiera simular con más mentiras, como las que se vertieron posteriormente. En este caso no debe pasarse por alto que la ministra Esquivel se valió de sus relaciones personales, tal vez cobrando viejos favores, para lograr no solo la obtención de un documento consular de identidad que le garantizó el acceso a la vacuna contra el covid-19, sino también haciendo que se mintiera oficialmente a favor suyo.

El funcionario que gestionó la matrícula consular de la ministra Esquivel y su esposo fue un viejo conocido, quien fue su subalterno en el tiempo en que Esquivel estaba al frente de la presidencia del Tribunal de Justicia Administrativa de la Ciudad de México: Rubén Minutti Zanatta. Este funcionario llegó a ser uno de los principales asesores de la ministra, porque así se lo recomendó José Agustín Ortiz Pinchetti, al que también sirvió Minutti en su calidad de asesor en materia jurídica cuando Ortiz Pinchetti era secretario de Gobierno durante la gestión de Andrés Manuel López Obrador en la Ciudad de México.

Rubén Minutti sirvió un tiempo como asesor de la ministra Yasmín Esquivel, misma que posteriormente lo promovió dentro del Tribunal de Justicia Administrativa de la Ciudad de México, hasta colocarlo como magistrado titular de ponencia en una sala ordinaria. Minutti se separó de ese cargo por la invitación que le hizo en su momento el secretario de Relaciones Exteriores, Marcelo Ebrard —el mismo promotor de Yasmín Esquivel—, quien el 12 de noviembre de 2019 lo propuso ante el Senado de la República para ser el cónsul de México en la ciudad de San Antonio, Texas.[9] Una vez instalado ahí, en 2021 fue Minutti Zanatta quien gestionó de manera ilegal la matrícula consular para que la ministra Esquivel Mossa y su esposo pudieran recibir la vacuna contra el covid-19 en Estados Unidos.

El hecho de la vacunación en Estados Unidos vía la falsificación de una matrícula consular fue negado públicamente por la ministra. Ella trató de desmentir a la periodista Dolia Estévez a través de una carta personal publicada en redes sociales, en la que, sin mayores datos de prueba, solo emitiendo su razón, se limitó a decir que eso nunca había ocurrido. Reconoció que sí había ido a la ciudad de San Antonio, pero dijo que fue con motivo de la inauguración de una sala de lactancia dentro del consulado mexicano en San Antonio que lleva su nombre.

Frente a su versión, la realidad apunta en otro sentido. El desmentido de que la ministra Esquivel no usó una matrícula consular falsa y que no fue a vacunarse contra el covid-19 en Estados Unidos no fue institucional. La SCJN, de manera oficial, en respuestas entregadas a través de la Plataforma Nacional de Transparencia, no respalda la versión de la ministra. Los desmentidos de la Secretaría de Relaciones Exteriores (SRE) solo ponen en evidencia el engaño con el que se quiere tapar la mentira en que incurrió con su inmoralidad la ministra Esquivel.

---

[9] Senado de la República, Dictamen por el que se ratifica el nombramiento de Rubén Minutti Zanatta como cónsul general de México en San Antonio, Texas, Estados Unidos de América, Ciudad de México, 29 de noviembre de 2019.

LA CORRUPTA CASTA DORADA DE LA SCJN

Sobre el particular, la scjn, al responder a una solicitud de información oficial sobre la vacunación en Estados Unidos de la ministra Yasmín Esquivel, refirió que

la vacunación contra el virus SARS-CoV-2 para la prevención de la COVID-19, es una medida de seguridad sanitaria que implica una decisión personal de las ministras y los ministros de la Suprema Corte de Justicia de la Nación, en el contexto del ejercicio de sus derechos humanos. En ese sentido, al tratarse de una cuestión del ámbito de la vida privada de las ministras y los ministros, la Suprema Corte de Justicia de la Nación está desvinculada de cualquier decisión personal relacionada con la obtención y/o aplicación de la vacuna antes referida.[10]

Es decir, la scjn no quiso meter las manos al fuego por la ministra Esquivel. Como institución, la scjn no avaló la mentira, reiterando que en el caso de Esquivel la vacunación recayó en el ámbito íntimo, igual que en cada uno de los otros integrantes de esa institución.

Previo a esta respuesta, la scjn, como anticipándose a posibles actos de inmoralidad de algunos ministros y ministras que buscarían la forma de hacerse de manera privilegiada de la vacuna contra el covid-19, cuando ese biológico todavía era de alta demanda y muy escaso en el país, marcó la postura oficial para no dar pauta a que por el hecho de ser ministros y ministras de la scjn —bajo la visión de la clase privilegiada que siempre han sido— se fuera abusar de esa condición, intentando considerarse un sector primordial —como fueron los trabajadores de la salud y la educación— para ser los primeros en tener la vacunación. Según una respuesta oficial de la scjn, emitida en enero de 2021, se estableció que "la Dirección General de Servicios Médicos no ha gestionado, aplicado o tiene conocimiento de que

---

[10] Suprema Corte de Justicia de la Nación, respuesta oficial a las solicitudes de información con folios 0330000043521 y 0330000043621, Ciudad de México, 29 de marzo de 2021.

personal de este órgano constitucional haya tenido la aplicación de la vacuna contra el SARS-CoV-2, desde el periodo que se indica hasta la fecha".[11] Esa postura oficial de la scjn poco le interesó a la ministra Esquivel, quien junto con su esposo apenas dos meses después haría las gestiones necesarias, moviendo sus influencias para, engañando a quien fuera, tener la vacuna antes que el resto de los mexicanos.

Por su parte, la sre, que se vio envuelta en el escándalo del otorgamiento ilegal de una matrícula consular a Yasmín Esquivel Mossa, tratando de desmentir ese hecho, terminó por reconocer tácitamente la existencia de la matrícula consular que supuestamente no se habría entregado. Y no solo eso, la información de la matrícula consular de la ministra Esquivel fue declarada como información confidencial.[12] Así, aun cuando no se expuso dicha información, esta terminó por confirmarse. Es decir, sí existió el procedimiento ilegal para dotar de una matrícula consular a una persona que radica permanentemente en territorio mexicano. Tan es cierto que se dio ese procedimiento ilegal que el resultado de ello —la matrícula consular— fue declarado información confidencial. El aval para declarar dicha información como confidencial, y así sepultar el pecado de la ministra con la opacidad del Estado mexicano, fue dado por Elia García Moreno, Ernesto Camarillo Haro y Laura Beatriz Moreno Rodríguez, funcionarios que indistintamente sirvieron a las administraciones de Felipe Calderón y Enrique Peña Nieto.

En el escándalo de la vacunación extraterritorial contra el covid-19, que protagonizó la ministra Esquivel Mossa, también estuvo involucrado otro ministro de la scjn, uno muy cercano a ella: Alberto Pérez Dayán, quien igualmente pudo obtener una matrícula consular en San Antonio, Texas, al mentir sobre sus datos de residencia. Pero más allá de ese escándalo, y de que este ministro habrá de ser

---

[11] Suprema Corte de Justicia de la Nación, respuesta oficial a la solicitud de información con folio 0330500000121, Ciudad de México, 15 de enero de 2021.

[12] Secretaría de Relaciones Exteriores, respuesta a la solicitud de información con folio 0000500063521, Ciudad de México, 14 de abril de 2021.

recordado a su paso por el máximo tribunal de justicia de la nación por haber sido el que propuso que ninguno de los juzgadores fuera sometido a la transparencia del ejercicio público, al negar la aplicación de exámenes de control de confianza para los juzgadores. Pérez Dayán será siempre recordado como el ministro del conservadurismo que se alió al Poder Ejecutivo en turno.

El ministro Alberto Pérez, como ya se mencionó, fue impulsado por el gobierno de Felipe Calderón para que el pensamiento conservador tuviera un asiento en la SCJN. El ideario jurista de Pérez Dayán ha cumplido con esa expectativa. Así ha quedado de manifiesto en diversas sentencias, entre las que destaca la relacionada con la eliminación de la prisión preventiva oficiosa. Pero, más allá de eso, hay un punto a destacar, al ministro Pérez Dayán no le gusta estar distanciado de la visión oficial del Ejecutivo en turno.

Pese al pensamiento de derecha de Pérez Dayán, ha podido congraciarse con el gobierno de izquierda de la Cuarta Transformación. Lo mismo que estuvo del lado del pensamiento que prevaleció durante el gobierno de Enrique Peña Nieto. Como parte del equipo de la entonces ministra Margarita Luna Ramos, formó parte del grupo de ministros que hicieron causa común con la política del presidente Enrique Peña Nieto. Fue de los ministros que buscaron a costa de lo que fuera, fincando sus decisiones en el torcimiento de la ley, que sobrevivieran las reformas estructurales del régimen de Peña Nieto, con las que se concretó a favor de empresas trasnacionales la entrega de la soberanía y los recursos naturales de México.

Así como el ministro Pérez Dayán empató con el régimen de Peña Nieto, pese a ser de ideologías distintas, también ha sabido congraciarse con el gobierno de Andrés Manuel López Obrador, con el que hay diferencias ideológicas más profundas. La mejor muestra de ese entendimiento es el apoyo que este ministro le dio al fiscal general Alejandro Gertz Manero, cuando este maniobró al interior de la SCJN con la intención de que no prosperara el juicio de amparo que interpusieron en su momento la señora Laura Morán Servín y su hija,

Alejandra Cuevas Morán, ambas acusadas por el fiscal de haber propiciado la muerte de su hermano Federico Gertz Manero.

En ese caso Pérez Dayán se puso a las órdenes de Gertz Manero para cerrar el paso a la liberación de las dos mujeres acusadas injustamente. El ministro Pérez Dayán, sin el menor riesgo de ser sometido a un enjuiciamiento —porque eso no existe en nuestra legislación contra los ministros, jueces y magistrados del Poder Judicial—, en un primer ensayo de sentencia estableció que se otorgara el amparo a las dos acusadas, pero para efectos, con el fin de que se les diera por atendidas en su reclamo de amparo de la justicia, sin decretar su libertad y más bien ordenando a la Fiscalía de Justicia de la Ciudad de México que ahondara en el caso con el propósito de reclasificar los delitos para que el peso de la justicia, de la justicia de Gertz Manero, pudiera caer con mayor precisión sobre las cabezas de las dos inocentes.

Finalmente, por presiones mediáticas, el pleno de la SCJN no pudo continuar con los deseos de Alejandro Gertz Manero de pasar sobre dos personas inocentes para satisfacer su sed de venganza. La SCJN —ante el señalamiento público de la injusticia que se estaba perpetrando— optó por otorgar el amparo liso y llano a favor de la libertad de las dos mujeres inculpadas falsamente. Desde ahí, la gestión de Alberto Pérez Dayán quedó en entredicho, no solo por manifestar su lealtad al fiscal Gertz Manero, sino por intentar doblar la justicia a favor de intereses personales. A pesar de eso, como Alberto Pérez perdió, no pudo servir al fiscal, y este terminó por relegarlo de su círculo de confianza. Ahora —hasta el cierre de este trabajo— la Fiscalía General de la República gestiona a través de otros ministros más útiles todos aquellos asuntos de importancia que dentro de la SCJN se mueven para el Ejecutivo.

2

Investigaciones sin efecto

¡Ay de aquel hombre por el cual viene
el escándalo!

MATEO 18:7

Producto de la piel gruesa o el desdén hacia el pueblo que reviste a
los que integran la Suprema Corte de Justicia de la Nación (SCJN), esa
institución ha podido soportar —sin mayor problema y en medio de
un mar de impunidad— una cantidad notable de grandes escándalos mediáticos de corrupción que han envuelto a algunos de los integrantes de esa cúpula del Poder Judicial. Solo en los últimos 22 años
los escándalos por falta de honestidad, algunos judiciables y otros solo
moralmente cuestionados, de algunos ministros de la SCJN no se alcanzarían a contar con los dedos de una mano. Pese a ello, no existe
en la historia reciente del Poder Judicial un solo caso de algún ministro o ministra que haya sido destituido de su cargo como efecto de un
juicio, aunque solo raye en lo moral.

Si la historia hablara de aquellos ministros o ministras cuyas conductas íntimas los hicieron indignos para el desempeño de tan alto
cargo, estaríamos hablando de por lo menos una decena de juzgadores del máximo circuito judicial, mismos que debieron haber sido

sometidos al imperio de la ley, no en aras del castigo simple por el juicio legalmente constituido —que eso sería suficiente—, sino por un asunto superior: la dignificación y elevación de la calidad que se requieren para ser máximo juzgador de la nación.

Solo por dimensionar la calidad moral de algunos juzgadores supremos, que con sus actos han manchado la esencia de la Suprema Corte, se tiene que recordar el caso del ministro Genaro David Góngora Pimentel, quien fue presidente de la SCJN del 4 de enero de 1999 al 31 de diciembre de 2002. Este ministro, que jamás fue llamado a cuentas, demostró que no se necesitaba estar en funciones dentro de la SCJN para torcer la ley. Solo bastaba tener buenas relaciones para seguir accionando a modo los hilos de la justicia. Él mismo, por sus relaciones personales y porque pudo y quiso hacerlo, a través de las torceduras del derecho, encarceló a su esposa y dejó a sus dos hijos menores —con autismo— sin una adecuada pensión.

Este es el caso: en 2003, aún siendo ministro de la SCJN, Genaro Góngora Pimentel inició una relación íntima con Ana María Orozco Castillo. Se habían conocido unos meses antes. Ella tenía menos de 35 años y él rondaba los 66. Aun así, consideraron que el amor era una buena opción. De esa relación nacieron dos niños, ambos fueron diagnosticados con autismo, por lo que requieren cuidados especiales. Contra toda norma legal y moral, Genaro Góngora, aprovechando su influencia, incorporó a su esposa Ana María Orozco a la nómina de la SCJN. La dio de alta laboralmente como asistente en su propia oficina.

Después, a menos de ocho años de iniciada la relación, el amor se acabó. Se terminó la relación entre ambos. Por eso ella, en pleno uso de su derecho, pidió lo que le correspondía: una pensión como parte de la responsabilidad del ministro para con el núcleo familiar del que se estaba disgregando. Él no ofreció ningún tipo de garantía material para su expareja ni para sus hijos. Literalmente los echó de su vida a su suerte. Al insistir sobre la prestación de una pensión para sus hijos, solo despertó la ira del magistrado.

Bajo la acusación falseada de que Ana María Orozco incurrió en el delito de fraude genérico —al querer el ministro Góngora atribuirle la compra de una casa, sin participar en la escrituración a sus dos menores hijos, cuando supuestamente así se había acordado—, el ministro operó una red de venganza y corrupción dentro del Poder Judicial: un equipo de subalternos al servicio de la SCJN litigó el caso y logró que en forma por demás extraña y falseada la jueza Nelly Ivonne Cortés Silva, del Poder Judicial de la Ciudad de México, lograra encarcelar a la señora Ana María Orozco.

El caso de abuso de poder y corrupción fue tan evidente que hasta el propio Senado de la República, a través de la senadora Diva Hadamira Gastélum Bajo, tuvo que intervenir, luego de considerar en aquel momento que

la jueza Nelly Ivonne Cortés Silva, presumiblemente, ha venido actuando de manera parcial en favor del exministro presidente, Genaro Góngora Pimentel, toda vez que a la jueza solo le tomó siete días ordenar la aprehensión de la Sra. Ana María Orozco Castillo, por el delito mencionado, de tal manera que desconocemos si la acreditación de los elementos para ordenar su detención se hizo con apego a derecho y de manera imparcial, donde también podemos señalar que probablemente se han violado los derechos humanos constitucionales de la Sra. Ana María Orozco Castillo y donde sería muy importante saber si se cumplió con lo mandatado en el artículo 16 constitucional.[1]

Y es que, como parte de un proceso viciado, con el poder del ministro, la señora Ana María Orozco Castillo —esposa de Genaro

---

[1] Senado de la República, proposición con punto de acuerdo de la senadora Diva Hadamira Gastélum, del grupo parlamentario del PRI, por el que se exhorta al titular de la CNDH a que investigue si el proceso penal que se lleva en contra de Ana María Orozco Castillo fue con apego a derecho, *Gaceta Parlamentaria*, LXII/1SPR-9-1376/41525, Ciudad de México, 5 de junio de 2013.

Góngora— estuvo recluida poco más de 12 meses en la cárcel de Santa Martha Acatitla.

Por eso la intervención del Senado de la República solicitando la intervención de la Comisión Nacional de los Derechos Humanos (CNDH), y por eso mismo el reclamo inmediato de la CNDH, cuya presidencia, luego de revisar las actuaciones, reconoció muy sutilmente que el sistema de procuración y administración de justicia, lejos de acercar los instrumentos del Estado para asegurarle un proceso apegado a derecho a la que era perseguida por el ministro Góngora, más bien actuó en su contra violentando sus garantías fundamentales, las que fueron pisoteadas al extremo del encarcelamiento. La revisión del caso del ministro Genaro Góngora contra su esposa Ana María Orozco Castillo dio como resultado la recomendación 32/2013 sobre "la indebida procuración e impartición de justicia, en agravio de V1, V2 y V3 (Ana María Orozco Castillo y sus menores hijos)", la cual se emitió el 27 de agosto de 2013 y fue dirigida al entonces jefe de Gobierno del Distrito Federal, Miguel Ángel Mancera Espinosa; al presidente del Tribunal Superior de Justicia del Distrito Federal, Edgar Elías Azar, así como al presidente de la Comisión de Derechos Humanos del Distrito Federal, Luis Armando González Placencia.

En dicho documento se estableció que el principal violentador de los derechos humanos de Orozco Castillo y sus hijos fue el ministro Genaro Góngora Pimentel. Sin embargo, también se señaló responsabilidad sobre la juzgadora Nelly Ivonne Cortés Silva, quien ordenó el ilegal encarcelamiento de la esposa de Genaro Góngora, jueza a la que la CNDH le recriminó que su actuar original no fuera apegado a los lineamientos establecidos en la ley para la protección de los derechos fundamentales "ni que se haya apegado al principio del debido proceso legal, por no respetar las formalidades esenciales del procedimiento ni los derechos humanos reconocidos por el orden jurídico mexicano".[2] No solo eso. En la aludida recomendación de la CNDH

---

[2] Comisión Nacional de los Derechos Humanos, recomendación 32/2013, "Sobre

también se refiere que la jueza Cortés Silva, cuando optó por su propia decisión dejar en libertad a la señora Ana María Orozco, utilizó "para ello argumentos en sentido contrario a los que utilizó al dictar el auto de formal prisión",[3] es decir, en ese momento sí reconoció la presunción de inocencia de Ana María Castillo y le otorgó la razón a "la justiciable" para que ella no tuviera que probar su inocencia, sino que fuera el agente del Ministerio Público quien tuviera que demostrar la culpabilidad de los hechos atribuidos.

En la tunda que le da la CNDH por medio de la recomendación aludida a la jueza Cortés, hay un texto que no tiene desperdicio, por ser esa la conducta típica de los jueces al torcer la ley a su conveniencia:

> la juzgadora afirmó —dice la CNDH— que "el que ahora se resuelva en diverso sentido, ninguna violación se genera a las garantías del gobernado", aun cuando en su fallo final reconoció que a dicha persona le asiste el derecho fundamental de presunción de inocencia, por ser esta la prerrogativa de toda persona acusada de la comisión de un delito, a ser considerada y tratada como inocente en tanto no se establezca legalmente su culpabilidad; de ahí que, un año después de su detención, se le reconociera inocente de la imputación formulada por la Representación Social "por no existir los elementos probatorios que obren en el sumario, que acrediten lo contrario".[4]

A pesar de esa exhibición que le dio la CNDH a la forma de impartir justicia de la jueza, la recomendación de la CNDH no causó ningún efecto sobre *la piel dura* del Poder Judicial. Es cierto que las recomendaciones de la CNDH —porque así se ha decidido hasta ahora— no tienen ningún efecto vinculante con el Código Penal, pero también resulta que ni por equívoco, al menos por una cuestión de

---

el caso de indebida procuración e impartición de justicia en agravio de V1, V2 y Justicia en Agravio de V1, V2 y V3", Ciudad de México, 27 de agosto de 2013.

[3] *Idem.*

[4] *Idem.*

integridad moral, el Poder Judicial —en el caso del ministro Góngora persiguiendo a su exesposa con todo el poder de la justicia torcida— quiso reaccionar para sancionar a los que se valieron de su posición de juzgadores para pasar sobre el derecho de una mujer y sus dos hijos.

Resulta increíble que no solo no se haya sancionado a la jueza Cortés Silva por torcer la ley en aras de ser parte de una venganza personal del ministro Góngora, pero resulta aún más surrealista que más bien la jueza en cuestión después haya sido premiada y reconocida por el Poder Judicial. En 2021 la jueza Nelly Ivonne Cortés Silva, por decisión del Consejo de la Judicatura de la Ciudad de México, fue parte del jurado que aprobó los reactivos de evaluación de conocimientos generales con perfil específico para la selección de juezas y jueces del Tribunal Superior de Justicia de la Ciudad de México.

La jueza Cortés Silva, junto con los magistrados Rogelio Antolín Magos Morales, Julio César Meza Martínez y Pedro Ortega Hernández fueron los encargados de emitir la convocatoria para la selección de 15 jueces definitivos y 10 jueces de reserva en materia laboral[5] del Poder Judicial de la Ciudad de México. Este jurado, en reconocimiento a sus trayectorias como juzgadores intachables, también se encargó de revisar los reactivos de evaluación, los perfiles de los evaluados y los exámenes de oposición que se presentaron en las convocatorias públicas que para ello se emitieron los días 18 y 22 de octubre de 2021.

El hecho de que, allá en 2013, la CNDH se haya lanzado —aunque de manera timorata— en una recomendación que involucraba a una integrante del Poder Judicial de la Federación se podría considerar como un acto casi célebre. Histórico, por el arrojo. Pues, por alguna extraña razón, por una decisión de los legisladores que dieron

---

[5] Consejo de la Judicatura de la Ciudad de México, Convocatoria 271°, concurso de oposición libre para cubrir plazas de juez en la Ciudad de México, octubre de 2021.

origen a la CNDH, que nació con el decreto presidencial del 6 de junio de 1990, se establece, según lo refiere el artículo 3 de la Ley de la Comisión Nacional de los Derechos Humanos, que ese organismo tendrá competencia en todo el territorio nacional para conocer todo tipo de quejas contra autoridades federales que hayan sido acusadas de violaciones a los derechos humanos. Pero se hace una excepción: la CNDH no podrá actuar contra las autoridades del Poder Judicial de la Federación.

Desde su origen, porque los legisladores federales que crearon la ley y la instancia de la CNDH no quisieron trastocar el poder absoluto de los jueces, magistrados y ministros, se le quitaron los dientes al organismo procurador de la defensa de los derechos fundamentales de los ciudadanos. Ese fue un acto de traición, porque, si hay un poder público en el sistema político mexicano que sea reconocido por atentatorio a los principios de las garantías individuales, ese es el Judicial. Y aun así los legisladores crearon una CNDH *sin dientes* contra el principal poder represor de los derechos humanos en México.

Para que no se viera tan impune el Poder Judicial, al no permitir que la CNDH pueda señalar ni ir contra de los miembros de esa élite, los legisladores decidieron conceder un poco: en el artículo 8 de la Ley de la Comisión Nacional de los Derechos Humanos se establece que "solo podrán admitirse o conocerse quejas o inconformidades contra actos u omisiones de autoridades judiciales, salvo las de carácter federal, cuando dichos actos u omisiones tengan carácter administrativo". Es decir, a los jueces y magistrados de los poderes judiciales de los estados sí se les pueden reclamar actos de violación de derechos, siempre y cuando rayen solo en lo administrativo, pero para los jueces, ministros y magistrados federales ni siquiera eso. Ellos son totalmente intocados. No se les puede molestar con el menor acto de exigencia de comportamiento legal.

Ese modelo de CNDH, que puede ir contra todo el aparato federal menos contra los jueces federales y de manera excepcional contra los jueces locales, se lo debemos al presidente Carlos Salinas de Gortari y a su secretario de Gobernación, Fernando Gutiérrez Barrios; ellos, atendiendo la participación del entonces presidente de la scjn, el ministro Ulises Schmill Ordóñez, manipularon la Cámara de Diputados para que naciera una feroz cndh sin facultades para reclamar a los jueces sus conductas violatorias de los derechos humanos. En este proceso de impunidad oficial para los miembros del Poder Judicial también participaron los legisladores, por el Senado, Manuel Aguilera Gómez y Antonio Melgar Aranda; mientras que por la Cámara de Diputados lo hicieron Jorge Alfonso Calderón Salazar y Felipe Muñoz Kapamas, quienes representaban a las dos cámaras, en calidad de presidentes y secretarios.

Debido a que la cndh no puede, por ley, conocer quejas ni inconformidades con el desempeño de los jueces, al día de hoy rechaza en promedio dos de cada 10 quejas que se presentan ante esa instancia, las cuales están relacionadas con actos violatorios de los derechos humanos por parte de algún miembro del Poder Judicial, tanto de la Federación como de los estados.

Solo para observar el daño que ha causado la negativa de facultades a la cndh para meter en cintura al Poder Judicial, se debe señalar que desde 1992 —el año en que se fundó la cndh para frenar los abusos del Estado mexicano— hasta mayo de 2023, fue recibido por esa dependencia un total de mil 790 quejas o denuncias por abusos de uno o varios jueces o magistrados. Se presentó en promedio casi una queja cada semana contra los abusos de los jueces. Pero lo más impactante es que de todas esas quejas o denuncias ninguna surtió efecto. Todas las quejas que recibió la cndh fueron desechadas, como si viviéramos en la Edad Media o en un país sin derecho a la defensa de los ciudadanos contra los abusos del Estado.

Durante ese periodo —de 31 años— la cndh solo ha dado paso a la interposición de 68 quejas o denuncias que fueron presentadas contra algunos jueces o magistrados, no de la Federación, sino de los poderes judiciales de algunos estados. Esas quejas o denuncias que corrieron el trámite de la aceptación fueron encuadradas en lo administrativo. La mayoría de las veces esas quejas que causaron alta fue porque un juez no permitió acceso a algún expediente a alguna persona privada de su libertad o a su abogado o persona de confianza. Nada que pueda poner en riesgo la honorabilidad y el níveo prestigio del Poder Judicial en cualquiera de sus manifestaciones.

Consecuentemente, aun cuando ha habido la aceptación de 68 quejas o denuncias, aunque estas solo son de corte administrativo, desde que se fundó la CNDH hasta el cierre de este trabajo esa dependencia nunca se ha manifestado con una recomendación —por violación de garantías individuales— en contra de algún juez, magistrado y mucho menos contra un ministro del Poder Judicial de la Federación. Es como si ese grupo de funcionarios, los juzgadores federales, formaran parte de una casta dorada de funcionarios públicos.

El argumento que ha establecido la CNDH para no molestar a los jueces, magistrados y ministros federales por sus actos, consistentes —en el mejor de los casos— en violación de los derechos humanos, es fácilmente justificable aunque no sea cabalmente entendible: este argumento se puede encontrar como machote en todas las solicitudes de información en las que públicamente se le ha pedido a la CNDH que informe sobre quejas o denuncias que se han levantado contra magistrados y jueces federales. Pongamos como ejemplo la solicitud de información pública en la Plataforma Nacional de Transparencia con folio 3510000036420, en donde —tomando como caso el de los jueces federales de Jalisco— se refiere que esa institución (la CNDH) no está facultada para conocer denuncias en el ámbito penal, "ni lleva a cabo la integración de carpetas de investigación de delitos",[6] como si en sí mismo no fuera un delito la violación de los derechos constitucionales de las personas, máxime cuando dicha violación es cometida por las y los juzgadores que están para hacer valer el marco jurídico que nos valida como sociedad dentro de un Estado de derecho.

---

[6] Comisión Nacional de los Derechos Humanos, respuesta a la solicitud de información con folio 3510000036420, Ciudad de México, 9 de marzo de 2020.

Solo por dejar en claro el papel de comparsa que históricamente la CNDH —desde que se fundó hasta el día de hoy— ha venido haciendo frente a los actos violatorios en que incurren los juzgadores federales, vale señalar que nunca un juez federal ha sido sancionado por violación a los derechos humanos, aun cuando el desempeño de muchos de ellos ha sido cuestionado de manera clara, incluso por la Corte Interamericana de Derechos Humanos (CIDH). La mejor prueba de lo anterior es que en los últimos 10 años la CIDH ha emitido 16 sentencias condenatorias contra el Estado mexicano, en donde en por lo menos nueve de esas sentencias ha quedado de manifiesto la violación de derechos fundamentales de las personas, y entre los violentadores principales de esas garantías fundamentales han resultado uno o más juzgadores federales.

Aun cuando la CIDH ha sido consistente, al referir la participación de varios juzgadores federales en la violación sistemática de los derechos humanos que hace el Estado mexicano, al respeto la CNDH ni siquiera por equívoco ha tocado esos terrenos de denuncia. Pero si esas violaciones de derechos humanos por parte de juzgadores federales no se han tocado por la CNDH, mucho menos es un tema que reconozca el CJF, en donde no existe nada que perturbe el aparente estado de honestidad que se pretende manifestar, como un engaño, entre los propios juzgadores y hacia la misma sociedad.

Para tratar de establecer de qué tamaño es la responsabilidad —por parte de la CNDH— sobre la omisión de las conductas atípicas de los jueces federales, es necesario precisar que en todas las recomendaciones que desde 2006 hasta el cierre de este trabajo ha integrado la CNDH, relativas a violación de garantías individuales en procesos de procuración y ejecución de la justicia, siempre —pareciera que de manera sistemática— se termina responsabilizando de esas violaciones a otras instancias y personas, principalmente de las fuerzas del orden y seguridad pública. En dichas recomendaciones nunca se menciona a los juzgadores federales como responsables de violación de los preceptos constitucionales básicos, a pesar de que son los jueces quienes toman decisiones cruciales en esos actos violatorios, entre los que destacan el decreto de la medida de arraigo o el otorgamiento del auto de formal prisión, incluso la emisión de sentencias de culpabilidad o la ejecución de órdenes de cateo, incluso el sobreseimiento de los juicios de amparo sin que existan elementos para ello.

Parece un guion preestablecido o parte del discurso público normalizador el hecho de que los juzgadores nunca sean mencionados como actores centrales en los actos violatorios de garantías constitucionales, en los que siempre el Estado es fustigado por los órganos internacionales procuradores del respeto a esos derechos. Es más, como parte de ese discurso normalizador que todo lo incendia, menos a los encargados de la aplicación de la justicia, los juzgadores ni siquiera son mencionados por su nombre. En México no existe una sola sentencia o recomendación que reconozca la violación de derechos humanos en donde se mencione por su nombre al juzgador que terminó avalando la abominable acción de todo el aparato estatal. Mucho menos existe una sanción en donde se reconozca a un solo juzgador por su nombre y se le condene a la reparación del daño.

En México no existe ni un antecedente en donde un juez, un magistrado o un ministro sean reconvenidos por su actuación judicial derivada en la violación de uno o más derechos fundamentales de las personas. Es más, no existe una sola organización pro defensa de los derechos humanos que registre entre sus acusaciones de violación de derechos humanos el nombre de uno solo de los juzgadores del Poder Judicial de la Federación. Estos funcionarios solo son aludidos con el nombre genérico del cargo, pero no con el nombre de la persona natural.

Lo anterior queda de manifiesto en una respuesta de información pública que fue emitida por la CNDH, en la que se informa que durante el periodo comprendido del 1° de enero de 2006 al 31 de julio de 2020, como efecto del trabajo de la procuración de los derechos humanos, se emitieron 319 recomendaciones contra la Policía

Federal Preventiva (PFP), la Secretaría de la Defensa Nacional (Sedena) y la Secretaría de Marina (Semar), "por su responsabilidad en violaciones a derechos humanos de civiles". De esas 319 recomendaciones emitidas, 65% fue contra la PFP, 23% fueron recomendaciones dirigidas a la Sedena, en tanto que el restante 12% fueron recomendaciones emitidas contra la Semar.[7] Dichas recomendaciones dejaron intocados a 122 jueces federales, los que de alguna forma estuvieron involucrados en igual número de casos, siendo factores decisivos de los actos de violación de derechos individuales al haber ordenado actos indebidos como la prisión preventiva oficiosa, órdenes de arraigo, intervención de las comunicaciones, cateos y sentencias condenatorias a modo, todas esas figuras dadas sin la existencia de elementos suficientes de culpabilidad.

La actuación de la CNDH, que pareciera una perversa protección a los jueces violentadores de los derechos humanos, parece que va de la mano con la conducta que al respecto ha desplegado también la Comisión Interamericana de Derechos Humanos, la que en sus recientes sentencias dictadas contra el Estado mexicano, aun cuando en algunos de esos casos se reconoce la participación de juzgadores federales, no ha querido exponer los nombres de esos jueces que incurrieron en violaciones a los derechos básicos consagrados en la Constitución, optando por generalizar su actuación como una responsabilidad del Estado, como si esos juzgadores fueran el Estado mismo. Esta conducta es avalada por muchas de las organizaciones no gubernamentales de protección de derechos humanos, las que hacen hasta lo imposible para que no se conozcan los nombres de los juzgadores involucrados directamente en actos de violación de garantías individuales.

Como ejemplo de lo anterior bien cabe referir la reciente sentencia de la CIDH "Caso Tzompaxtle Tecpile y otros vs. México", en

---

[7] Comisión Nacional de los Derechos Humanos, respuesta a la solicitud de información con folio 3510000104720, Ciudad de México, 23 de noviembre de 2020.

INVESTIGACIONES SIN EFECTO

la que se habla respecto a tres ciudadanos mexicanos que fueron sometidos a actos de violación de sus derechos básicos como —entre otros— medida injustificada de arraigo cautelar, auto de formal prisión, prisión preventiva oficiosa y sentencia condenatoria,[8] todo ello avalado por diversos jueces, cuyos nombres no se establecen a lo largo de la sentencia, como si se tratara de no trastocar su honorabilidad, aun a costa de violar el derecho de la población a conocer el proceder de esos funcionarios públicos.

El caso en cuestión habla sobre la ilegal detención, la privación de la libertad y un proceso penal amañado de origen, que se llevó a cabo con el aval de cinco jueces federales, en donde los afectados fueron los hermanos Jorge Marcial y Gerardo Tzompaxtle Tecpile, así como Gustavo Robles López, quienes

fueron detenidos el 12 de enero de 2006 en la carretera México-Veracruz, luego de que una patrulla de la policía realizara una requisa del vehículo y encontrara elementos que consideró incriminantes. Durante dos días fueron interrogados y mantenidos incomunicados. Con posterioridad fue decretada una medida de arraigo que implicó que fueran trasladados a una casa de arraigo de la Procuraduría, en la Ciudad de México, lugar donde fueron confinados por más de tres meses hasta el 22 de abril de 2006, cuando fue emitido el auto de formal prisión, luego de que Ministerio Público Federal ejerciera acción penal en contra de las víctimas por el delito establecido en la Ley Federal contra la Delincuencia Organizada en la modalidad de terrorismo.

Mediante ese auto, fue decretada la apertura del proceso penal por el juez de la causa y las víctimas fueron mantenidas en prisión preventiva por un periodo de dos años y medio aproximadamente. El 16 de octubre de 2008 fue pronunciada la sentencia en firme que absolvió a las víctimas del delito de violación a la Ley Federal contra la

---

8 Corte Interamericana de Derechos Humanos, "Caso Tzompaxtle Tecpile y otros vs. México", Sentencia, San José, Costa Rica, 7 de noviembre de 2022.

Delincuencia Organizada en la modalidad de terrorismo, y las condenó por el delito de cohecho debido a una tentativa de soborno de los oficiales que los detuvieron. El tribunal consideró que la pena por cohecho se encontraba 'compurgada' por lo que ordenó su inmediata libertad, y el mismo día fueron liberados.[9]

A lo largo de esta sentencia nunca se menciona por su nombre a aquellos juzgadores que fueron cómplices de la violación de los derechos de los tres detenidos. Es más, la propia organización defensora de derechos humanos que abanderó el caso ha hecho hasta lo imposible para no delatar los nombres de los juzgadores que incurrieron en la violación de los derechos fundamentales de las tres personas que fueron tratadas como terroristas. Por eso mismo, el Estado mexicano fue condenado a reconocer su comisión en la violación de derechos humanos y se ordenó internacionalmente el pago de reparación del daño, cosa que ha sido asumida por el Poder Ejecutivo, aun cuando los juzgadores que contribuyeron a esa violación, con lo errado de sus decisiones, ni siquiera han sido señalados para que asuman parte de su responsabilidad con sus actos de prevaricación.

En el caso Tzompaxtle Tecpile, sin la participación de los juzgadores federales no se hubiera cometido la violación de los derechos constitucionales de los tres detenidos. El arraigo inconstitucional al que fueron sometidos Jorge Marcial y Gerardo Tzompaxtle Tecpile, así como Gustavo Robles López, fue ordenado por el juez 14 de distrito de procesos penales federales en el Distrito Federal (Ciudad de México), José Leovigildo Martínez Hidalgo; la orden de aprehensión, sin fundamentos, por la que la Procuraduría General de la República (PGR) contó con el aval para llevar a prisión a los tres acusados, fue dictada por el juez tercero de distrito de procesos penales federales en el Distrito Federal (Ciudad de México), Arturo César Morales Ramírez; una segunda orden de aprehensión, por los delitos

---

[9] *Idem.*

de terrorismo y delincuencia organizada, fue dictada injustificadamente por el juez décimo segundo de distrito en el estado de Veracruz, Roberto Castillo Garrido; el auto de formal prisión contra los tres inculpados fue dictado ilegalmente también por el juez Arturo César Morales Ramírez.

Sin evidencias, pero con la clara intención de causar el mayor daño posible a los detenidos, el juez Roberto Castillo Garrido dictó un segundo auto de formal prisión, por el delito de cohecho, en contra de los inculpados. El encargado de retrasar el proceso, con dilación en las diligencias por el solo caso de cohecho, fue el juez décimo de distrito en el estado de Veracruz, Edwin Noé García Baeza. Y finalmente, el juzgador que liberó a los inculpados señalados falsamente de terrorismo, pero que terminó sancionándolos por el supuesto delito de cohecho, fue el magistrado Miguel Olea Rodríguez.

Pese a que la Comisión Interamericana de Derechos Humanos ha establecido en su sentencia del 7 de noviembre de 2022 que el Estado mexicano tiene que reparar el daño a Jorge Marcial y Gerardo Tzompaxtle Tecpile, así como a Gustavo Robles López, los tres afectados por la detención arbitraria y por el sometimiento ilegal a un proceso penal que conllevó la prisión injustificada, nada se dice en la misma sentencia, ni tampoco así lo han reclamado los abogados defensores que abanderaron el caso, acerca de una sanción a los jueces que incurrieron en faltas evidentes de profesionalismo y conocimiento de la ley al dictar medidas judiciales desproporcionadas o alejadas de la norma establecida.

Pese a que se reconoce que el Estado mexicano, con todo su aparato de procuración y aplicación de justicia, violentó arbitrariamente los derechos constitucionales de los tres mencionados, el CJF ni siquiera ha manifestado una postura que deslinde a sus juzgadores. Es como si la lucha por la garantía de los derechos humanos les fuera ajena a todos los que forman ese círculo de potestades que desde lo alto dirigen el destino del Poder Judicial. En el CJF parece no haber afectado en nada la sentencia de la Corte Interamericana, en el caso

Tzompaxtle Tecpile, aun cuando esa sentencia sea una clara evidencia de las fallas manifiestas del Poder Judicial de la Federación. Ninguno de los jueces que intervinieron y que contribuyeron con sus fallas y errores a violentar los derechos de tres personas ha sido sancionado. Más bien algunos de esos juzgadores han sido premiados.

El magistrado Miguel Olea Rodríguez, que estaba al frente del Tribunal Unitario en el estado de Veracruz, fue retirado del trabajo diario como juzgador. Fue incorporado al CJF, en tareas de administración, en el área de capacitación para nuevos jueces y magistrados. Por su parte, el juez Roberto Castillo Garrido, que era titular del Juzgado 12 de Distrito en Veracruz, fue elevado al rango de magistrado. Hasta el cierre de este trabajo se desempeñaba como magistrado en el estado de Veracruz, como integrante del Segundo Tribunal Colegiado en Materia Administrativa, esto luego de haber pasado por los cargos de juez sexto de distrito en el estado de Veracruz, magistrado del Segundo Tribunal Colegiado en el estado de Morelos, magistrado del Primer Tribunal Colegiado de Circuito del Centro Auxiliar de la Cuarta Región y magistrado del Segundo Tribunal Colegiado de Circuito del Centro Auxiliar de la Cuarta Región.

Por lo que hace al juez Arturo César Morales Ramírez, quien era titular del Juzgado Tercero de Procesos Federales en el entonces Distrito Federal, a este pareciera que también se le premió. Actualmente este juzgador es magistrado del Décimo Segundo Tribunal Colegiado en Materia Administrativa en la Ciudad de México, cargo al que ha llegado luego de haber pasado por los puestos de juez séptimo de distrito de procesos penales federales en el Distrito Federal (Ciudad de México) y magistrado del Segundo Tribunal Colegiado en Materia Administrativa en el Estado de México. En tanto José Leovigildo Martínez Hidalgo, quien era titular del Juzgado 12 de Distrito en Veracruz, sigue inamovible en el nivel de juez de distrito. Actualmente se desempeña como titular del Juzgado Séptimo de Distrito en el estado de Morelos. El juez Edwin Noé García Baeza, quien estaba como responsable del Juzgado 10 de Distrito en Veracruz, fue ascendido a magistrado. Al cierre de este trabajo se desempeñaba como titular del Noveno Tribunal Colegiado en Materia Administrativa de la Ciudad de México, esto luego de pasar por los cargos de juez segundo de distrito del Centro Auxiliar de la Segunda Región, magistrado del Segundo Tribunal Colegiado del estado de Quintana Roo y secretario ejecutivo de Carrera Judicial, Adscripción y Creación de Nuevos Órganos del Consejo de la Judicatura Federal.

3

De vez en cuando un escarmiento

¡Cuán dichoso es el hombre a quien Dios
corrige!

JOB 5:17

Aun cuando parece, por casos como los anteriores, que a los jueces
federales no se les puede tocar ni mucho menos mencionar como
responsables en la comisión de delitos por su mala impartición de
justicia, y que ese ha sido un tema extremadamente cuidado tanto
en la Corte Interamericana de Derechos Humanos (CIDH) como en
nuestra propia CNDH —cuando ha quedado establecido, por sentencias o recomendaciones, que algunos juzgadores han torcido la
ley y violentado derechos de inocentes solo para satisfacer intereses particulares—, no siempre los jueces quedan intocados. La realidad es sorprendente; a veces el Consejo de la Judicatura Federal
(CJF) del Poder Judicial de la Federación manifiesta efímeros arran-
ques de justicia, pero eso es solo cuando se trata de hechos escan-
dalosos, que han sido ventilados en los medios de comunicación o
denunciados públicamente por los afectados. Solo cuando eso ocurre, cuando se encara un gran conflicto y el juzgador en tela de juicio no tiene padrinos políticos o no tiene peso específico dentro

del Poder Judicial, es entonces cuando el CJF interviene y da lecciones de moralidad.

Si el comportamiento ilegal o inmoral de algunos juzgadores federales no llega a las primeras planas de los medios de comunicación masiva, lo que muy pocas veces ocurre por el alto grado de corrupción e intereses que revisten algunos dueños de las empresas de la información, entonces el CJF actúa de forma discrecional; a veces solo basta un apercibimiento privado sobre la conducta de los juzgadores en el banquillo, a veces solo es suficiente un amago de sanción, que no pasa de eso. Después de eso, la conciencia grupal de los juzgadores federales otra vez queda limpia, inmaculada, totalmente descargada de culpas, tanto que se pueden seguir absorbiendo otros actos de corrupción, que sin necesidad de reconocerlos no se afecta ni se socava la credibilidad del Poder Judicial.

Esa, la de tal vez no querer socavar la menguada honorabilidad del Poder Judicial, podría ser la principal causa que se le puede atribuir a la CNDH o a la CIDH para entender su razón de no mencionar a los juzgadores federales, violentadores de derechos, por sus nombres. Por eso solo se les menciona por el cargo genérico que desempeñan. Tal vez para que sobre sus personas no pese tanto la culpa social de cuando incurren en actos de violación de derechos de personas inocentes, y cuyos hechos quedan registrados en sentencias o recomendaciones. Y puede que ese acto mismo sea agradecido por el propio Poder Judicial, el que a través de su maleable CJF solo atiende de manera selectiva aproximadamente 10% de los casos de denuncias que se presentan contra los juzgadores federales.

Puede que los casos de denuncias que se presentan ante el CJF, exponiendo el desaseo personal de muchos juzgadores federales, solo sean atendidos como un acto de *mea culpa* con el que el Poder Judicial reconoce la existencia de los vicios punitivos de la conducta humana entre sus juzgadores, aunque no la decisión de erradicarlos. Es probable que esa sea la única razón de la tarea inquisitiva del CJF, porque la mayoría de los juzgadores federales que son sorprendidos en actos ilegales o inmorales cuando mucho solo se ven afectados con la destitución del cargo. Nunca, pese a la detección de delitos graves entre sus juzgadores, el CJF ha procedido penalmente contra alguno de sus juzgadores, ni cuando han incurrido en conductas antisociales claramente referidas en el Código Penal Federal y que son vomitivas ante la sociedad, como es el caso de los jueces ligados a los grupos de la delincuencia organizada o a los diversos cárteles de las drogas.

Las y los jueces federales que han sido sometidos al escrutinio del CJF por sus actos impropios, ya no digamos impropios de un juzgador, sino de una persona normal, por lo general solo son amonestados verbalmente. Únicamente son objeto de un regaño que no causa mayor modificación de la conducta ni subsana el mal ocasionado como impartidores de justicia. La mayoría de los apercibimientos con que son castigados aquellos juzgadores deshonestos, que son reconvenidos por el CJF, se hacen en eventos privados, siempre en lo íntimo de las silenciosas salas de justicia del propio Consejo de la Judicatura, en donde pareciera que los gruesos muros absorben todos los reclamos emitidos. La reconvención que se hace a los juzgadores que son sorprendidos en actos ilegales o inmorales nunca se conoce en el grueso de la sociedad, por lo tanto es como si eso nunca hubiera existido.

Las estadísticas oficiales dan soporte a lo anterior. Solo por citar un caso, en el periodo que va del 1 de enero de 2019 al 31 de marzo de 2021, ante el CJF se presentaron 120 denuncias de ciudadanos y empleados del Poder Judicial que reclamaron el inicio de procesos de investigaciones por actos ilegales en contra de igual cantidad de jueces o juezas federales de distrito. En ese mismo periodo se presentaron también ante el CJF un total de 83 denuncias de ciudadanos y empleados del Poder Judicial que solicitaron el inicio del trámite de investigaciones sobre conductas impropias de igual cantidad de magistrados o magistradas, a los que se les atribuyeron acciones que afectaban la honorabilidad de su trabajo o la dignidad, el decoro o el derecho de otras personas. Frente a estas cifras, son de notorio contraste los datos oficiales del CJF, los cuales refieren que en el citado periodo solo se atendió y llegó a su conclusión —de las 120 denuncias presentadas contra jueces federales— un total de 16 señalamientos contra jueces de distrito; mientras que de los 83 cuestionamientos a las conductas laborales de igual número de magistrados solo se investigaron y concluyeron con sanciones 22 acusaciones.[1]

De los 16 procesos internos que llevó a cabo el CJF para sancionar la conducta atípica de igual número de jueces, solo en dos casos se dio la destitución de su cargo del acusado. De los otros jueces sancionados, dos recibieron una amonestación en privado, tres recibieron un apercibimiento en privado, tres fueron objeto de un apercibimiento en público, a cuatro se les suspendió del cargo (hasta nuevo aviso), a uno se le inhabilitó temporalmente y a otro más se le aplicó una sanción económica. En el caso de los 22 magistrados sometidos al ajusticiamiento del CJF, en el periodo que se refiere, solamente en un caso se llegó a la destitución del cargo. Otros cuatro magistrados fueron solamente amonestados en privado, uno más fue objeto de un apercibimiento también en privado, cuatro fueron objeto de un apercibimiento en público, a 11 se les suspendió (temporalmente) del cargo y otro más fue inhabilitado también por un periodo limitado.

Aparte de evidenciar el suave castigo del CJF para con sus juzgadores deshonestos, el hecho de que ninguno de los investigados fuera objeto de intervención por el agente del Ministerio Público Federal para iniciar un proceso penal —aun cuando hubo casos en los que se incurrió en verdaderos delitos tipificados por el Código Penal Federal—, esta actuación del Consejo de la Judicatura solo demuestra de qué tamaño es la impunidad que en su conjunto solapan los encargados de la impartición de justicia en México, a la que se debe agregar otra forma de impunidad: la falta de transparencia del CJF en representación de todo el Poder Judicial de la Federación.

---

[1] Consejo de la Judicatura Federal, respuesta a la solicitud de transparencia folio 0320000205421, Ciudad de México, 18 de mayo de 2021.

La falta de transparencia del Poder Judicial, concretamente del CJF, es lo que no permite ver en su justa dimensión el nivel de corrupción, aunque sí la impunidad, que bulle dentro del Poder Judicial de la Federación. Ya habíamos visto opacidad dentro de los otros poderes de la República —como en el Legislativo y en el Ejecutivo—, que siempre que se trata de presentar respuestas públicas de información vertidas a través de la Plataforma Nacional de Transparencia arguyen tecnicismos y esgrimen su derecho para engañar a la gente. En el caso del Poder Judicial el argumento del uso del derecho para no dar explicaciones a la masa es de antología: cada vez que el Poder Judicial, sea a través del CJF o mediante la SCJN, tiene que dar respuesta a peticiones de información, siempre se recurre a la discrecionalidad, revestida de principios legales, para negar la información solicitada.

Tan cuadradas son las respuestas del Poder Judicial a los reclamos de información de la gente que casi siempre, como si la masa no lo mereciera por naturaleza, en cada ocho de 10 respuestas emitidas, se tiene que recurrir a dos fórmulas sintácticas para decir que no se quiere entregar la información solicitada. La fórmula más socorrida del Poder Judicial para negar información a la gente es cuando se responde: "esta [dependencia, dirección, etcétera] no cuenta con una relación de documentos que contenga la información solicitada por lo que eventualmente generarlo implica un documento *ad hoc*". Otra de las formas legaloides con las que, lejos de convencer de la apertura democrática del Poder Judicial, se promueve el oscurantismo dentro la selecta clase de juzgadores federales, es cuando se argumenta que "no existe obligación de elaborar documentos *ad hoc* para atender las solicitudes de acceso a la información".

Ambas fórmulas que utiliza el Poder Judicial a través de la SCJN o el CJF para esconder en la opacidad sus actos de gobierno son producto de la legalización de la oscuridad que ha propiciado el mismo pleno del Instituto Nacional de Transparencia, Acceso a la Información y Protección de Datos Personales —sí, el mismo organismo que se supone debe velar por la transparencia y la información—, el que estableció el aberrante criterio 03/17, donde se refiere que, en pocas palabras, si la información solicitada por cualquier peticionario existe pero no en la forma en que se pide, la dependencia no tiene obligación de entregarla. Ese criterio de oscuridad es el más socorrido por el Poder Judicial para mantener alejada a la población de las acciones que internamente se realizan en las dependencias y por funcionarios que integran la administración de justicia.

Pero si la inmoralidad del CJF, en relación con una tibia actuación frente a los jueces infractores, se refleja en lo opaco de sus explicaciones de gobierno a la sociedad o en la discrecionalidad de sus sanciones, habrá que ver cómo muchos de los juzgadores que son sancionados por actos ilegales o inmorales pronto vuelven a ser incorporados al sistema judicial, como si la corrupción se hubiera diluido de la noche a la mañana.

Entre abril y junio de 2018, solo por comenzar a citar algunos casos, el CJF sancionó a 184 trabajadores de todos los niveles del Poder Judicial de la Federación.[2] Las causas de las sanciones fueron variadas: desvío de recursos, presunción de nexos con el crimen organizado, filtración de información a defensas y ministerios públicos, cobros por servicios oficiales, acoso sexual, tratos denigrantes a subalternos, conducta indigna, consumo de drogas y alcohol en horarios de trabajo, entre otros. De todos los sancionados, no hubo uno solo que fuera presentado ante el agente del Ministerio Público por la posible comisión de hechos constitutivos de delitos. Pese a la gravedad de las acusaciones, ninguno de los trabajadores del Poder Judicial que fueron sometidos a investigación por parte del CJF recibió una sanción que no fuera, en el peor de los casos, la destitución de su cargo. A otros solo se les castigó con una amonestación en privado, lo que sin duda fue de risa, no solo para los acusados, sino para los propios ministros que asumieron el papel de juzgadores de sus propios subalternos.

---

[2] Consejo de la Judicatura Federal, respuesta a la solicitud de información pública folio 0320000279118, Ciudad de México, 27 de junio de 2018.

De los 184 trabajadores del Poder Judicial que fueron sancionados en 2018, siete eran jueces de distrito y una magistrada de circuito. Los amonestados por conductas impropias de un juzgador federal fueron los jueces Iván Gabriel Romero Figueroa, Fernando Sustaita Rojas, Jorge Arturo Porras Gutiérrez, José Neals André Nalda, Jorge Cristóbal Arredondo Gallegos, Francisco Ramos Silva y Alfonso Javier Flores Padilla. La magistrada sancionada fue María del Carmen Torres Medina. Todos ellos recibieron como castigo la separación del empleo y una amonestación verbal que se les dio en privado.

De todos los sancionados, pese a que el CJF reconoció en 2008 que presentaron conductas impropias de un juzgador federal, al cierre de este trabajo por lo menos tres de los amonestados se encontraban en funciones nuevamente: Iván Gabriel Romero Figueroa no solo continuaba en el cargo como juez, sino que fue ascendido a magistrado de circuito. Este juez que fue sancionado en su momento se desempeñaba como magistrado del Segundo Tribunal Colegiado en Materia Civil del Décimo Primer Circuito (Michoacán), a donde fue asignado tras ser amonestado; Jorge Cristóbal Arredondo Gallegos, que fue destituido como juez de distrito, también fue recompensado. Él fue ascendido a magistrado. Se desempeñaba como magistrado del Vigésimo Cuarto Tribunal Colegiado en Materia Administrativa del Primer Circuito (Ciudad de México); por su parte, el juez Alfonso Javier Flores Padilla, pese a que fue suspendido de su cargo por actos impropios, se desempeñaba como juez de distrito en el Juzgado Décimo Segundo en el estado de Baja California, con residencia en la ciudad de Tijuana.

Lo anterior revela que el regreso de algunos juzgadores a sus cargos, de los que fueron destituidos por conductas impropias, más que ser un tema de discrecionalidad de los órganos disciplinarios del Poder Judicial se debe más bien a decisiones del pleno de la SCJN, que es donde confluyen las quejas de los funcionarios sancionados. Pese a que la mayoría de los que han sido reconvenidos por el CJF, la

Comisión de Disciplina o la Comisión Substanciadora del Poder Judicial fueron encontrados como responsables de conductas impropias y por ello fueron suspendidos, la mayoría de ellos, valiéndose de las herramientas que otorga el derecho, reclamaron inocencia y llevaron su caso al pleno de las salas de la SCJN.

De acuerdo con datos del CJF, entre 2000 y 2022 han sido destituidos de su cargo, entre secretarios de juzgado, jueces y magistrados, un total de 370 hombres y mujeres que no cumplen con el ideal ético que se requiere para trabajar dentro del Poder Judicial. Pero, a pesar de ello, 90 de los sancionados, bajo el rentable argumento del *derecho propio*, acudieron ante la Suprema Corte para reclamar lo que a su consideración estimaron en su defensa con el fin de solicitar ser restituidos en sus cargos.

De acuerdo con información oficial entregada públicamente por la SCJN, de todos los funcionarios sancionados que presentaron recursos administrativos, solo 58 casos fueron admitidos. De ellos, en 32 se otorgó la anulación del acto de destitución, es decir, 32 funcionarios que habían sido sancionados y destituidos finalmente fueron reinstalados; en esos casos la SCJN falló a favor de los funcionarios deshonestos solo porque se consideró que el CJF había violentado los derechos de los imputados de faltas graves. Es decir, la SCJN, en la mayoría de los casos de destituidos por corrupción, hipergarantizó los derechos de los deshonestos antes que velar por la verticalidad y honorabilidad del Poder Judicial.[3]

Los ministros que dieron paso a la admisión de las querellas, desde 2000 hasta 2022, y que de alguna forma son responsables de la restitución en el cargo de aquellos malos juzgadores que fueron destituidos inicialmente son Juan N. Silva Meza, Guillermo Ortiz Mayagoitia, Mariano Azuela, Sergio Aguirre Anguiano, Olga Sánchez Cordero, José de Jesús Gudiño Pelayo, José Ramón Cossío Díaz,

---

[3] Suprema Corte de Justicia de la Nación, respuesta a la solicitud de información folio 330030522000703, Ciudad de México, 12 de mayo de 2022.

Juan Díaz Romero, Sergio Valls Hernández, Genaro Góngora Pimentel, Margarita Beatriz Luna Ramos, Arturo Zaldívar Lelo de Larrea, Jorge Mario Pardo Rebolledo, Fernando Franco González Salas, Alfredo Gutiérrez Ortiz Mena, Alberto Pérez Dayán, Eduardo Medina Mora, Javier Laynez Potisek, Norma Lucía Piña Hernández, Juan Luis González Alcántara Carrancá, Loretta Ortiz Ahlf, Yasmín Esquivel Mossa y Ana Margarita Ríos Farjat, quienes presentaron los proyectos que finalmente fueron votados por mayoría en el pleno de las salas de la SCJN, cuyas resoluciones son inapelables, porque así está escrito en la ley. Como si a la ley no le importara que en el cargo de juzgadores federales se escurran personalidades de dudosa honorabilidad.

No siempre el Poder Judicial se acoge al desahogo de procesos ajustados a derecho para poder deshacerse de aquellos malos juzgadores. Existen mecanismos que utiliza el CJF que no son explicados de manera transparente ni pública, mediante los cuales por decisión y bajo el criterio unilateral de las cúpulas de ese poder se llega a dar de baja a jueces y magistrados que no cumplen con los lineamientos de verticalidad. Este mismo mecanismo también es utilizado por altos funcionarios del Poder Judicial para deshacerse de aquellos funcionarios que simplemente no son de su agrado. Cuando se aplica este mecanismo de depuración de funcionarios judiciales —principalmente jueces y magistrados—, los juzgadores cuestionados, a veces con razón o veces sin ella, solo son citados en el CJF, en donde se les informa de la opción que tienen: o aceptan la suspensión de labores o se verán envueltos en problemas legales mayores. Casi siempre la amenaza es la misma: renunciar o dar vista de sus actos ante el agente del Ministerio Público Federal.

Así es como nacen dos de las ocho formas que legalmente plantea el CJF para establecer la vacante de una plaza laboral dentro del Poder Judicial. Las ocho formas de decretar una plaza vacante son baja por renuncia, baja por jubilación, baja por defunción, baja por no ratificación, baja por invalidez, baja por fin de nombramiento, baja por destitución y baja por retiro forzoso. Estas dos últimas figuras son las que más utiliza el Consejo de la Judicatura para obligar a un juzgador a renunciar a su cargo, sobre todo cuando se estima que dicho juez o magistrado, sea hombre o mujer, no cumple con el perfil ético, y que así ha quedado evidenciado luego de ser encontrados en situaciones comprometedoras. El uso de estas dos figuras de destitución del cargo se ha instituido también con el objeto de cerrar la posibilidad de que los destituidos presenten algún tipo de recurso administrativo ante la SCJN.

Una respuesta de información pública emitida por el CJF revela qué tan frecuentemente se obliga —en secreto, para no hacer escándalos mediáticos ni generar mayor carga de trabajo a la SCJN— a los jueces corruptos o inmorales a dejar por la fuerza su cargo, sin que tengan posibilidad recurrir al uso de la figura de la revisión administrativa ante el pleno de la SCJN. En la respuesta que contiene información que va del 1° de enero de 2012 al 25 de junio de 2018[4] se refiere que durante ese periodo fueron un total de 158 juzgadores y juzgadoras federales quienes dejaron sus cargos. La baja de los mencionados en dicho informe fue por "renuncia", "jubilación", "defunción", "no ratificado", "invalidez", o "fin de nombramiento". Pero 31% de esas bajas, es decir, 50 jueces o magistrados, hombres o mujeres, fueron obligados a la renuncia a través de la figura "baja por retiro forzoso" y "baja por destitución". Esos 50 juzgadores fueron literalmente expulsados del Poder Judicial de la Federación en total secrecía, como tratando de evitar un escándalo mayor. Y es que la mayoría de esos juzgadores incurrieron en la comisión de delitos o conductas impropias graves, mismas que fueron solapadas por el CJF, todo para no vulnerar la honorabilidad del Poder Judicial.

De los 50 juzgadores que en dicho periodo fueron dados de baja obligadamente, para no dar parte al Ministerio Público de sus

---

[4] Consejo de la Judicatura Federal, anexo a la respuesta de solicitud de información pública folio 0320000279118, Ciudad de México, 27 de junio de 2018.

conductas ilegales, 37 eran jueces de distrito y 13 se desempeñaban como magistrados de circuito. De todos los anteriores, a 35 juzgadores se les obligó a la renuncia a través de la figura "baja por retiro forzoso", mientras que a los otros 15 juzgadores se les orilló al abandono de su cargo bajo la clasificación "baja por destitución"; el total de jueces que fueron separados de sus puestos por "baja por destitución" fueron 12, en tanto que magistrados fueron tres. Por lo que hace a la figura "baja por renuncia forzosa", fueron un juez de distrito y 34 magistrados de circuito.

No se debe pasar por alto que el hecho de que no se juzgue no significa que no exista el delito. Y el hecho de que el CJF no haya llevado ante la justicia a los juzgadores federales que incurrieron en diversos ilícitos no quiere decir que el Poder Judicial se encuentre sin falta jurídica. Al contrario, a esas faltas jurídicas se debe agregar el pecado social de la impunidad —que es el principal síntoma de la ausencia del Estado—, la que se fomenta a través del fácil olvido y el perdón, a lo que se recurre para no desacreditar la trasijada honorabilidad del Poder Judicial de la Federación.

Entre los casos de despido de jueces y magistrados que se han dado dentro del Poder Judicial de la Federación existen muchos en los que el Consejo de la Judicatura incurrió y fomentó la impunidad. Muchos de esos casos no se tenían que solventar con el rápido perdón y olvido, sino que —de acuerdo con el marco jurídico vigente— se tenían que presentar ante el agente del Ministerio Público Federal para que se judicializaran las conductas antisociales desplegadas por los mismos encargados de hacer valer la justicia y la legalidad. Pero en la cúpula de la SCJN, en este caso por decisión del ministro presidente Juan N. Silva Meza, se optó por la impunidad como la forma más fácil de lavarle la cara al Poder Judicial de la Federación.

Solo para ver de qué tamaño ha sido la impunidad que se ha sembrado dentro del Poder Judicial, hay que recordar que en el caso de despido del juez Ramón Arturo Escobedo Ramírez, quien fue dado de baja por destitución cuando era titular del Juzgado Décimo con sede en la ciudad de Chihuahua, se le acusó de torcer diversos juicios de amparo sin siquiera considerar las pruebas aportadas, beneficiando sobre todo a personas con alto poder económico, principalmente en asuntos relacionados con concesiones de uso del suelo para la extracción de recursos naturales. En diversas resoluciones emitidas por el este juez se echaron abajo clausuras de explotación del subsuelo, principalmente en el ámbito minero, a pesar del daño que se ocasionaba al medio ambiente y a la salud de los pobladores.

Este juzgador destituido también estuvo a cargo del Juzgado Cuarto de Distrito con sede en Cancún, en donde —según lo recuerda la periodista Graciela Machuca— uno de los casos más sonados sobre la parcialidad con la que actuaba dicho juez "fue cuando en 2008 Escobedo Ramírez concedió suspensión definitiva al hotel Mezzanine ubicado en el Parque Nacional Tulum, el que se inconformó contra la clausura impuesta por la Procuraduría Federal de Protección al Ambiente (Profepa), y el juez le dio la razón". No solo eso, en el negro historial de este juez que fue alejado del Poder Judicial a la fuerza también se encuentra el señalamiento de que, en diciembre de 2009, sin mayor razón judicial que su propia decisión, por convenir así a sus intereses, dejó en libertad a nueve personas presuntamente relacionadas con actividades criminales, quienes formaban parte de la organización delictiva Los Zetas. Los nueve puestos en libertad por el juez Ramón Arturo Escobedo Ramírez fueron detenidos en posesión de armas de fuego, 100 cartuchos para arma de fuego, una granada de fragmentación y seis vehículos robados.

Previo a la destitución definitiva, este juez ya había sido sancionado con una suspensión temporal de tres meses, pero tras incurrir reiteradamente en conductas de corrupción fue dado de baja en forma definitiva, sin que el Consejo de la Judicatura diera vista al agente del Ministerio Público Federal ni siquiera por la posible comisión de hechos constitutivos de delito, mucho menos por ser señalado del delito de delincuencia organizada.

Otro magistrado que también impunemente siguió con su vida luego de haber utilizado su cargo —dentro del Poder Judicial de la Federación— para enriquecerse y desarrollar una serie de conductas antisociales es Rafael Zamudio Arias, quien al momento de su baja por destitución se desempeñaba como titular del Quinto Tribunal Unitario en el Estado de México, con residencia en Toluca. A este magistrado se le pudieron comprobar los delitos de hostigamiento sexual y laboral, además de que se le ubicaron movimientos financieros que no correspondían a sus ingresos económicos.

De acuerdo con el expediente 31/2013 integrado como parte del procedimiento disciplinario de oficio[5] que inició el CJF, a este magistrado le daba por querer besar a sus subalternas, las hostigaba con tocamientos, insinuaciones sexuales, rozamientos físicos, llamadas nocturnas y hasta forzamientos para sostener relaciones sexuales dentro de las instalaciones del propio tribunal. Por si eso fuera poco, Zamudio Arias también sometió a hostigamiento laboral a algunos miembros de su equipo de trabajo, entre los que distribuía la carga laboral como si se tratara de un acto de estímulos y castigos que el propio magistrado había tomado como su juego personal, con el que siempre intentaba someter a sus subalternos.

Para que el Consejo de la Judicatura tuviera que reaccionar y decidir su intervención a través del procedimiento disciplinario de oficio en contra de este magistrado, tuvieron que pasar más de nueve años y ocurrir 10 denuncias administrativas que presentaron algunos trabajadores y trabajadoras del tribunal y de los juzgados que fueron dirigidos por el magistrado Rafael Zamudio Arias, quejas que se presentaron entre 2001 y 2009, pero que fueron desechadas por el pleno del CJF, bajo las presidencias de los ministros Genaro Góngora Pimentel, Mariano Azuela Güitrón y Guillermo Ortiz Mayagoitia, quienes siempre protegieron a este magistrado. Zamudio Arias fue destituido

---

[5] Consejo de la Judicatura Federal, procedimiento disciplinario de oficio 31/2013, Ciudad de México, 26 de noviembre de 2014.

finalmente el 26 de noviembre de 2014, justo antes de que terminara su periodo al frente de la scjn el ministro presidente Juan N. Silva Meza.

La salida de "baja por destitución" dada al magistrado Rafael Zamudio Arias fue fácil, explica a cambio del anonimato una empleada del Poder Judicial de la Federación que fue víctima de este exjuzgador. Para ella, lo ideal hubiera sido que el propio cjf hubiera dado vista al agente del Ministerio Público, a través de una denuncia de hechos, sobre las agresiones que padecieron decenas de mujeres que trabajaban con Zamudio Arias. Sin embargo, explicó, el Consejo de la Judicatura en este caso no quiso acusar judicialmente al magistrado, pese a que existían elementos para ello. Como parte de esos elementos —que pudieron haber sido constitutivos de delitos— se encontraban las declaraciones de más de 10 mujeres que dijeron haber sido acosadas sexualmente.

El acoso sexual contra mujeres por parte de jueces y magistrados es una situación recurrente, pero que se atiende con discrecionalidad dentro del Poder Judicial de la Federación. Tan recurrente es este problema que el cjf creó la Unidad de Prevención y Combate al Acoso Sexual, que es el área administrativa dependiente de la Secretaría General de la Presidencia que se encarga de "proporcionar atención en los casos de acoso sexual y cualquier otra forma de violencia sexual y de género a los y las trabajadoras en el Consejo".[6] Esta oficina es la encargada de llevar a cabo todo un protocolo "para detectar ambientes de acoso en los órganos jurisdiccionales y áreas administrativas en el Poder Judicial de la Federación",[7] lo que no debería suceder, mucho menos si consideramos que dentro del Poder Judicial se encuentran los hombres y mujeres más íntegros de la sociedad. Pero la realidad demuestra que no hay tal probidad

---

[6] Consejo de la Judicatura Federal, respuesta a la solicitud de información folio 0320000256121, Ciudad de México, 31 de mayo de 2021.

[7] *Idem.*

entre muchos de los empleados del Poder Judicial de la Federación, al menos no es generalizada.

Los actos de acoso sexual, los que dentro del Poder Judicial no se toman como delitos, sino como faltas administrativas que solo se sancionan —cuando mucho— con la destitución del cargo, y de los que nunca se da vista al agente del Ministerio Público, además de ser considerables, se reconocen como eventos de la conducta no solo propios de los juzgadores, sino también de otros trabajadores de niveles descendentes. En los últimos tres años así se observa: según los datos que proporciona a través de la vía de transparencia la oficina de información de la Secretaría Ejecutiva de Disciplina del CJF, en 2019 se presentaron 18 denuncias y siete quejas por acoso sexual, las cuales fueron en su mayoría dirigidas contra jueces y magistrados.

De acuerdo con la información oficial que emite el Consejo de la Judicatura, de las siete quejas que se presentaron por acoso sexual en 2019, cuatro fueron contra jueces de distrito, una contra un secretario de acuerdos y dos contra igual número de oficiales administrativos; de las 18 denuncias que se presentaron en 2019, seis fueron contra magistrados de circuito, dos contra jueces de distrito, una respectivamente contra un secretario particular de un juez, un secretario particular de un magistrado, un secretario de acuerdos y un oficial administrativo; cuatro denuncias más fueron contra secretarios de juzgado y dos contra igual número de actuarios.

En 2020 se presentaron 29 denuncias y cuatro quejas por acoso sexual, donde, otra vez, los principales señalados de dicho acoso fueron los jueces y los magistrados.[8] Los acosadores sexuales denunciados en 2020 fueron siete magistrados de circuito, nueve jueces de distrito, dos secretarios particulares de juez, seis secretarios, dos actuarios, un oficial administrativo, un secretario de tribunal y un

---

[8] Consejo de la Judicatura Federal, Secretaría Ejecutiva de Disciplina, respuesta a la solicitud de información folio 030000256121, Ciudad de México, 18 de mayo de 2021.

secretario de acuerdos. Por lo que hace a los funcionarios contra los que —en 2020— se inició una queja por acoso sexual, estos son un juez de distrito, un secretario particular de juez, un actuario y un visitador judicial.

En 2021 fue un total de 29 quejas y 15 denuncias por iguales actos de acoso sexual, las que fueron en contra de funcionarios hombres del Poder Judicial.[9] De todas las quejas presentadas, cinco fueron contra magistrados y siete contra jueces. Por lo que hace a las denuncias, tres incriminaron directamente a igual número de magistrados y cuatro fueron contra jueces. Otros trabajadores del Poder Judicial involucrados —en 2021— en quejas o denuncias por actos insanos de pretensión sexual fueron un secretario particular de tribunal, un secretario particular de juzgado, dos secretarios de tribunal, nueve secretarios de juzgado, tres actuarios, ochos oficiales judiciales y un trabajador fuera de este escalafón. En 2022 el total de actos de acoso sexual que fueron reconocidos por el Poder Judicial de la Federación fue a través de 19 denuncias y siete quejas. De estos eventos por lo menos 12 denuncias y dos quejas corresponden a la conducta de igual número de jueces y magistrados.

Lo que se refiere en el cúmulo de expedientes que ha integrado la Unidad de Prevención y Combate al Acoso Sexual, que exprofeso fue creada dentro del CJF, no tiene desperdicio. Las historias más inauditas de acoso y trata sexual se han dado dentro de las oficinas que oficialmente son para la impartición de justicia. Hay casos tan extraños y vomitivos como el del juez sexto de lo penal en Jalisco, Francisco Martín Hernández Zaragoza, quien a pesar de su condición de agresor sexual no fue llevado ante el agente del Ministerio Público, gracias al perdón otorgado por el CJF. Solo para observar la benevolencia del Consejo de la Judicatura aun en casos graves de conducta como es el

---

[9] Consejo de la Judicatura Federal, Secretaría Ejecutiva de Disciplina, respuesta a la solicitud de información folio 330030422000418, Ciudad de México, 27 de enero de 2022.

acoso sexual, baste referir que durante el periodo en el que se sometió a investigación al juez Hernández Zaragoza, el Consejo de la Judicatura "decretó la suspensión [...] por el término de cuatro meses y con goce de 40% de las percepciones que corresponderían y dejar al juez denunciado a disposición del Instituto de la Judicatura Federal, extensión Jalisco".[10] Durante el tiempo que estuvo en cauce la investigación de este juez, se le dio cabida laboral en la Defensoría de Oficio. Es decir, se le suspendió de su cargo, pero se le siguió pagando 40% de su sueldo, y no se le dio vista al agente del Ministerio Público por los posibles actos constitutivos de delitos, al contrario, a este juez se le convirtió en un defensor público, aun cuando su labor solo fue para llevar a cabo trabajos administrativos.

En este caso en particular es de llamar la atención la conducta del juez acusado, la que ante la visión del CJF solo ameritó la destitución del cargo, aun cuando se acreditó debidamente el señalamiento de que el juez en varias ocasiones cometió actos deshonestos en contra de cuatro mujeres subordinadas dentro del Juzgado Sexto de lo Penal, a las que les propuso actos sexuales dentro de las instalaciones del juzgado. Incluso, en alguna ocasión, la perversidad sexual de este juzgador —según obra en el expediente— llegó a tal extremo que se masturbó delante de una de las trabajadoras del juzgado que fueron acosadas.

También, a lo largo de la investigación que hizo el CJF, se estableció que este juzgador federal —al que además se le relacionó con actos de corrupción por haber fallado en diversas ocasiones a favor de la libertad de algunos reconocidos narcotraficantes—, para tratar de deslindarse de los actos de señalamiento de acoso sexual, reiteradamente hacía parecer a sus víctimas, ante los ojos de otros funcionarios del juzgado, como agresoras. Acusaba a sus víctimas de intentar extorsionarlo. Así lo decía públicamente, generando una doble victimización, pero también generando una condición de descrédito a

---

[10] Consejo de la Judicatura Federal, procedimiento disciplinario de oficio 34/2013, Ciudad de México, 11 de febrero de 2015.

la palabra de sus víctimas. Seguramente por eso la investigación iniciada por el Consejo de la Judicatura finalmente concluyó que los señalamientos hechos en contra del juez Francisco Martín Hernández Zaragoza, que lo acusaban de agresor sexual, carecían de veracidad.

Mediante un evidente torcimiento del Estado de derecho, al término de la investigación y de las actuaciones, la magistrada Martha María del Carmen Hernández Álvarez determinó: "Por todas esas razones [expuestas a lo largo de la investigación] es que respetuosamente me aparto de la decisión mayoritaria, porque en opinión de la suscrita no quedó acreditada la conducta que se le atribuye al juez de distrito implicado, al existir una clara y patente insuficiencia de pruebas".[11] Eso fue suficiente para que el acusado no fuera presentado ante el agente del Ministerio Público. Solo fue sancionado con la destitución del cargo y pudo continuar con su vida en libertad. De hecho, en diciembre de 2020 el juez Hernández Zaragoza acudió ante el pleno de los diputados del estado de Jalisco para aspirar a una de las nueve magistraturas del Supremo Tribunal de Justicia del Estado (STJE), en donde no fue considerado para el cargo debido a los antecedentes establecidos a su paso por el Poder Judicial de la Federación. La magistrada Martha María del Carmen Hernández Álvarez murió el 11 de octubre de 2020, pero como legado dejó al Poder Judicial el establecimiento del nuevo Sistema de Justicia Penal, uno de los ejes de gobierno del presidente Enrique Peña Nieto que mejor plasma la visión neoliberal para el ejercicio de la gobernanza.

De tal magnitud son los eventos de acoso y abuso sexual protagonizados por jueces y magistrados dentro del Poder Judicial de la Federación, que para intentar poner a salvo las garantías y el derecho al acceso a la justicia de las personas que se puedan reconocer como víctimas el propio CJF, sin reconocer la gravedad del problema, en mayo de 2022 estableció un acuerdo con el Instituto Federal de la Defensoría Pública para que esa dependencia asuma de oficio la

---

[11] *Ibid*, p. 484.

representación de todas las personas que, trabajando dentro del Poder Judicial de la Federación, sean víctimas de "acoso sexual, abuso sexual, hostigamiento sexual y cualquier otra forma de violencia sexual y de género que se cometa en el ámbito laboral".[12]

De esa forma se observa que al Poder Judicial de la Federación le resulta más fácil reparar que prevenir el daño que le ocasiona el no contar con los protocolos debidos para una adecuada selección de juzgadores, que sean aptos psicológicamente para el más sublime de los ejercicios profesionales: la impartición de la justicia. Y es que, como un efecto mimetizador de los poderes Ejecutivo y Legislativo, donde a nadie, por mayor que sea su cargo, se le exigen evidencias de un adecuado procesamiento mental de la realidad, en el Poder Judicial tampoco se reclama —porque no está legislado y porque así parece que le conviene a todo el gremio judicial— la aplicación de exámenes psicométricos como requisito básico para ejercer el trabajo de juzgador. En las democracias más avanzadas del mundo la práctica de un examen psicológico para poder alcanzar la labor de juzgador es un requisito fundamental y altamente ponderado. Pero en el Poder Judicial de México eso no interesa en absoluto.

En México, por extraño que parezca, pese al grado de responsabilidad social que tienen los juzgadores frente al grueso de la sociedad, pero sobre todo tomando en cuenta el elevado número de casos de acoso sexual que se registran, al CJF no se le ha ocurrido establecer como una necesidad el requisito de una valoración psicológica para todos aquellos que aspiren a ser juzgadores. De acuerdo con lo que se establece en la Ley de Carrera Judicial del Poder Judicial de la Federación, que fue promulgada el 7 de junio de 2021, parece ser que el requisito más importante —y tal vez el más difícil— a cumplir, para

---

[12] Consejo de la Judicatura Federal, "Acuerdo del Consejo de la Judicatura Federal con el Instituto Federal de Defensoría Pública para brindar representación extraordinaria en materia penal a las personas trabajadoras del Consejo de la Judicatura Federal que sean víctimas de acoso sexual", Ciudad de México, 25 de mayo de 2022.

todos aquellos que aspiran a un cargo de juzgador, es contar con el título de licenciado en Derecho. Según se establece en el artículo 9 de la citada ley, dentro de los ocho requisitos básicos que el legislador propuso para que cualquier persona pueda acceder a la carrera profesional de juzgador, entre los que se prevén diversas capacidades y cualidades personales, todas ellas apuntando al buen ejercicio de la impartición de justicia, se encuentran los relativos solo a la metaconcepción del entorno judicial y social. En ningún momento se plantea desde la ley la necesidad de contar con jueces probos y completos de sus capacidades mentales.

Por esa razón, por no estar contemplado dentro de la ley un tamizaje psicológico a los juzgadores, se tiene que acudir a la integración de instituciones y acuerdos internos para reparar el daño causado por las desviaciones mentales de algunos trabajadores del Poder Judicial. Por esa misma razón se dan casos como el de Lorena Merino Alonso y Josué Issael Ávila Merino, madre e hijo, respectivamente, quienes a pesar de su parentesco directo eran secretaria particular y actuario judicial, ambos trabajando dentro del Juzgado Tercero de Distrito en Materia de Trabajo en la Ciudad de México.

Estos dos funcionarios fueron sancionados por el CJF luego de haber sido encontrados responsables de una serie de actos ilegales e inmorales de sometimiento denigrante, maltrato y hostigamiento laboral contra una trabajadora del mismo juzgado, a la que Lorena Merino Alonso y su hijo Josué Issael Ávila Merino obligaron a desempeñar labores domésticas —principalmente de limpieza y aseo— en las casas de los aludidos, so pena de incrementar la carga laboral de la ofendida, sobre la que tenían autoridad laboral en calidad de secretaria particular de juzgado y actuario judicial.

De acuerdo con la investigación que dentro del procedimiento disciplinario de oficio 34/2017[13] les integró el CJF, Lorena Merino

---

[13] Consejo de la Judicatura Federal, procedimiento disciplinario de oficio 34/2017, Ciudad de México, 7 de agosto de 2018.

Alonso y su hijo Josué Issael Ávila Merino, valiéndose de su posición de mando dentro del juzgado en el que trabajaban, durante cuatro años consecutivos —entre 2012 y 2016— cometieron "actos o comportamientos ofensivos, irrespetuosos y denostativos, así como de abuso en el cargo, ello en detrimento de la denunciante, por medio de los siguientes hechos": a la denunciante se le obligaba a realizar la limpieza de la casa de Lorena Merino y del departamento de Josué Issael Ávila, esto con la promesa a la denunciante de gestionar el nombramiento de base para asegurar su plaza laboral. Cuando la denunciante de estos hechos no acudía a limpiar la casa de los dos funcionarios del juzgado, inmediatamente le incrementaban la carga laboral, lo que iba siempre acompañado de malos tratos.

También, Lorena Merino y su hijo Josué Issael Ávila obligaban a la denunciante y a otras trabajadoras de ese juzgado a realizar reiteradamente actos de comercio dentro de las oficinas de trabajo, les ordenaban vender productos por catálogo de la marca Avon de la que la misma Lorena Merino era la promotora, cuyas ganancias conservaba en forma íntegra para su propio beneficio. Igualmente obligaban a un grupo de trabajadores a vender desayunos con utilidades económicas solo para los agresores. No solo eso —según consta en el citado expediente del procedimiento disciplinario de oficio—, durante las jornadas de trabajo la mayor parte del personal del juzgado era utilizado como servidumbre por Lorena Merino Alonso y su hijo Josué Issael Ávila, quienes disponían de las y los empleados del juzgado para ejercer labores particulares, como realizar mandados, hacer depósitos bancarios o cobrar el Avon o los desayunos.

Frente a esta situación hubo denuncias reiteradas por parte de las y los trabajadores afectados por el abuso laboral. El hecho fue denunciado en forma insistente ante el CJF. Solamente ellos, al interior de ese órgano, supieron la razón por la que no actuaron en forma inmediata. Tuvieron que pasar cuatro años para que se ordenara la investigación correspondiente, la que concluyó que hubo actos ilegales en el comportamiento de la secretaria particular y su hijo el actuario del juzgado. Los dos fueron cesados apenas concluyó la investigación, pero de manera extraña no se le dio parte al agente el Ministerio Público pese a la existencia de algunos delitos, entre ellos el relativo a desvío de recursos.

Es muy larga la lista de funcionarios del Poder Judicial que han sido obligados a la renuncia de su cargo porque no han estado a la altura de la honestidad y probidad que se requieren en el ejercicio de la impartición de justicia. Son muchos los juzgadores, tanto jueces como magistrados, incluyendo a un ministro (Eduardo Medina Mora), a los que se les ha obligado al retiro, como parte de una cuestionada política de control de daños. Una política que es cuestionada porque ha privilegiado la conservación de la imagen de honestidad del Poder Judicial frente a la aplicación de castigos ejemplares para aquellos que —traicionando a la nación y sus leyes— cometieron diversos delitos de los que no se dio cuenta al Ministerio Público, y con ello el propio Poder Judicial, a través del Consejo de la Judicatura, ha contribuido a la impunidad.

Pareciera que lo que sucede dentro del Poder Judicial no es ajeno al concierto social de la nación; en los estados donde se registran mayores índices de corrupción, como efecto de la impunidad, es donde mayor cantidad de jueces y magistrados han sido obligados a la separación del cargo por lo insostenible de sus conductas como juzgadores. Es un foco de alerta que debe ser atendido por el CJF para extremar sus controles o crear nuevos protocolos de acceso y permanencia en el servicio público de juzgadores.

De acuerdo con el *Índice Global de Impunidad México 2022: Estructura y función de la impunidad en México*, un documento de estudio social elaborado por la Universidad de Las Américas Puebla, el mayor índice de impunidad —con todos los vicios que de ella se derivan— se concentra en 10 estados del país: Estado de México, Baja California, Veracruz, Puebla, Querétaro, Jalisco, Sinaloa,

Aguascalientes, Chiapas y Michoacán.[14] Y de manera nada extraña, resulta que en seis de esos 10 estados es donde se ha dado la mayor cantidad de destituciones de jueces y magistrados, que han sido obligados a la baja por "retiro forzoso" o "por destitución", esto luego de que esos juzgadores fueron sorprendidos en actos de corrupción o conductas antisociales que pudieran ser constitutivos de delitos.

En el estado de Jalisco han sido destituidos por conductas impropias de un juzgador los magistrados Guadalupe Torres Morales, Lucio Lira Martínez, José de Jesús Rodríguez Martínez, Juan Bonilla Pizano y José Montes Quintero, así como los jueces de distrito Francisco Martín Hernández Zaragoza y Arturo Fonseca Mendoza. En Baja California fueron cesados los magistrados Sergio González Esparza y Carlos Humberto Trujillo Altamirano, y el juez de distrito Pedro Cruz Ramírez; en Michoacán, donde también la impunidad registra índices elevados, fueron sorprendidos en actos deshonestos y destituidos los magistrados Raúl Murillo Delgado y Luis Fernández Aguilar, además del juez de distrito Efraín Cázares López.

En el estado de Veracruz, otra de las entidades con mayores problemas de impunidad, fueron destituidos el magistrado José Pérez Troncoso y el juez de distrito Daniel José González Vargas; en Puebla se destituyó a los magistrados Gustavo Calvillo Rangel y Filiberto Méndez Gutiérrez; en tanto que en Sinaloa, otro de los estados con altos índices de impunidad, se dio de baja forzosa al magistrado Rubén Aceves Luis y al juez de distrito Luis Alberto Razo García.

Aun cuando la Ciudad de México no se encuentra dentro del ranking de las principales entidades con mayores índices de impunidad, es la que registra mayor cantidad de magistrados destituidos. Igual que en el resto de las entidades, en la Ciudad de México el CJF no informa las razones por las que algunos juzgadores fueron

---

[14] Juan Antonio Le Clercq Ortega, Azucena Cháidez Montenegro, Gerardo Rodríguez Sánchez Lara, Universidad de Las Américas Puebla, *Índice Global de Impunidad México*, primera edición, San Andrés Cholula, Puebla, octubre de 2022.

orillados a la renuncia mientras que otros fueron obligados al retiro forzoso. Los magistrados que en la Ciudad de México fueron separados de sus cargos, por razones que solo se conocieron en el CJF, fueron Sara Judith Montalvo Trejo, César Esquinca Muñoz, Víctor Manuel Islas Domínguez, Carolina Pichardo Blake, María Soledad Hernández, Gustavo Rafael Ruiz Parra Rodríguez, José Luis Villa Jiménez, Luis Gilberto Vargas Chávez, Adolfo Octaviano Aragón Mendía, J. Refugio Gallegos Baeza, Carlos Hugo Luna Ramos y Jesús Guadalupe Luna Altamirano, así como el juez de distrito Rigoberto Calleja López.

Otra entidad en donde también el CJF ha orillado a la renuncia voluntaria y al retiro anticipado a diversos juzgadores es el estado de San Luis Potosí. No sobra señalar que esta entidad, de acuerdo con información de fuentes del Centro Nacional de Inteligencia (CNI), es una de las que mayores incidencias registran en relación con la corrupción de jueces federales, los que llegan a coludirse con miembros de algunos cárteles de las drogas, principalmente de las organizaciones conocidas como Los Zetas, el Cártel Jalisco Nueva Generación y el Cártel de Sinaloa.

Los jugadores que han sido orillados a la separación de su cargo, para no exponer las razones por las que ya no se les considera de confianza para el ejercicio en la impartición de justicia, fueron Francisco Guillermo Baltazar Alvear, Héctor Moisés Viñas Pineda, Carlos Luis Chowell Zepeda y el juez de distrito Francisco Ramos Silva.

Otros juzgadores destituidos bajo condiciones de sospecha para la población, pero con la certeza de que para el Poder Judicial ya no representaban ninguna garantía de imparcialidad en la aplicación de la justicia, son, en el estado de Oaxaca, los magistrados Rubén Darío Domínguez Viloria y Roberto Gómez Argüello; en Baja California, los magistrados Juan Manuel Serratos García y Rafael Zamudio Arias; en Nuevo León, los magistrados José Reyes Medrano González y Sergio Javier Coss Ramos; en Coahuila, el magistrado Leonardo Rodríguez Bastar; en Guerrero, el magistrado

Martiniano Bautista Espinoza, y en Hidalgo, el magistrado Ernesto Aguilar Gutiérrez.

Por lo que hace a las sospechosas destituciones de jueces federales que pudieron haber incurrido en delitos, pero que a pesar de ello no fueron presentados ante el agente del Ministerio Público, y solo se les dio salida a través del retiro forzoso o la baja por destitución, se encuentran Arístides Marino Santos, en Durango; Álvaro Tovilla León, de la Ciudad de México; José Neals André Nalda, del estado de Guerrero; Luis Armando Jerezano Treviño, de Coahuila, y Ramón Arturo Escobedo Ramírez, de Chihuahua.

4

La sospecha del narco

Si hay una joven virgen que está comprometida
a un hombre, y (otro) hombre se acuesta con
ella, entonces llevaréis a los dos a la puerta de
esa ciudad y los apedrearéis hasta que mueran.
DEUTERONOMIO 22:23-24

La sospecha de corrupción en algunos círculos del Poder Judicial no
es exclusiva del imaginario colectivo de los mexicanos. Desde el ex-
terior también se observa a los juzgadores mexicanos como sujetos
pasivos del delito de corrupción. En su informe anual de 2022 la organización Human Rights Watch (HRW), uno de los visores más importantes a nivel mundial en la observación del respeto a los derechos
humanos, establece en términos generales que en México

es habitual que las víctimas de delitos violentos y violaciones de
derechos humanos no obtengan justicia en el sistema penal. Según la organización no gubernamental México Evalúa, apenas 5.2
por ciento de los delitos cometidos en México son resueltos. Esto
se debe a diversos motivos que incluyen corrupción, falta de capacitación y recursos insuficientes, y complicidad de agentes del

101

Ministerio Público y defensores públicos con delincuentes y otros funcionarios abusivos.[1]

El estado de corrupción en el que HRW alude a los jueces sin nombrar al Poder Judicial mexicano también ha sido observado desde hace tiempo por el sistema de procuración de justicia de Estados Unidos, el cual, a través de algunas de las agencias de investigación de los departamentos de Justicia, del Tesoro y de Estado de manera discreta ha estado investigando el comportamiento de algunos jueces, magistrados y ministros mexicanos. La sospecha ha sido bien fundamentada: en promedio, de acuerdo con la información pública que se ha generado en los medios de comunicación, en los últimos 10 años, de cada 100 personas que son detenidas por su probable relación con células de los cárteles del narcotráfico, cuya pertenencia a esas organizaciones es del dominio público, por lo menos 85 de esos delincuentes son puestos en libertad por la decisión unipersonal de algún juez de primera instancia o por la orden inatacable de magistrados de tribunales unitarios o colegiados de circuito. En ese juego de poder no existe un cártel o agrupación criminal que en específico sea más privilegiado por las decisiones de los jueces y magistrados, por lo que muchas de esas liberaciones de criminales reconocidos se atribuyen más bien al poder corruptor del dinero, que es el que dicta la justicia en México.

Fuentes de una agencia de investigación del gobierno de Estados Unidos pudieron confirmar para este trabajo que al inicio de 2023 por lo menos 63 jueces y 103 magistrados mexicanos estaban siendo "observados con detenimiento" por parte del sistema de justicia estadounidense, esto como consecuencia de las liberaciones otorgadas a diversos miembros de empresas criminales que operan en ambos

[1] Human Rights Watch, *Infome mundial 2022*, Nueva York, Estados Unidos, disponible en https://www.hrw.org/es/world-report/2022/country-chapters/mexico#3c3341.

lados de la frontera entre México y Estados Unidos. Pero, aun cuando es notable el número de juzgadores federales a los que desde Estados Unidos se les tiene bajo la lupa por las sospechas de corrupción implícitas en las sentencias de liberación emitidas a favor de miembros reconocidos del narcotráfico, se observa lejana la posibilidad de una acción formal de investigación y más aún de llevar ante la justicia de Estados Unidos a algún miembro del Poder Judicial mexicano.

La razón por la que Estados Unidos tentativamente no llevaría a juicio a ningún juez o magistrado mexicano, aun cuando hay claras sospechas de la falta de integridad de muchos juzgadores, a los que se les relaciona con actos de corrupción generados desde el interior de los más poderosos grupos del narcotráfico, sería —explicó la fuente consultada— para "no afectar las relaciones diplomáticas de buena vecindad". Ese es el mismo argumento que oficialmente se esgrimió, por parte del Poder Judicial de Estados Unidos, cuando —pese al cúmulo de evidencias que tenían— se optó por no llevar a juicio al general Salvador Cienfuegos Zepeda,[2] secretario de la Defensa Nacional en el gobierno de Enrique Peña Nieto, que fue relacionado en Estados Unidos con Francisco Patrón Sánchez, *el H2*, un miembro del cártel de los Beltrán Leyva, pero que en México fue exonerado por la Fiscalía General de la República, encabezada por Alejandro Gertz Manero, que consideró que, tras una rapidísima investigación, no había elementos para el procesamiento penal del caso, optando por la figura del no ejercicio penal.

Son muchos los casos de jueces y magistrados que al menos han quedado registrados en expedientes de investigación por corrupción en el Departamento de Justicia del gobierno de Estados Unidos, pero que en México ni siquiera han causado algún tipo de escozor en la gruesa piel de los altos mandos del Poder Judicial de la Federación. Entre esos casos destaca la investigación que la DEA integró sobre los

---

[2] Departamento de Justicia de Estados Unidos, documento 22, caso 1:19-cr-00366-CBA-SJB, Nueva York, 17 de noviembre de 2020.

tres miembros del Tribunal Colegiado en Materia Penal en el estado de Jalisco, los magistrados Rosalía Isabel Moreno Ruiz, Lucio Lira Martínez y José Félix Dávalos.

A estos tres magistrados se les inició una investigación que en la DEA no ha sido declarada concluida, la cual tiene que ver con las razones por las que estos juzgadores dictaron auto de libertad a favor de Rafael Caro Quintero, quien está señalado por el gobierno estadounidense de ser el responsable de la muerte del agente antinarcóticos Enrique *Kiki* Camarena Salazar y del piloto del gobierno mexicano Alfredo Zavala Avelar, quienes fueron asesinados presuntamente por órdenes de Caro Quintero en colusión con Ernesto Fonseca Carrillo y Miguel Ángel Félix Gallardo el 7 de febrero de 1985 en la ciudad de Guadalajara. Por esa acusación, Caro Quintero, el fundador del Cártel de Guadalajara, estuvo recluido en la cárcel durante 28 años, la mayor parte en prisiones de máxima seguridad.

La libertad del icónico líder del narcotráfico en México se dio en la madrugada del sábado 8 de agosto de 2013, luego de resolverse un amparo que fue atendido por los tres magistrados referidos, en donde la encargada de elaborar el proyecto de sentencia fue Rosalía Isabel Moreno Ruiz, quien consideró que se violentaron las garantías al debido proceso de Rafael Caro, al ser procesado penalmente ante un juzgado federal, cuando debió haber sido enjuiciado en un juzgado del fuero común. Según el razonamiento de la magistrada Moreno Ruiz, el caso, por el solo hecho de que la víctima del homicidio, Enrique Camarena Salazar, aun cuando era agente de la DEA, no fue acreditada como agente diplomático, no debió haber sido llevado por un juzgado federal. Por eso le dio la protección de la justicia a Caro Quintero y por eso este quedó en libertad. La liberación del capo del narcotráfico se llevó a cabo en la madrugada de un sábado para evitar que el gobierno federal pudiera reaccionar en forma inmediata a través de la interposición de algún recurso legal. Por eso, con el aval de los tres magistrados, que por lo menos actuaron dolosamente, se dejó literalmente escapar por la puerta principal a uno de los más importantes jefes del narcotráfico moderno de México.

Aun cuando en Estados Unidos causó al menos preocupación que la liberación de Rafael Caro Quintero fuera producto de la corrupción judicial reconocida en México, dentro del CJF el hecho no levantó ni la menor de las polémicas: los tres magistrados siguieron trabajando en forma normal, dentro de sus encomiendas como juzgadores de alzada. Nadie investigó el comportamiento económico de los tres magistrados, ni tampoco nadie les pidió cuentas éticas por la sentencia de liberación hacia el capo históricamente más importante dentro del narcotráfico mexicano.

En una respuesta pública emitida por el CJF, la número 0320000137721, relacionada con el cuestionamiento sobre si los citados magistrados habían sido investigados internamente por corrupción tras la liberación de Rafael Caro Quintero, se estableció que esa información había sido calificada como confidencial. Además, en esa misma respuesta oficial se señaló que Rosalía Isabel Moreno Ruiz, Lucio Lira Martínez y José Félix Dávalos causaron baja al cargo de magistrados de circuito, sin dar mayor explicación. Se dio a conocer que Moreno Ruiz se jubiló de su cargo en 2018, que Dávalos solicitó anticipadamente su jubilación a causa de invalidez y que Lira Martínez se retiró un año después de la polémica sentencia, dejando su cargo en 2014. Sus declaraciones patrimoniales fueron retiradas de la Plataforma Nacional de Transparencia. Por su parte, Rafael Caro pudo al menos gozar de un periodo de libertad.

El 15 de julio de 2022, luego de casi nueve años de una prematura libertad, Caro Quintero fue reaprehendido en cumplimiento de la orden de extradición que atendió el gobierno mexicano de parte del gobierno de Estados Unidos. Fue recluido en la cárcel federal de Almoloya, en donde hasta el cierre de este trabajo —en mayo de 2023— aún permanecía batallando contra la orden de extradición interpuesta por el gobierno de Estados Unidos para ser procesado penalmente allá por la muerte del agente de la DEA Enrique *Kiki*

Camarena Salazar. En la batalla por evitar la extradición, otra vez el Poder Judicial mexicano ya lo ha favorecido; Rafael Caro Quintero logró un amparo que en forma definitiva le niega al gobierno mexicano la posibilidad de entregarlo al gobierno de Estados Unidos.

Ese amparo definitivo fue otorgado por la titular del Juzgado Primero de Distrito en Materias de Amparo y Juicios Federales en el Estado de México, Abigaíl Ocampo Álvarez, la jueza que también es observada por el Departamento de Justicia de Estados Unidos, aunque todavía sin elementos que puedan presumir actos de corrupción derivados del amparo otorgado a favor de Rafael Caro Quintero dentro del expediente de extracción 1204/2022. La jueza en cuestión ha llamado la atención del Departamento de Justicia de Estados Unidos porque a inicios de 2023, el 19 de enero, también admitió a trámite una demanda de amparo contra la vinculación a proceso que le solicitó el presunto narcotraficante Antonio Oseguera Cervantes, mejor conocido con el apodo de *Tony Montana*, quien es hermano del jefe del Cártel Jalisco Nueva Generación (CJNG), Nemesio Oseguera Cervantes, *el Mencho*.

Pero volviendo al caso de los tres magistrados que le dieron libertad, una libertad bajo sospecha a uno de los más importantes jefes del narcotráfico en México, y aun cuando las sospechas de actos de corrupción de los juzgadores Rosalía Moreno, Lucio Lira y José Feliz Dávalos llegaron desde el aparato de justicia del gobierno estadounidense, en México, el asunto ni siquiera fue tratado como de importancia. Si hubo o no corrupción, eso solo se quedó en el conocimiento de los ministros que integraban entonces el CJF. En esa misma dependencia se informó, a través de una solicitud de información respondida en 2021, que los tres magistrados que liberaron a Rafael Caro Quintero simple y llanamente "causaron baja del cargo de magistrado de circuito".[3] Como si no se le quisiera dar mayor

---

[3] Consejo de la Judicatura Federal, respuesta a la solicitud de información 0320000137721, Ciudad de México, 4 de marzo de 2021.

importancia a ese caso, el Consejo de la Judicatura, que informó que los magistrados en cuestión ya no eran parte del Poder Judicial, nunca explicó cuándo y por qué razones aquellos magistrados dejaron de ser juzgadores.

Tampoco el CJF quiso responder, siempre argumentando tecnicismos legaloides, si sobre los magistrados que inicialmente liberaron a Rafael Caro Quintero hubo una investigación por posibles actos de corrupción. Tampoco respondió el CJF —si es que se hubiera llevado una investigación— cuáles fueron los resultados o los motivos. El Consejo de la Judicatura solo respondió —con un evidente desprecio hacia la rendición de cuentas y la transparencia del servicio público— que "mediante la resolución dictada por el Comité de Transparencia del Consejo de la Judicatura Federal, dentro del procedimiento de clasificación de información 42/2021, dictado en sesión ordinaria 12/2021, de 8 de abril de 2021, se resolvió"[4] declarar el tema como un asunto confidencial del Poder Judicial de la Federación.

La protección oficial a dichos magistrados, que fue disfrazada de un acto de transparencia a través de la secrecía de la información, fue establecida en el procedimiento de clasificación de la información dentro del expediente 42/2021,[5] en el que actuaron como cómplices del ocultamiento de la información los miembros del llamado Comité de Transparencia del Consejo de la Judicatura Federal, integrado por Arturo Guerrero Zazueta, en calidad de presidente; Arely Gómez González, como contralora del Poder Judicial de la Federación, y Adrián Valdés Quirós, director general de Asuntos Jurídicos. Como titular de la Secretaría Técnica estaba Cecilia Georgina Arenas Cabrera.

El cese oficial de los tres magistrados que quedaron en tela de juicio por el desempeño de sus funciones como juzgadores, sin que

---

[4] Consejo de la Judicatura Federal, respuesta a la solicitud de información 0320000137721 (bis), Ciudad de México, 4 de marzo de 2021.

[5] Consejo de la Judicatura Federal, procedimiento de clasificación de la información 42/2021, Ciudad de México, 8 de abril de 2021.

eso haya sido motivo para activar la actuación del agente del Ministerio Público Federal, tuvo que ocurrir muchos años después de la liberación de Rafael Caro Quintero, registrada en agosto de 2013. Todavía en 2017, la misma magistrada Moreno Ruiz se dio la oportunidad de liberar a otro gran narcotraficante; puso, mediante la vía del amparo, en condición de libertad preparatoria a Ernesto Fonseca Carrillo, *Don Neto*, quien junto con Caro Quintero y Félix Gallardo fue responsabilizado del asesinato del agente de la DEA Camarena Salazar y del piloto Zavala Avelar.

El de Rafael Caro y sus juzgadores no es el único caso impregnando de sospechosa impunidad desde el Poder Judicial. Hay que recordar que a la fecha el Departamento de Justicia del gobierno de Estados Unidos tiene bajo la mira la actuación de por lo menos 63 jueces y 103 magistrados que de manera muy extraña, es decir, bajo la sombra de la sospecha de corrupción, han otorgado beneficios a lo más distinguido de la clase criminal que opera en nuestro país.

Uno de esos casos es el de la narcotraficante Leticia Rodríguez Lara, mejor conocida como *Doña Lety* o *la 40*, quien se inició como narcomenudista operando para el cártel de Los Zetas, en Cancún, Quintana Roo, y que fue detenida en Puebla en 2017. Ella fue beneficiada por el juez federal Daniel Ramírez Peña, quien le otorgó la libertad. Sin mayor razonamiento que las pruebas presentadas por el agente del Ministerio Público Federal adscrito, el juzgador federal de este caso consideró que Rodríguez Lara, quien es reconocida socialmente como una agente importante del CJNG —a cuya organización ingresó tras la detención de su pareja sentimental, Iván Velázquez Caballero, *el Talibán*—, no tenía ninguna responsabilidad penal. El juez Daniel Ramírez Peña estableció formalmente en su sentencia que Rodríguez Lara no es miembro activo del narcotráfico. El argumento esgrimido para ello es que no existe la certeza de que la acusada fuera la responsable de actividades de narcotráfico, porque el juez no encontró ningún tipo de elemento dentro del expediente que así se lo hiciera saber.

La exoneración de Rodríguez Lara, quien desde 2015, luego de dejar las filas de la Policía Federal Preventiva, por su alto poder corruptor y generador de violencia, se convirtió en un objetivo prioritario del gobierno federal, causó molestia en la administración del presidente Andrés Manuel López Obrador. El entonces subsecretario de Seguridad Pública, Ricardo Mejía Berdeja, exhibió al juez Daniel Ramírez Peña acusándolo de llevar a cabo un proceso de justicia a todas luces parcial, al absolver por completo —el 11 de noviembre de 2022— a la señalada de delincuencia organizada y fomento al narcotráfico, con lo que —se dijo oficialmente— el juez Ramírez Peña estaba contribuyendo a la impunidad.

No se debe pasar por alto que no es la primera vez que dicho juez es señalado por sospechas de colusión con el crimen organizado desde la conferencia de prensa del presidente López Obrador en la sección Cero Impunidad que dirigió el entonces subsecretario de Seguridad Pública, Ricardo Mejía Berdeja. Desde esa sección ya en otra ocasión se mencionó que el juez Ramírez Peña facilitó la libertad de otro importante agente generador de violencia: José Bernabé Brizuela Meraz, mejor conocido como *la Vaca*, un integrante del CJNG que ha elevado los índices delictivos en Colima. A pesar de la importancia de este criminal, Ramírez Peña consideró que no había suficientes elementos en el expediente que se le presentó como para decretar la permanencia en prisión de este sujeto antisocial.

Hasta el cierre de este trabajo no existía una denuncia formal por corrupción contra el referido juez federal Daniel Ramírez Peña. Fuentes internas de la Unidad de Inteligencia Financiera (UIF), dependiente de la Secretaría de Hacienda y Crédito Público (SHCP), consultadas al respecto, solo establecieron que se estaba llevando a cabo una revisión de las cuentas del referido juez, a manera de investigación, para tratar de ubicar algún delito de corte financiero que se pudiera presentar ante la Fiscalía General de la República en busca de la judicialización de una posible carpeta de investigación.

Más allá de la postura del Ejecutivo federal en torno a la investigación formal o informal del juez que dejó en libertad a la segura narcotraficante Doña Lety, con base en la versión pública de la declaración patrimonial del juez Ramírez Peña[6] se puede establecer que algo no cuadra en su economía, al menos desde la lógica financiera. De acuerdo con su más reciente declaración pública de ingresos económicos, declaró que tiene como principal ingreso el pago de sus servicios como juez federal. Por concepto de salarios —según declaró en junio de 2021— percibe la cantidad de 2 millones 636 mil 633 pesos por año, es decir, tiene un ingreso promedio mensual de 219 mil 719 pesos con 41 centavos. Esto de por sí ya es inconstitucional, ya que de acuerdo con lo establecido en la fracción II del artículo 127 de la Constitución Política de los Estados Unidos Mexicanos, "ningún servidor público podrá recibir remuneración por el desempeño de su función, mayor a la establecida para el presidente de la República". El sueldo íntegro del presidente de la República, hasta mayo de 2023, era de 136 mil 700 pesos mensuales, por lo que cualquier percepción de sueldo o salario que estuviera por encima de ese rango no se encuentra apegada a la ley.

En el caso del juez Ramírez Peña, de acuerdo con lo establecido en su declaración patrimonial, no es su alto ingreso por salarios lo que llama la atención, sino que es una persona que vive prácticamente de préstamos. Según se establece en la citada declaración, en el último año previo a su declaración sumó cinco créditos: con Banorte por 600 mil pesos; con la organización Tierra y Armonía, S. A. de C. V., por un millón 234 mil 831 pesos; dos préstamos "a la palabra", sin declarar de qué persona física o moral provinieron, uno por la cantidad de 250 mil pesos y otro por 940 mil pesos, y un crédito personal por la cantidad de 147 mil 014 pesos, este proveniente del Instituto de Seguridad y Servicios Sociales para los Trabajadores del Estado (ISSSTE).

---

[6] Poder Judicial de la Federación, declaración de situación patrimonial, Daniel Ramírez Peña, Toluca, Estado de México, 14 de junio de 2021.

Si la declaratoria es cierta, entonces solo en el año declarado de ingresos el juez Daniel Ramírez Peña obtuvo créditos por 121.3% de su salario, es decir, su solo salario no le alcanzaría para liquidar dichos adeudos. Sin embargo, al parecer maneja perfectamente las finanzas este juzgador, pues a pesar de su elevado nivel de endeudamiento durante el año declarado fue capaz de saldar —todo con su solo salario— al menos otros dos adeudos que mantenía, uno con Banca Inbursa por 265 mil 900 pesos y otro con Ford-Credit por 312 mil 658 pesos. Este juzgador también refiere en su declaración patrimonial, sin explicar saldos, que con sus ingresos opera cinco cuentas bancarias; dos en HSBC, una en Banorte, otra en Santander y la otra en MetLife, que es un seguro de inversión.

Al parecer no solo es el juez Daniel Ramírez Peña el que ha encendido las alertas para que la UIF lleve a cabo un seguimiento a los flujos financieros de juzgadores del Poder Judicial de la Federación. Bajo la lupa también se encuentra la magistrada Sara Olimpia Reyes García. A ella, como titular del Tribunal Unitario Especializado en Materia Penal en el Estado de México, se le atribuye haber dejado en libertad a otro narcotraficante de peso, José Rafael Socci Rodríguez, *el Dóber*, hijo de Doña Lety. La libertad del Dóber fue decretada por la magistrada Reyes García, tomando en cuenta los mismos argumentos con los que el juez Ramírez Peña dejó en libertad a la jefa del grupo delictivo conocido como Cártel de Cancún, una asociación delictuosa que opera como brazo del CJNG en el sureste mexicano.

Hasta el cierre de este trabajo, las investigaciones que supuestamente lleva la UIF, de las que sería objeto la ministra Olimpia Reyes, aún no tenían ningún efecto legal. Pero más allá de los resultados que arroje la observación del comportamiento financiero de la juzgadora, llama también la atención la escueta declaración patrimonial que se exhibe en forma abierta en la página de transparencia del CJF.[7]

---

[7] Poder Judicial de la Federación, declaración de situación patrimonial, Sara Olimpia Reyes García, Almoloya de Juárez, Estado de México, 26 de mayo de 2022.

Ahí no se aportan mayores datos del ingreso salarial de la magistrada, que ronda los 2 millones 932 mil 994 pesos con 80 centavos por año; es decir, un ingreso promedio mensual de 244 mil 416 pesos con 23 centavos.

Denotando un gran desprecio por la transparencia y la rendición de cuentas, como si fuera solo por cumplir un requisito para saciar el morbo de las masas, la magistrada Reyes García, en su escasa declaración patrimonial, en donde no explica si tiene en propiedad bienes inmuebles o muebles como vehículos, o algún tipo de inversión, ingresos económicos de su pareja y otros tipos de ingresos, se limita a declarar que tiene dos cuentas bancarias sin explicar montos ni movimientos, una de ellas en MetLife y la otra en BBVA Bancomer. Por lo que hace a sus adeudos, solo refiere que tiene un crédito hipotecario con HSBC por 3 millones 704 mil 500 pesos, mismo que fue adquirido desde octubre de 2003, cuando ella era todavía jueza del Segundo Distrito en el estado de Yucatán.

A la lista de los juzgadores que han llamado la atención de la UIF, y que podrían ser parte de los miembros del Poder Judicial que son investigados o al menos observados con detenimiento por parte de algunas agencias de investigación del Departamento de Justicia de Estados Unidos, por su posible relación de corrupción con miembros del crimen organizado, también se suma el juez Gregorio Salazar Hernández, quien es el responsable de haber puesto en libertad, entre otros, al narcotraficante Mario Alberto Cárdenas Medina, *el Betito*, hijo de Mario Cárdenas Guillén, *el M1*, hermano de Osiel Cárdenas Guillén, fundador del Cártel del Golfo.

Pese a ese linaje, plenamente demostrado a través de trabajos informativos, y después de que el agente del Ministerio Público adscrito pudo demostrar la existencia del Cártel del Golfo y la participación en esa organización del narcotraficante Cárdenas Medina, de manera muy sospechosa, el juez no encontró elementos para considerar como miembro activo del Cártel del Golfo al famoso personaje, que mantiene asolada la zona del sur de Tamaulipas y del norte de Veracruz.

Para el juez Salazar, el Betito nunca perteneció a la organización criminal referida. Esa sentencia atenta contra la memoria de decenas de ejecutados y desaparecidos por ese criminal.

Solo para establecer quién es el juez Gregorio Salazar Hernández —que hoy está bajo la lupa del Ejecutivo federal—, hay que recordar que es el mismo juzgador que dio carpetazo (sobreseimiento del caso) a las denuncias que había presentado la Fiscalía General de la República contra 31 trabajadores, todos ellos reconocidos como científicos, que —trabajando dentro del Consejo Nacional de Ciencia y Tecnología (Conacyt)— fueron acusados de desviar y malversar fondos económicos de la Federación. No olvidemos que los científicos fueron acusados por la FGR por los delitos de delincuencia organizada, lavado de dinero y corrupción. Finalmente todos fueron absueltos porque el juez no encontró elementos de su probable participación en los ilícitos mencionados. Y eso se entiende de manera muy clara. Si el juez Salazar no pudo encontrar responsabilidad criminal en un delincuente tan reconocido como el Betito, miembro del Cártel del Golfo, menos habría de encontrar responsabilidad en los 31 científicos que fueron señalados como criminales.

Las sospechas sobre el comportamiento honesto del mencionado juez se disparan cuando se revisa su declaración patrimonial.[8] En ese documento obligatorio, que pareciera no precisar de puntualidad, se establece que los ingresos del juzgador ascienden a 2 millones 661 mil 860 pesos al año, lo que significa que sus ingresos mensuales en el último año de la declaración fueron al menos de 221 mil 821 pesos con 66 centavos. Con esos ingresos no hubo grandes compras. El juzgador, en su declaración patrimonial, solo alude a algunos gastos a lo largo de un año: compró un videojuego de 16 mil pesos en Walmart; una laptop de 26 mil pesos en Office Max, dos esculturas de 2 mil pesos en Sanborns, un teléfono celular de 17 mil pesos en Telcel

---

[8] Poder Judicial de la Federación, declaración de situación patrimonial, Gregorio Salazar Hernández, Toluca, Estado de México, 17 de mayo de 2022.

y diversos artículos por 36 mil 800 pesos en una compra hecha en la tienda departamental Liverpool.

No se declaró la compra reciente de vehículos ni bienes inmuebles. Solo se establece que sigue con su auto Ford, Mustang, 1999, que compró en 2020 a un costo de 700 mil pesos, que pagó de contado. El vehículo lo compró a la empresa Autos SS de San Luis Potosí, S. A. de C. V. En cuanto a casas, no manifiesta ninguna adquisición nueva. Continúa con la casa que compró en 2018 a crédito por 788 mil 655 pesos a la empresa Comebi de México, S. A. de C. V. También conservan la casa que compró a crédito, en 2010, por un millón 363 mil pesos a la empresa Inmobiliaria Hemajo de Atlacomulco, S. A. de C. V. Todo estaría bien, si no fuera porque en su declaración no se hace ninguna referencia a inversiones, cuentas bancarias u otros tipos de valores financieros. Solo se establece que el juez en cuestión tiene una cuenta bancaria en pesos mexicanos en HSBC y otra más en MetLife, donde se cuenta con un seguro de separación individualizado. En ambas cuentas no se hace referencia a ningún tipo de monto económico, ni se establece desde cuando están activas.

La jueza Abigaíl Ocampo Álvarez también es objeto de sospechas por parte del gobierno de Estados Unidos, no solo por el amparo otorgado a Tony Montana, hermano del Mencho. La razón de las sospechas que pesan sobre ella se funda en el amparo que le otorgó a Caro Quintero para que no sea entregado en extradición a Estados Unidos, en donde se le pretende juzgar por el asesinato de Enrique Camarena Salazar. Hay que recordar que luego de la liberación de Caro Quintero, ocurrida en agosto de 2013, por decisión de los magistrados Moreno, Lira y Félix, el gobierno estadounidense no cesó en sus intenciones de recapturar al capo fundador del Cártel de Guadalajara.

La recaptura de Rafael Caro Quintero ocurrió el 15 de julio de 2022, casi nueve años después de su primera puesta en libertad. Fue detenido en la sierra de Chihuahua por un grupo de agentes de la Secretaría de Marina, quienes actuaron bajo el comando de la DEA. Desde su detención, cuya operación se atribuyó el gobierno de México, el gobierno estadounidense intentó hacer el traslado del narcotraficante a Estados Unidos. Sin embargo, se optó por la aplicación del debido proceso. Apenas Caro Quintero fue puesto en prisión, recibió la protección de la justicia federal a través de un amparo provisional que le fue otorgado por el juez Francisco Reséndiz Neri, titular del Juzgado Séptimo de Distrito de Amparo en Materia Penal en el estado de Jalisco. Este juez —se presume que por amenazas a su integridad personal— terminó declarándose incompetente para llevar el caso de Caro Quintero en su lucha por no permitir la extradición.

Tras la negativa del juez Reséndiz para continuar atendiendo el caso, el CJF optó por entregar este delicado asunto —que ha contribuido a incrementar la tensión de las relaciones de coordinación para la procuración de la justicia entre México y Estados Unidos— a la jueza Ocampo Álvarez, titular del Juzgado Primero de Distrito en Materia de Amparo y Juicios Federales en el Estado de México, quien finalmente terminó por otorgar el amparo definitivo para evitar que el más importante de los narcotraficantes de México, por encima incluso de Joaquín Guzmán Loera, sea procesado en una corte de Estados Unidos.

Más allá de las sospechas que el Departamento de Justicia de Estados Unidos tenga sobre la actuación judicial de la jueza Ocampo, quien a través del amparo ha frenado todo el proceso de extradición del narcotraficante por cuyo paradero el gobierno estadounidense ofrecía una recompensa de 20 millones de dólares, su declaración patrimonial[9] es de llamar la atención. De acuerdo con su propia versión, en 2021, con un sueldo declarado de 2 millones 665 mil 561 pesos con 19 centavos, a lo que se agregan otros ingresos por 381 mil 426 pesos, por enajenación de bienes (venta de un vehículo), y otros más por 7 mil 600 pesos (por impartición de clases), logró un total de 3 millones 047 mil 737 pesos con 19 centavos.

---

[9] Poder Judicial de la Federación, declaración de situación patrimonial, Abigaíl Ocampo Álvarez, Toluca, Estado de México, 29 de junio de 2022.

Con esos ingresos, en ese mismo año, pudo comprar una nueva casa con un costo de 3 millones 300 mil pesos, la cual fue pagada de contado. En ese mismo periodo informó que vendió también un automóvil Mercedes Benz C200 modelo 2018, por el que recibió 569 mil pesos. Durante ese año la jueza ya no compró otro vehículo, más bien declaró la compra de un columpio con "forma de huevo" que le costó 6 mil 020 pesos. En ese mismo periodo, la susodicha pudo liquidar dos créditos personales por la cantidad de 350 mil pesos y 829 mil pesos que mantenía con HSBC. Con ese mismo banco, la jueza Ocampo logró contratar otro crédito de tipo hipotecario, por la cantidad de 2 millones 805 mil pesos.

Otro narcotraficante que fue puesto en libertad por el sui géneris sistema de justicia mexicano fue el famoso R1. En la zona occidente de Jalisco no hay una sola persona instruida medianamente en los medios de comunicación que no sepa quién es el R1 o el Moncho; todo mundo sabe que se trata de Ramón Álvarez Ayala, uno de los principales mandos en la estructura criminal del CJNG. Él fue detenido junto con sus hermanos Jesús Santiago y Rafael en septiembre de 2012 en el Fraccionamiento Terranova, de la colonia Providencia, en la zona urbana de Guadalajara. Fueron capturados por elementos de la Secretaría de la Defensa Nacional, luego de haber sido señalados como operadores muy cercanos al Mencho y de llevar a cabo diversos secuestros en Guadalajara.

En 2016 el Moncho y sus hermanos fueron sentenciados a 20 años de prisión. Se les encontró responsables de los delitos de delincuencia organizada y fomento al narcotráfico. Sin embargo, Álvarez Ayala logró interponer un amparo para lograr la reposición del proceso penal. En la sustanciación del nuevo proceso, ya en 2022, fue la jueza Yolanda Cecilia Chávez Montelongo quien le otorgó la libertad al que es considerado, incluso por el gobierno estadounidense, una de las cabezas principales del CJNG, el cual se ha expandido desde el occidente de México hacia las principales ciudades de Estados Unidos.

La jueza Chávez Montelongo nunca hubiera llamado la atención de las autoridades estadounidenses y mexicanas de no ser por la controversial sentencia que puso en la calle a una de las figuras más importantes del actual y sanguinario narcotráfico mexicano. Y es que la jueza Chávez no ha realizado toda su carrera dentro del área penal; una parte la desarrolló en las materias administrativa, civil y del trabajo. Desde 2019 está cargo del Juzgado Primero de Procesos Penales Federal en el estado de Jalisco.

Desde esa perspectiva, resulta interesante lo que a simple vista refiere en su declaración patrimonial de 2022.[10] Ahí se señala que la jueza Chávez Montelongo tiene un ingreso anual por salario por 2 millones 647 mil 507 pesos con 35 centavos, es decir, un ingreso promedio mensual de 220 mil 625 pesos. En esa declaración la jueza también señaló un ingreso extraordinario: el pago de un seguro de separación individualizada por un millón 361 mil 238 pesos con 26 centavos. Con parte de sus ingresos pudo finiquitar un crédito personal por 9 mil 702 pesos que mantenía con HSBC. No adquirió nuevas propiedades, pero asegura que sigue pagando una casa que compró en 2014 por 6 millones 224 mil pesos, igual que un auto Honda Accord EXL que en 2014 obtuvo a crédito por 362 mil 400 pesos.

En 2020, de acuerdo con su declaración patrimonial, Chávez Montelongo hizo una inversión en el menaje de su casa (compró comedores, salas, recámaras, aire acondicionado, entre otros) pagando de contado 150 mil pesos. También en ese año, poco después de haber llegado como jueza de lo penal a Guadalajara, en Puente Grande, compró aparatos electrónicos y electrodomésticos (estufa, refrigerador, aparatos de cocina, televisión, computadora, celular, juegos electrónicos) por 200 mil pesos, los cuales pagó de contado. Aun así, su dinero le da para mantener una cuenta bancaria en HSBC, de la que no refiere monto de inversión, y una inversión en MetLife a través de un seguro de separación individualizado.

---

[10] Poder Judicial de la Federación, declaración de situación patrimonial, Yolanda Cecilia Chávez Montelongo, Toluca, Estado de México, 12 de mayo de 2022.

A la lista de juzgadores que hacen difícil creer en la correcta aplicación de la justicia se suma también Alfonso Alexander López Moreno, quien ha sido actor central de uno de los casos judiciales más importantes —al menos mediáticamente— de los últimos años. Este juzgador es quien frenó la extradición a Estados Unidos del reconocido narcotraficante Ovidio Guzmán López, *el Ratón*, el mismo que luego de ser detenido fue puesto en libertad —el 17 de octubre de 2019— por decisión del presidente Andrés Manuel López Obrador. Tras esa liberación, un grupo de élite de la DEA, en coordinación con elementos de la Secretaría de la Defensa Nacional (Sedena), sin informar al presidente López Obrador para que no volviera a ordenar la libertad del detenido, logró la recaptura del hijo del fundador del Cártel de Sinaloa, Joaquín *el Chapo* Guzmán Loera.

Guzmán López fue recluido en la cárcel federal de Almoloya, en donde hasta el cierre de este trabajo se mantenía a la espera de la extradición reclamada por el gobierno de Estados Unidos. El gobierno estadounidense lo quiere para ser juzgado como responsable de la continuación de la empresa criminal que inició Joaquín Guzmán con el propósito de trasegar drogas diversas hacia territorio de Estados Unidos. Luego de la segunda detención de Ovidio Guzmán, que se registró la madrugada del 5 de enero de 2023, no se veía ninguna complicación para que dicho cometido se cumpliera. Es público y notorio que Ovidio Guzmán participa en una empresa criminal.

Sin embargo, el juez López Moreno no pensó igual o tal vez apegado a derecho consideró que en ningún momento —previo a la detención de Ovidio Guzmán— el gobierno estadounidense había presentado una solicitud de extradición. Tan así fue que la misma Fiscalía General de la República, hasta que Ovidio Guzmán había sido detenido, oficializó en del expediente judicial 6/2019 un reclamo de captura con fines de extradición. Como sea, dicho juez terminó estableciendo legalmente que de momento el detenido no será entregado a la justicia norteamericana, hasta que haya previo juicio de extradición de por medio.

La decisión de López Moreno causó escozor en la sensible piel de la justicia estadounidense. Esa puede ser la razón por la que a este juzgador federal mexicano se le incluyó en el grupo de jueces que se han convertido en el blanco de observación de algunas agencias de investigación del gobierno de Estados Unidos. No es fortuita la observación que pudiera estar sobre el juez López Moreno. A él se le considera cercano al presidente Andrés Manuel López Obrador, quien a su vez está catalogado por agentes de la DEA como "contrario a la idea de que Ovidio Guzmán López sea entregado en extradición al gobierno norteamericano para ser juzgado por narcotráfico bajo las leyes de Estados Unidos".

Hay que destacar que López Moreno llegó al cargo de titular del Juzgado Quinto de Distrito en Materia de Amparo y Juicios Federales en el Estado de México por una recomendación. Su cargo como juez no lo ganó mediante un concurso de oposición. De hecho en 2018 interpuso un recurso de revisión administrativa (el 106/2018)[11] ante la SCJN. En su calidad de secretario adscrito al Décimo Cuarto Tribunal Colegiado en Materia Civil de la Ciudad de México, reclamó la anulación del Vigésimo Octavo Concurso Interno de Oposición para la designación de jueces de distrito, en su segunda etapa, en donde él no fue seleccionado. Este juez llegó al cargo por recomendación de la ministra Margarita Ríos Farjat, en cuyo equipo fue parte importante. López Moreno fue secretario auxiliar de ponencia de la ministra Ríos Farjat, quien fue llevada a la SCJN por recomendación del presidente Andrés Manuel López Obrador. Y por la recomendación de la ministra Ríos Farjat, sin necesidad de hacer examen de oposición para el cargo —en noviembre de 2021— fue designado juez.

De acuerdo con la declaración patrimonial que presentó López Moreno en 2021, cuando todavía era parte del equipo de la ministra Margarita Ríos Farjat, al parecer no le ha ido mal con el desempeño

[11] Poder Judicial de la Federación, Suprema Corte de Justicia de la Nación, recurso de revisión administrativa 106/2018, Ciudad de México, 6 de agosto de 2018.

de sus funciones dentro el Poder Judicial. Declaró ingresos anuales por concepto de salario por un millón 460 mil 511 pesos, un equivalente a 121 mil 709 pesos por mes. A eso sumó ingresos por 809 mil 796 pesos, por concepto de arrendamiento y retiro de un seguro de separación individualizada. En esa declaración patrimonial,[12] cuando aún no era juez y solo era empleado de la scjn, agregó como parte de su peculio tres departamentos y un terreno; uno de esos departamentos lo compró a crédito, a un precio de 486 mil pesos, en 2006; otro departamento, que compró en 2015, le costó 900 mil pesos y lo pagó de contado, y un tercer departamento, que compró en 2017, le costó un millón 075 mil pesos, y lo compró con un crédito. El terreno, con una superficie de 162 metros cuadrados, le costó 833 mil 442 pesos, y lo pudo pagar de contado. En la misma declaración patrimonial, cuando aún era secretario auxiliar de la ministra Margarita Ríos Farjat, el hoy juez Alfonso Alexander López Moreno registró la compra a crédito, en 2016, de una camioneta Nissan X Trail, a un costo de 344 mil 500 pesos. También declaró un automóvil Chevrolet, tipo Sonic, que compró de contado en 2017, por la cantidad de 204 mil 900 pesos.

Como se puede observar, el patrimonio del juez estaba creciendo como la espuma. Solo que, de manera extraña, decidió dejar el buen salario de un millón 460 mil 511 pesos que percibía al año como secretario auxiliar de la magistrada Ríos Farjat para optar por un sueldo de 842 mil 585 pesos anuales, que es el ingreso que oficialmente percibe desde que asumió el cargo de juez quinto de distrito en materia de amparo y juicios civiles federales en el Estado de México, con residencia en Toluca.

Como juez de amparo y con una reducción evidente de salario, López Moreno no ha continuado con el incremento de sus bienes que venía manteniendo casi en forma sostenida. Pero no todo

---

[12] Poder Judicial de la Federación, declaración de situación patrimonial, Alfonso Alexander López Moreno, Ciudad de México, 2 de julio de 2021.

parece estar mal con el cambio de salarios a uno más bajo, pues en su más reciente declaración patrimonial refiere que recibió una donación por 2 millones de pesos, sin duda una situación providencial. En la citada declaración no se establece mayor detalle de esa donación millonaria, pero allí está ese ingreso, el que se suma también a otro ingreso de 629 mil 516 pesos por concepto de un seguro de separación individualizada. También reconoce un ingreso de 215 mil pesos por la venta de su camioneta, además de que tuvo otros ingresos por 2 millones 629 mil 516 pesos por concepto de su negocio de arrendamientos.[13]

Otros datos que refieren el extraño comportamiento de la situación patrimonial de este juez que frenó la extradición a Estados Unidos de Ovidio Guzmán López, uno de los hombres más poderosos del crimen organizado en México, son los que tienen que ver con la actualización de sus cuentas bancarias en HSBC, hecha por él mismo. En su más reciente declaración patrimonial agregó tres cuentas de inversión, de las que en dos no precisa ni banco ni monto de dinero que maneja, mientras que en una tercera refiere que es de MetLife. También destaca que en el periodo declarado pudo pagar tres créditos personales que mantenía, dos con HSBC y el otro sin especificar la institución. Los créditos de HSBC que pudo liquidar son uno por 80 mil pesos y el otro por 120 mil pesos. El tercer crédito liquidado, sin especificar la institución, es por 170 mil pesos. Además, contrajo un nuevo crédito hipotecario por 3 millones 035 mil pesos, esto con HSBC.

Otro de los muchos casos que levantan sospechas sobre las razones que pueden tener los juzgadores federales —más allá de la natural obligación de aplicar la justicia conforme a derecho— para poner de regreso a la circulación a grandes generadores de violencia es el del juez Agustín Archundia Ortiz. Este juzgador federal cuenta

---

[13] Poder Judicial de la Federación, declaración de situación patrimonial, Alfonso Alexander López Moreno, Ciudad de México, 23 de junio de 2022.

en su haber con un cúmulo de señalamientos sociales que lo acusan de no estar cumpliendo con su trabajo. Lo mismo ha sido señalado por el gobernador de Veracruz, Cuitláhuac García, que por miembros del Senado de la República, desde donde se ha emitido un punto de acuerdo para exigirle al CJF que revise la actuación de Archundia Ortiz.

El escándalo más reciente de este juez ocurrió apenas en septiembre de 2022, cuando por su propia decisión, sin tomar en cuenta los elementos de prueba contenidos en el expediente judicial y contra todo pronóstico, otorgó la libertad a uno de los miembros directivos del CJNG, posiblemente la agrupación criminal dedicada al trasiego de las drogas más poderosa —letal y económicamente— de todo el mundo. Sin dar explicación de nada a nadie, Archundia consideró que la cárcel no era para el narcotraficante Érick Valencia Salazar, mejor conocido como *el 85*, y por ello le otorgó su libertad.

Este narcotraficante, al menos así es reconocido socialmente, sería el tercer hombre en importancia dentro de la organización criminal que encabeza el Mencho. A Valencia Salazar, quien sería el sucesor del famoso narcotraficante Ignacio *Nacho* Coronel, se le atribuye la organización y coordinación de todas las células criminales del CJNG, que operan en 28 estados del país, las cuales responden a las instrucciones directas de Oseguera. El 85, según se refiere en el mundo criminal, sería responsable de más de 200 ejecuciones cometidas por sicarios del CJNG, principalmente en Jalisco, Michoacán, Nayarit, Guanajuato, Zacatecas y San Luis Potosí. Este actor de la delincuencia también sería responsable del incremento de la violencia en por lo menos la mitad de los estados del país, principalmente en el centro y occidente. Y, además, también es responsable del sistema de narcomenudeo bajo el que opera el CJNG en las principales ciudades del país, sobre todo en zonas de alta afluencia turística. Pero, sobre todo, es uno de los artífices de la introducción de drogas desde México hacia Estados Unidos. Por eso el gobierno estadounidense lo reclama en extradición.

Eso, pero de manera detallada, fue contenido en el expediente criminal que se le integró a Érick Valencia para ser presentado ante el juez, pero al parecer tal información no le importó a su señoría Agustín Archundia Ortiz. Él finalmente decidió decretar libertad al tercero al mando del CJNG, porque al final del día nadie le pide rendición de cuentas. La orden de libertad contra este narcotraficante no fue cumplida porque persiste la orden de extradición presentada por el gobierno estadounidense. Esta no es la primera ocasión que se le otorga la libertad, a través de amparo, al narcotraficante. En diciembre de 2017, luego de cinco años de estar recluido en la cárcel federal de Puente Grande, el 85 fue puesto en libertad por una decisión del entonces juez de distrito Alejandro Castro Peña.

Hay que mencionar que el juez Castro Peña fue señalado ante el CJF como actor de una serie de eventos de acoso laboral en contra de los empleados del Juzgado Cuarto de Distrito en Materia Administrativa del estado de Jalisco, a donde fue reubicado luego de la sospechosa orden de libertad, que sí se ejecutó, a favor del narcotraficante Valencia Salazar. En su nueva posición, de juez en materia administrativa, Alejandro Castro fue objeto de una investigación por acoso laboral,[14] luego de exponerlo —a través de un video en Twitter— por la forma violenta en que este juzgador se dirigía a sus subalternos. Tras la investigación, el CJF optó solo por la suspensión del citado juez, sin dar vista al agente del Ministerio Público por la posible comisión de actos constitutivos de delitos.

Pese a que el juez Castro Peña fue suspendido desde abril de 2022, todavía presentó su declaración patrimonial[15] en junio de ese mismo año, en donde declaró tener un ingreso salarial por su labor como juez de distrito por 2 millones 532 mil 991 pesos. Es decir, 211 mil 082 pesos por mes. No declaró tener algún tipo de vehículo

---

[14] Consejo de la Judicatura Federal, comunicado 06/2022, Ciudad de México, 178 de marzo de 2022.

[15] Poder Judicial de la Federación, declaración de situación patrimonial, Alejandro Castro Peña, Ciudad de México, 29 de junio de 2022.

automotor, aunque sí refiere que desde 2006 adquirió un departamento a crédito, por un millón 400 mil pesos. Hasta el cierre de este trabajo el juez Castro no aparecía de regreso en el registro de jueces y magistrados que públicamente se observa en la página oficial del CJF.

Pero regresando al caso del juez Agustín Archundia Ortiz, que al igual que el juez Castro Peña dictó libertad al narcotraficante Valencia Salazar, es necesario precisar que no son nuevas las sospechas que pesan sobre la forma de impartición de justicia de este funcionario. Vale la pena recordar el caso de cuando Archundia era juez noveno de distrito en Coatzacoalcos, Veracruz, y que a causa de otorgar una orden de traslado de un preso de una cárcel federal a una cárcel estatal en Coatzacoalcos, Veracruz, hizo que el gobernador Cuitláhuac García exigiera al CJF que revisara los criterios para la toma de decisiones de sus juzgadores en esa entidad, principalmente en relación con la actuación de Archundia Ortiz.

El caso que hizo que se confrontara el gobierno estatal de Veracruz con el Consejo de la Judicatura fue porque el juez Agustín Archundia, bajo su propio criterio, sin medir consecuencias sociales, ordenó el traslado del procesado Jesús Uribe Esquivel, quien fue llevado de la cárcel federal de Tapachula, Chiapas, a una prisión de Coatzacoalcos, Veracruz. Uribe, quien era candidato de la Alianza PAN-PRD-PRI a la alcaldía de Las Choapas, Veracruz, fue acusado de la muerte del exmilitar Mario Alejandro Gamas López, quien fue asesinado a mansalva y su cuerpo desmembrado, causando indignación social. Tras ese homicidio, al acusado Jesús Uribe se le acumularon otros procesos por delitos de alto impacto en la zona de Las Choapas, por lo que el propio gobierno estatal buscó la reclusión del presunto agresor en una cárcel federal de máxima seguridad.

Pero a pesar de ello, sin medir el pulso social, cuando se conoció del regreso a una cárcel local del acusado Jesús Uribe, el juez Archundia encolerizó a las autoridades estatales y locales y a un amplio sector de la población de Veracruz. Por eso se pidió oficialmente desde el gobierno de Veracruz al Consejo de la Judicatura que se revisara la actuación del juez Archundia Ortiz. Se estableció en dicha queja que el juzgador estaba actuando "bajo intereses personales" al regresar a una cárcel estatal a un presunto homicida que contaba con el rechazo social. Ese no fue el único caso de quejas en Veracruz contra este juzgador. Por eso el CJF posteriormente lo removió al Sexto Juzgado de Distrito de Amparo en Materia Penal en el estado de Jalisco.

Antes de ser removido a esa nueva posición, el juez Archundia fue señalado —desde el Senado de la República— de dilatación de la aplicación de justicia. Se le acusó formalmente de estar obstruyendo la impartición de justicia sobre la ilegal detención de Pasiano Rueda Canseco, candidato del Partido del Trabajo (PT) a la alcaldía de municipio de Jesús Carranza, en Veracruz, en 2021. Este candidato, reconocido por el mismo gobierno federal como un preso político, fue acusado de ultrajes a la autoridad. Fue sometido a una serie de vejaciones judiciales. Se le dejó en la indefensión. Fue incomunicado y su proceso fue dilatado por decisión de los juzgadores que conocieron su caso, entre ellos el juez Agustín Archundia Ortiz.

Por eso el 29 de junio de 2022 el Senado de la República emitió un punto de acuerdo, en el que se exhortó al CJF a la correcta vigilancia de los jueces federales, con el fin de que se pudiera lograr la libertad del referido preso político. Este punto de acuerdo fue firmado por los senadores Ricardo Monreal Ávila, Noé Castañón Ramírez y Geovanna del Carmen Bañuelos de la Torre. Dicho punto de acuerdo, entre otras cosas, señala:

La Comisión Permanente del H. Congreso de la Unión exhorta al Consejo de la Judicatura Federal del Poder Judicial a que, en cumplimiento a sus obligaciones constitucionales, vigile correctamente el actuar de los juzgados de distrito, específicamente del Noveno Juzgado de Distrito a cargo del juez Agustín Archundia Ortiz, para que se abstenga de seguir demorando el proceso del C. Pasiano Rueda Canseco y atienda su caso de manera pronta y expedita, para que en estricto apego a ley y al principio de presunción de inocencia se determine su inmediata libertad y no se sigan vulnerando sus derechos humanos.[16]

En su más reciente declaración patrimonial,[17] presentada en junio de 2022, todavía siendo juez federal en Coatzacoalcos, Veracruz, Archundia Ortiz reconoce que en el último periodo declarado tuvo ingresos por 2 millones 682 mil 413 pesos al año, un equivalente a 223 mil 534 pesos mensuales. También obtuvo ingresos por 100 mil pesos por la venta de un automóvil y un millón 861 mil 437 pesos por retiro de un seguro de separación individualizada. Tiene algunos adeudos importantes, como el que lleva con HSBC, en donde desde 2015 debe un millón de pesos, y otro de tipo automotriz que desde 2019 mantiene con Toyota, por 761 mil 178 pesos. El juez Archundia también agregó a su cuenta de adeudos un crédito hipotecario que mantiene con Banamex por un millón 466 mil pesos, con el que pudo adquirir —en 2021— un departamento de 84 metros de construcción.

---

[16] Senado de la República, punto de acuerdo "Por el que se exhorta al Consejo de la Judicatura Federal a la correcta vigilancia del actuar de los jueces federales", Ciudad de México, 29 de junio de 2022.

[17] Poder Judicial de la Federación, declaración de situación patrimonial, Agustín Archundia Ortiz, Coatzacoalcos, Veracruz, 20 de junio de 2022.

5

La mala justicia

La balanza falsa es abominación al Señor, pero
el peso cabal es su deleite.

PROVERBIOS 11:1

El querer evitar la corrupción mediante su negación, como lo hace
el Poder Judicial, al no exponerla públicamente ni dar cuenta de ella
al agente del Ministerio Público, es un modelo desgastado que —aun
cuando al Consejo de la Judicatura Federal le ha dado resultado—
amenaza con venirse abajo. Con el reclamo de un mayor acceso a la
información, que cada vez más exige la gente, será más difícil seguir
ocultando la deshonestidad de algunos juzgadores dentro del Poder
Judicial. En breve ya no será suficiente con que *a toro pasado* se informe de la destitución de funcionarios judiciales, por actos de corrupción y otros violatorios al Estado de derecho, sin que de ellos se
informe al agente del Ministerio Público y cause la debida judicialización del caso. Ese sería el ideal de nuestro sistema de aplicación de
la justicia.

Pero mientras eso llega tenemos que seguir soportando la do-
lorosa realidad de un Poder Judicial con una muy mala práctica de
la aplicación de la justicia. La mala justicia que padece el pueblo

mexicano no solo es por la tolerancia que se ha permitido el propio sistema para la comisión de delitos por parte de los juzgadores, también es por el establecimiento de malos principios, al menos muy cuestionados, para —a partir de ahí— aplicar la justicia ciega. Uno de esos principios de la mala justicia es el uso de tesis y jurisprudencias de origen inclinado al beneficio de particulares y nunca viendo hacia la colectividad.

Hay muchos ejemplos de tesis y jurisprudencias inclinadas que se emplean como principios equilibrantes y justificantes del pensamiento judicial al momento de dictar una resolución controversial. Sin pretender entrar a esas honduras, solo hay que referir algunos de esos principios, como el de la tesis 2a./J.10/2022 (11a.) del ministro Alberto Pérez Dayán, en la que, al exponer los fundamentos de un sistema de evaluación para los jueces y magistrados, que los juzgadores sometidos a controles de confianza terminarían siendo violentados en el principio de independencia del Poder Judicial. Bajo ese argumento, es decir, con esa tesis legal, se estableció el principio de opacidad para que los jueces y magistrados no sean sometidos a condiciones de revisión de su integridad moral.

Otro caso en donde de origen se observa la inclinación de la justicia es en el principio legal que estableció el entonces ministro Eduardo Medina Mora, quien al entrar en materia de estudio dejó escrito en la ley que es improcedente el congelamiento de las cuentas bancarias de una persona si dicho congelamiento no es parte de una investigación internacional.[1] Este argumento sería luego la puerta de salida para descongelar las cuentas de muchos que fueron investigados por la Unidad de Inteligencia Financiera (UIF). El caso más icónico de este beneficio de la mala justicia es del descongelamiento de las cuentas bancarias —por un monto estimado de 25 millones 920 mil 195

---

[1] Suprema Corte de Justicia de la Nación, Mora Icaza Eduardo Medina, aclaración de sentencia derivada de la contradicción de tesis 78/2019, Ciudad de México, 22 de mayo de 2019.

pesos— propiedad del exsecretario de Seguridad Pública en el gobierno del presidente Felipe Calderón, Genaro García Luna.[2]

Este exfuncionario mexicano, apenas horas después de que, el 21 de febrero de 2022, fuera declarado con responsabilidad en el narcotráfico México-Estados Unidos, recibió el favor de un tribunal colegiado de circuito en México, el cual —bajo el argumento legal heredado por Eduardo Medina Mora— ordenó que las cuentas que García Luna tenía incautadas precautoriamente por la UIF le fueran devueltas, para que la familia del delincuente pudiera hacer uso del dinero ahí reservado. La orden de liberación de las cuentas del narcotraficante Genaro García Luna fue dada por la terna de magistrados Rolando González Licona, Germán Eduardo Baltazar Robles y Amanda Roberta García González, integrantes del Décimo Séptimo Tribunal Colegido en Materia Administrativa de la Ciudad de México.

Sobre estos tres magistrados, según se filtró antes del cierre de este trabajo, la Fiscalía General de la República ya había iniciado sendas carpetas de investigación para establecer la posibilidad de que hubiera conflictos de intereses de los juzgadores y los beneficiarios de las cuentas descongeladas. De la declaración patrimonial del magistrado González Licona[3] no se desprenden anormalidades extremas, como no sea la compra de un colchón por 102 mil 999 pesos, la compra de unas almohadas por 5 mil 339 pesos o la compra de sábanas por 20 mil 420. Todas esas compras se registraron en 2020. En la misma declaración de este magistrado se establece que tiene una percepción anual por salarios de 2 millones 973 mil 994 pesos, lo que le ha dado la suficiencia para poder adquirir una casa —a crédito, en 2008— por 6 millones de pesos. En 2012 compró otra casa, también a crédito, valuada en 2 millones 296 mil pesos.

---

[2] Secretaría de Hacienda y Crédito Público, Unidad de Inteligencia Financiera, tarjeta informativa, Ciudad de México, 21 de febrero de 2023.

[3] Poder Judicial de la Federación, declaración de situación patrimonial, Rolando González Licona, Ciudad de México, 20 de mayo de 2022.

Por lo que hace al magistrado Baltazar Robles, él dice en su declaración patrimonial más reciente, la que presentó en 2022, que tiene un ingreso anual de salarios de 2 millones 849 mil 318 pesos, a los que sumó otros ingresos por un millón 40 mil 720 pesos, esto por concepto de devolución del impuesto sobre la renta (ISR), pago de regalías por su libro *Derechos humanos, derechos fundamentales, juicio de amparo y reparación integral*, rendimientos bancarios y por el pago de un seguro de separación individualizada.

Con dichos ingresos pareciera que no fuera necesario ningún instrumento de crédito, pero al parecer el magistrado Baltazar Robles se ha vuelto un fanático de las tarjetas de crédito. En su declaración el magistrado en cuestión registró el manejo de 12 tarjetas de crédito de diversas cantidades en el límite de endeudamiento o adeudos registrados: maneja una tarjeta de crédito de El Palacio de Hierro con un límite de 300 mil pesos; otra tarjeta de crédito de Liverpool por 100 mil pesos; también tiene una tarjeta HSBC por 250 mil pesos; una de BBVA por 60 mil 800 pesos; una tarjeta de Banorte por 503 mil pesos; una tarjeta de crédito Inbursa por 97 mil 500 pesos; una Santander por 168 mil pesos; dos tarjetas American Express, una por 243 mil pesos y la otra con una línea de crédito por 100 mil pesos. También declaró que maneja tres tarjetas de crédito de Banamex, una por 100 mil pesos, otra con un límite de compras por 343 mil pesos y la tercera hasta por 60 mil pesos.

Al parecer a este togado le gusta manejar bien el ingreso que percibe. En su más reciente declaración patrimonial[4] refirió que además está pagando un crédito hipotecario con HSBC de 2 millones 855 mil 615 pesos y que fue contraído en 2014; un crédito personal que contrajo con HSBC en 2021 por 841 mil pesos y un crédito automotriz que contrajo en 2021 con HSBC por 206 mil pesos. También ha podido invertir en por lo menos 10 instrumentos: un seguro de vida en MetLife, un seguro de inversión en MetLife, una inversión

---

[4] Poder Judicial de la Federación, declaración de situación patrimonial, Germán Eduardo Baltazar Robles, Ciudad de México, 28 de junio de 2022.

en valores bursátiles con HSBC, una inversión en valores con Más Fondos, un fondo de inversión en Banamex, un seguro de inversión en Skandia Life, un seguro de inversión en GNP, un seguro de inversión en Insignia Life, un fondo de inversión en Banorte y un fondo de inversión en GBM Grupo Bursátil. Otra parte de su dinero la destina a siete cuentas de ahorro que maneja: una en HSBC, otra es una cuenta bancaria de la que no declara banco. También tiene una cuenta de nómina en Banamex, una cuenta de ahorro en Estados Unidos, una cuenta bancaria en Banorte, una cuenta afore en Pensionissste y una cuenta de ahorro en Iban Wallet-Clearchoice Management S. A. P. I. de C. V.

La otra magistrada, la que también votó a favor del descongelamiento de las cuentas de García Luna, aun a sabiendas de que solo unas horas antes ya había sido declarado responsable de cuatro delitos de narcotráfico en Estados Unidos, fue la magistrada García González. Ella, seguramente pensando que el apego a derecho es lo mismo que la justicia, se valió de lo heredado y establecido en la letra por el entonces ministro Medina Mora y terminó por validar como dinero bueno el contenido en las cuentas bancarias que se habían engordado a base de la actividad ilícita de García Luna, que —se ha establecido— fue de corrupción, lavado de dinero y narcotráfico.

De acuerdo con la declaración patrimonial de García González, quien refiere que tiene un ingreso salarial de 2 millones 933 mil 994 pesos por año, al que se agregan otros 660 mil 350 pesos por concepto de arrendamiento de inmuebles, al parecer su gusto es la inversión en bienes inmuebles. Ella cuenta en propiedad con seis casas y un edificio que, sin especificar de quién, obtuvo en 1985 a través de una donación.[5] El precio declarado del citado edificio —con una superficie de 867 metros cuadrados de construcción— es de 600 mil pesos; en 1994 esa magistrada compró de contado una

---

[5] Poder Judicial de la Federación, declaración de situación patrimonial, Amanda Roberta García González, Ciudad de México, 24 de mayo de 2022.

casa en 980 mil pesos. En 2006, de contado, pagó 2 millones 230 mil pesos por una casa. En 2008 compró a través de un crédito hipotecario una casa en un millón 038 mil pesos, y ese mismo año, de contado, pudo comprar otra vivienda en 6 millones 300 mil pesos. En 2013, también de contado, pudo pagar 2 millones 750 mil pesos para comprar otra casa, y en 2017 compró una casa a crédito en 10 millones 300 mil pesos.

Estos magistrados no hubieran podido descongelar las cuentas del narcotraficante García Luna de no ser por la jurisprudencia establecida por el exministro Medina Mora, quien tampoco fue un dechado de probidad, sino todo lo contrario, durante su desempeño como miembro del Poder Judicial. Se debe recordar que Eduardo Medina es parte de uno de los capítulos más vergonzosos de corrupción dentro de la SCJN. Por eso fue obligado a la renuncia.

El orillamiento a Medina Mora para que optara por la separación definitiva de su cargo de ministro dentro de la SCJN fue un acto que llevó a cabo el fiscal general de la República, Alejandro Gertz Manero, quien tras una investigación pudo encontrar que el hoy exministro Medina Mora había incurrido en delitos graves, como el de lavado de dinero y delincuencia organizada. A pesar de ello, el fiscal general Gertz no quiso actuar penalmente en su contra, lo que siempre estuvo en conocimiento del presidente Andrés Manuel López Obrador. En esa acción, tanto el fiscal Alejandro Gertz como el propio presidente de la República pudieron haber incurrido en el ilícito llamado delitos contra la administración de la justicia.

El de Medina Mora, más allá de que fue ignorado con impunidad para no ser llevado a proceso penal y con ello no desacreditar más la de por sí menguada imagen del Poder Judicial de la Federación, es un caso que aún no está concluido. Puede que en México el caso se haya cubierto ya con el manto de la impunidad, pero en Estados Unidos, de acuerdo con fuentes consultadas —que trabajan para algunas instancias del Departamento de Justicia—, Eduardo Medina Mora sigue siendo investigado por sus posibles nexos con grupos delictivos. Esa relación podría venir desde que Medina Mora, durante la administración del presidente Vicente Fox, era el responsable del Centro de Investigación y Seguridad Nacional (Cisen), en el mismo tiempo en que el titular de la Agencia Federal de Investigaciones (AFI) de la entonces Procuraduría General de la República (PGR) era Genaro García Luna, quien fue declarado responsable por cuatro cargos de narcotráfico.

De acuerdo con fuentes del Departamento de Justicia de Estados Unidos, consultadas para este trabajo, Medina Mora podría haber sido uno de los principales colaboradores de García Luna, ayudándole a extender sus relaciones con algunos de los grupos del narcotráfico mexicano, entre ellos los cárteles de Sinaloa, de los Beltrán Leyva, del H2 y de La Familia Michoacana, quienes también habrían aportado sobornos a favor del entonces titular del Cisen a cambio de protección a través de un servicio de información privilegiada.

Las acciones criminales de Medina Mora sucedieron durante tres sexenios, 18 años consecutivos, sin que fueran recriminadas por las autoridades del Poder Judicial y de la misma Procuraduría de Justicia en México. En el gobierno de Vicente Fox, siendo Medina Mora titular del Cisen —y en alianza con García Luna—, comenzó su relación con el crimen organizado. En la administración de Felipe Calderón, cuando Medina Mora llegó a ser procurador general de la República, la relación de protección a los grupos del narcotráfico llegó a la cúspide. Pero durante el gobierno de Enrique Peña, Medina Mora fue colocado en el mejor lugar para brindarle impunidad: fue designado ministro de la SCJN, y fue así revestido como máximo juzgador de la vida pública de México.

Cuando Medina Mora fue llevado a la Suprema Corte de Justicia, luego de haber sido embajador de México en el Reino Unido (del 12 de diciembre de 2009 al 9 de enero de 2013) y en Estados Unidos (de 10 de enero de 2013 al 10 de marzo de 2015), ya se sabía, por trabajos informativos de periodistas independientes —que es la forma en que se pueden saber las cosas en México—, que estaba asociado con el crimen organizado a través de su relación de García

Luna. Sin embargo, o tal vez por ello, se hizo todo para llevarlo a la condición de ministro. La propuesta la hizo el presidente Enrique Peña Nieto. Lo propuso en la terna también integrada por Felipe Alfredo Fuentes Barrera y Horacio Armando Hernández.

En el Senado de la República, tras la propuesta de Peña Nieto, las únicas que se inconformaron con la postulación de Medina Mora para ministro fueron las senadoras del PRD Dolores Padierna y Angélica de la Peña Gómez. Padierna argumentó la relación de Medina Mora con la adquisición —desde el Cisen— del equipo espía conocido como Pegasus, que fue comprado a empresas asociadas a García Luna, a través del cual se vigiló a periodistas, políticos y activistas sociales. Por su parte, De la Peña Gómez negó su voto señalando que Medina Mora carecía de "honorabilidad, competencia y antecedentes profesionales en el ejercicio de la actividad jurídica". Aun así, el 10 de marzo de 2015 Eduardo Tomás Medina Mora fue hecho ministro de la SCJN. Luego las cosas caerían por su propio peso.

Ya en la administración del presidente López Obrador, en una colaboración de la Fiscalía General de la República con autoridades de investigación del Reino Unido y Estados Unidos, un grupo de agentes investigadores del gobierno mexicano, bajo la coordinación del fiscal Alejandro Gertz Manero, encontraron que Eduardo Medina Mora era parte de una red de lavado de dinero que estaba relacionada con grupos del crimen organizado dedicados al tráfico de drogas. Los agentes investigadores de la Fiscalía General de la República establecieron que en una cuenta bancaria de HSBC, cuyo titular era Eduardo Medina Mora, se habían hecho depósitos bancarios por 2 millones 382 mil 526 libras esterlinas, equivalentes a 66 millones 120 mil 697 pesos. Esa cantidad de dinero fue imposible de justificar con el salario que Medina Mora percibía como embajador de México en el Reino Unido.

En otra investigación paralela de la FGR —con el apoyo de funcionarios del Departamento del Tesoro de Estados Unidos— se encontró que en una cuenta bancaria de HSBC, a nombre de

Medina Mora, durante el tiempo que este se desempeñó como embajador de México en Estados Unidos, se hicieron transferencias por 2 millones 130 mil dólares, equivalentes a 43 millones 609 mil 407 pesos, que tampoco serían justificables considerando solo los ingresos que el exministro señalado tenía por su desempeño como embajador.

Los datos de las transferencias bancarias que obtuvo Medina Mora cuando fue embajador de México en el Reino Unido y en Estados Unidos fueron hechos de su conocimiento cuando ya era ministro de la SCJN. No pudo hacer nada. Lo colocaron entre la espada y la pared. Por eso, sin decir nada, presentó su renuncia al cargo, en un hecho histórico que el mismo Poder Judicial de la Federación, igual que la Fiscalía General de la República o la misma Presidencia de la República, hasta el día de hoy no ha querido explicar a los mexicanos, también en un claro desprecio del derecho a la información que solo en la letra asiste a la colectividad.

Cuando se le preguntaron oficialmente las causas de la renuncia del ministro Medina Mora al CJF, que es el órgano de gobierno del Poder Judicial de la Federación, esta dependencia respondió de manera casi inocente, o tal vez por demás absurda, argumentando que esa instancia —a través de la Unidad de Transparencia— "advierte que la información solicitada no se encuentra bajo resguardo de los órganos jurisdiccionales, auxiliares, y unidades administrativas que forman parte de este Consejo de la Judicatura Federal, toda vez que se trata de un exservidor público que integró la Suprema Corte de Justicia de la Nación".[6] Sin la mayor vergüenza, la respuesta fue firmada por Valeria Soberanis Kurczyn, en su calidad de secretaria para el trámite de solicitudes de acceso a la información del CJF. Eso es prevaricato.

---

[6] Consejo de la Judicatura Federal, respuesta a la solicitud de información 0320000086020, Ciudad de México, 5 de febrero de 2020.

La prevaricación, entendida desde la definición de la Real Academia Española como la acción del delito consistente en que una autoridad, un juez o un funcionario dicte una resolución a sabiendas de que es injusta, no es sancionada en México. Por eso la gran cantidad de sentencias injustas que se dictan desde cualquier nivel de resolución dentro del Poder Judicial. Y también por eso, si el prevaricato no se reconoce en una sentencia dictada desde cualquier juzgado, tribunal o sala de la Suprema Corte, mucho menos puede considerarse la existencia del prevaricato al momento de emitir una resolución de acceso a la información. Por eso los funcionarios, jueces, magistrados y ministros mienten al momento de dictar sentencias o resoluciones, incluyendo las que tienen que ver con el acceso a la información, aun cuando esa es una garantía constitucional.

La prevaricación, según lo reconoce el propio Poder Judicial de la Federación, desde 2019 hasta el cierre de este trabajo que se le ha venido preguntando al CJF, no ha causado ninguna baja de algún juez, magistrado o ministro. De acuerdo con las respuestas de información pública[7] que en los últimos cinco años ha emitido el Consejo de la Judicatura, a causa de esa mala acción al momento de dictar sentencia, aun cuando no se reconoce como delito, no hay un solo juzgador ni siquiera amonestado pública o privadamente por ello.

Pero la prevaricación no es el único acto —al menos inmoral— por el que un juzgador debería ser sancionado. Según lo reconoce el propio CJF, existen por lo menos ocho figuras delictivas en las que se encuadran los principales actos sancionables para algunos de los juzgadores. Y son sanciones que pueden ir desde la amonestación pública o privada hasta la destitución del cargo con participación del agente del Ministerio Público. Las conductas en las que más inciden los juzgadores federales, que a la vez son las más recriminables, son incumplimiento de funciones, defensa ineficaz, acoso y hostigamiento laboral,

---

7 Consejo de la Judicatura Federal, respuesta a la solicitud de información 0320000277219, Ciudad de México, 28 de mayo de 2019.

acoso sexual, discriminación, ejercicio indebido y abuso de funciones, nepotismo y otras conductas, que a final de cuentas todas se engloban dentro del término *corrupción*.

De acuerdo con información oficial del Consejo de la Judicatura, estas conductas delictivas, ligadas a la corrupción dentro del Poder Judicial de la Federación, han venido en aumento desde 2017. Aun cuando en la respuesta oficial emitida por el CJF no se desglosan los escalafones donde son más recurrentes algunas de las denuncias de estos hechos, es una realidad que en dichas conductas también tienen participación funcionarios de importancia como jueces y magistrados. De las conductas arriba mencionadas, algunas ya clasificadas como delitos, en 2017 se denunciaron para su investigación 14 actos posibles constitutivos de delitos, en 2018 fueron 378, en 2019 fueron 457, en 2020 se registraron 284 actos denunciados, en 2021 fueron 563, mientras que en 2022 se registraron 494 de esas conductas. En total, de 2017 a 2022 fueron mil 798 delitos ligados a la corrupción y otras conductas antisociales que se cometieron por parte de algunos funcionarios del Poder Judicial,[8] entre ellos juzgadores, tanto jueces como magistrados.

En esta misma información oficial del CJF se establece que entre 2019 y 2022[9] se les atribuyeron a trabajadores y a juzgadores del Poder Judicial de la Federación 457 presuntos actos de incumplimiento de funciones; se registraron 713 posibles actos constitutivos de delitos en relación con la defensa ineficaz; ocurrieron —en ese mismo lapso—79 eventos de acoso y hostigamiento laboral, 22 de acoso sexual, cuatro por discriminación, 431 por ejercicio indebido y abuso de funciones, 30 hechos de nepotismo y 62 relacionados con otras conductas que no encuadran en las anteriores, pero que igualmente son posibles actos de delitos. En el cómputo que se hace por año

---

[8] Consejo de la Judicatura Federal, respuesta a la solicitud de información 330030422003985, Ciudad de México, 15 de agosto de 2022.

[9] *Idem*.

sobre estos hechos se establece que el año —de los últimos cuatro antes del cierre de este trabajo— en que más posibles delitos se denunciaron dentro del Poder Judicial de la Federación fue 2021, cuando se señalaron 563 eventos antisociales. En 2022 fueron 494, en 2019 fueron 457 y en 2020 solo se registraron 284 posibles eventos antisociales cometidos por personal del Poder Judicial, entre ellos, algunos juzgadores.

Lo anterior ya es de por sí alarmante, porque nadie puede imaginar a un impartidor de justicia con vicios tan mortales que demeriten la honorabilidad de su función, pero es aún más preocupante cuando se observa la disponibilidad institucional para cubrir con el manto de la impunidad estos eventos: pese a la cantidad de conductas inmorales y antisociales que se reconocen denunciadas —entre 2019 y 2022— ante órganos internos del CJF, atribuidas a trabajadores y juzgadores del Poder Judicial de la Federación, el órgano de gobierno de ese poder no dio parte de esos hechos al agente del Ministerio Público Federal, en reclamo de una investigación que dejara a salvo la honorabilidad institucional de ese poder de la República.

Lo anterior fue confirmado por la Fiscalía General de la República, vía respuesta a una solicitud de información, en donde la instancia perseguidora de los delitos establece tácitamente que la FGR nunca fue informada sobre los referidos hechos posibles constitutivos de delitos —cometidos por jueces, magistrados o trabajadores del Poder Judicial, dentro de instalaciones del Poder Judicial— para que fueran investigados. La FGR, en una respuesta que emitió en relación con el cuestionamiento sobre si esa dependencia ha iniciado algún tipo de investigación en contra de determinados jueces y magistrados que fueron mencionados por sus nombres, respondió: "esta FGR se encuentra ante una imposibilidad jurídica para proporcionar cualquier dato que dé cuenta de que se realiza alguna investigación en contra de la persona física referida por usted, siendo que, de acuerdo a la naturaleza de su solicitud, se estaría afirmando o negando que dicha persona identificada funge como juez o magistrado, poniendo en riesgo su vida, su seguridad o salud, e incluso de sus familiares".[10] Estableciendo —en términos prácticos— que esa información es reservada y confidencial, y por lo tanto nadie que no sea parte de la cúpula dorada del poder puede tener acceso a dicha información. Por lo tanto, dicha información, aunque existe, finalmente no existe para todos.

Como ya ha quedado establecido, cuando se denuncian o se conocen conductas graves o de comisión de hechos posibles constitutivos de delitos por parte de los juzgadores federales, sean jueces, magistrados o ministros, casi siempre el problema se resuelve en casa. La opción por la que siempre se decanta el Consejo de la Judicatura es la sanción a través de la destitución del cargo, lo que en sí lleva una gran carga de impunidad. Oficialmente, de acuerdo con las respuestas del propio CJF, este órgano de gobierno no sabe informar si en los últimos 30 años ha sido encarcelado o procesado penalmente algún juez, magistrado o ministro, hombre o mujer, del Poder Judicial de la Federación. Y no puede informar al respecto, porque en los últimos años no ha sido sometido a proceso penal ni ha sido encarcelado por delitos cometidos en el desempeño de sus funciones ningún juez, magistrado o ministro.

El encarcelamiento o procesamiento de jueces, magistrados o ministros es una información que dice desconocer el CJF. Según se informó a través de la Secretaría Técnica de Asuntos Jurídicos en Materia Penal, no se puede informar si algún juzgador ha sido procesado penalmente o encarcelado porque "no existe disposición normativa alguna que establezca una obligación a cargo de esta Unidad Jurídica para contar, mantener o elaborar un registro estadístico como el pretendido",[11] según se lee en la nota enviada por Eduardo Said Castaños Toledo a la secretaria técnica Dulce María Nieto Roa. Dicha

---

[10] Fiscalía General de la República, respuesta a la solicitud de información 0001700526220, Ciudad de México, 15 de octubre de 2020.

[11] Consejo de la Judicatura Federal, respuesta a la solicitud de información 330030422005393, Ciudad de México, 28 de octubre de 2022.

explicación no es otra cosa que una evasiva para no ser transparente, dado que los procesos penales, al menos las carpetas de investigación que se inician contra algún juez o magistrado, siempre son notificadas por la Fiscalía General de la República al pleno del CJF. Eso es parte de la regla no escrita que mantiene las relaciones entre los poderes Ejecutivo y Legislativo.

Sin embargo, en el Sistema Integral de Seguimiento de Expedientes se comunicó que tampoco se puede informar sobre el número de jueces, magistrados o ministros que han sido sometidos a proceso penal o encarcelamiento a causa de sus actos cometidos como juzgadores, porque en ese sistema de seguimiento a expedientes "no cuenta con campos de captura que permitan identificar asuntos referentes a '... jueces, magistrados... que estando al servicio del Poder Judicial de la Federación hayan sido procesados penalmente por cualquier delito...'; toda vez que no se puede advertir específicamente si el inculpado/imputado, procesado o sentenciado cometió el delito en ejercicio de sus funciones y así relacionar la petición que refiere, en todo caso se requeriría de la revisión de cada uno de los asuntos del conocimiento de los órganos jurisdiccionales, lo cual no se encuentra tutelado por la Ley Federal de Transparencia y Acceso a la Información Pública".[12]

Si partimos de lo que oficialmente dice el CJF, entonces debemos suponer que al menos en los últimos 30 años —aunque haya razones para ello— no se ha procesado penalmente ni se ha encarcelado a ningún juzgador federal, con lo que se evidencia la impunidad, pues de acuerdo con los mismos datos oficiales del Consejo de la Judicatura —solo entre 2019 y 2022— se han cometido por lo menos mil 798 actos posibles constitutivos de delitos, en los que participaron algunos juzgadores. Sin embargo, eso no fue razón suficiente para presentarlos ante un agente del Ministerio Público. Dichos delitos sí tuvieron la suficiencia para iniciarles a los indiciados

---

[12] *Idem.*

el correspondiente proceso administrativo con el que terminaron por ser destituidos del cargo.

En los últimos 30 años, a causa de conductas impropias, muchas de ellas tipificadas como delitos que finalmente no fueron denunciados ante el agente del Ministerio Público, el cjf ha ordenado como sanción la destitución del cargo en contra de 38 juzgadores federales: 25 jueces de distrito[13] y 13 magistrados de circuito.[14] Los casos más recientes de sanción se registraron apenas en 2022, cuando fueron suspendidos de sus cargos el juez tercero de distrito en el estado de Sonora con residencia en Hermosillo, Noel Castro Melgar, y el magistrado de la Ciudad de México Roberto Rodríguez Maldonado, así como el secretario del Octavo Tribunal Colegiado de Circuito en el Estado de México, Carlos Manuel Cruz Leyva. Los dos primeros fueron sancionados por malos tratos a subalternos y personal usuario de sus servicios. El tercero fue reconvenido por hostigamiento sexual.

El juez Castro Melgar fue sancionado por el Consejo de la Judicatura con la suspensión del cargo por un año, debido a que incurrió en hostigamiento laboral contra varios de los trabajadores a su cargo. También se le señaló de abuso del cargo por la forma despótica con que trató no solo a los empleados a su cargo, sino a muchas de las personas que tenían relación con el citado juzgador. Por su parte, el magistrado Rodríguez Maldonado fue sancionado apenas con tres años de separación del cargo, sin haber sido denunciado ante el agente del Ministerio Público por haber incurrido en indisciplina, maltrato y tratos violentos contra otros servidores públicos y algunos particulares que tuvieron trato con él cuando estuvo en el cargo. Al magistrado Rodríguez se le acusó de no respetar a las partes y litigantes de algunos de los expedientes que tenía en trámite dentro del órgano

---

[13] Consejo de la Judicatura Federal, respuesta a la solicitud de información 0320000149818, Ciudad de México, 30 de mayo de 2019.

[14] Consejo de la Judicatura Federal, respuesta a la solicitud de información 0320000105221, Ciudad de México, 4 de marzo de 2021.

jurisdiccional,[15] así como de dar privilegios a algunos servidores públicos y generar horarios excesivos sin causa justificada, esto en detrimento de las condiciones laborales de los empleados del tribunal que dirigía este mal servidor público.

Por lo que hace al secretario Cruz Leyva, fue sancionado con la separación del cargo por cinco años, según se establece en el correspondiente procedimiento disciplinario de oficio 32/2020 y su agregado 33/2020,[16] en donde se detalla la gravedad de su conducta, la cual fue centrada dentro del acoso sexual dirigido contra una trabajadora del tribunal referido, quien fue humillada y agredida sexualmente durante una serie de supuestos encuentros que se daban dentro de las instalaciones del tribunal, en los que el funcionario judicial siempre terminaba rozando con sus manos o codos algunas partes sexuales de su víctima. Pese a la gravedad del asunto, para preservar la imagen del Poder Judicial de la Federación, el Consejo de la Judicatura en este caso tampoco dio parte al agente del Ministerio Público Federal, zanjando el tema con una sanción administrativa, que en nada brinda justicia a la víctima.

En 2021 el CJF conoció por lo menos una docena de casos en donde —según la versión de algunos ofendidos— los juzgadores federales realizaron conductas impropias. Ninguno de esos juzgadores fue llevado ante el agente del Ministerio Público para responder en caso de que sus actos hayan sido constitutivos de delitos. Es más, no todos los juzgadores amonestados fueron sancionados. En términos oficiales solo se reconocen seis trabajadores sancionados, de los que cuatro de ellos se desempeñaban en el cargo de juez de distrito, mientras que las otras dos eran magistradas. La sanción con la que estos juzgadores fueron recriminados por sus comportamientos nada

---

[15] Consejo de la Judicatura Federal, Roberto Rodríguez Maldonado, procedimiento disciplinario de oficio 52/2020, Ciudad de México, 16 de marzo de 2022.

[16] Consejo de la Judicatura Federal, Carlos Manuel Cruz Leyva, procedimiento disciplinario de oficio 32/2020 y su acumulado 33/2020, Ciudad de México, 12 de mayo de 2022.

profesionales fue la separación del cargo en forma temporal, con periodos que fueron de entre seis meses a 10 años.

La lista de sancionados en 2021 comienza con el juez segundo de distrito con sede en Tapachula, Chiapas, Felipe Sifuentes Servín, quien fue suspendido seis meses de su cargo. La razón de esa sanción fue porque vició con una serie de inconsistencias y deficiencias el proceso que un migrante presentó para la obtención de su estatus de refugiado en México. Entre las conductas atribuidas al juez Sifuentes, se encuentra "la negativa del juez a remitir al Tribunal Colegiado de Circuito el expediente de amparo, para la tramitación de los recursos de revisión interpuestos dentro de los autos del juicio de amparo indirecto".[17] Este mismo juez fue el que en 2009 le otorgó un amparo a la aerolínea Aviacsa para que evitara la regulación de la Secretaría de Comunicaciones y Transportes (SCT) y pudiera seguir utilizando las 20 aeronaves que estaban señaladas con riesgo para los usuarios de ese aerotransporte.

Otro caso polémico del juez Sifuentes Servín fue el amparo que le otorgó a Emilio Zebadúa, exoficial mayor de las secretarías de Desarrollo Agrario, Territorial y Urbano (Sedatu) y de Desarrollo Social (Sedesol) durante la gestión de Rosario Robles, cuando se dio la Estafa Maestra. Con el aval del juez Sifuentes, Emilio Zebadúa pudo evitar ser testigo de cargo contra su exjefa Rosario Robles, quien finalmente fue absuelta del cargo de corrupción por haber sustraído más de 400 millones de dólares del erario federal. La absolución final de Rosario Robles Berlanga fue por instrucción del juez Roberto Omar Paredes, quien ordenó el sobreseimiento de la causa penal 314/2019, pero el caso se comenzó a desvanecer desde que el juez Sifuentes Servín negó la posibilidad de que contara con un testigo clave como Emilio Zebadúa.

---

[17] Consejo de la Judicatura Federal, Felipe Sifuentes Servín, queja administrativa 1601/2018-II, Ciudad de México, 29 de septiembre de 2020.

Otro inhabilitado con la separación del cargo por un periodo de 10 años fue el juez Arístides Marino Santos, titular del Juzgado Tercero de Distrito, también con cabecera en Tapachula, Chiapas. A este funcionario, que de manera extraña fue inhabilitado de su cargo desde 2017 pero hasta 2021 se le ejecutó el castigo, se le sancionó porque simplemente no acudía a trabajar de manera regular. Sin tener licencia para faltar, este juez de lunes a viernes dejaba acéfalo el juzgado, por lo que los funcionarios de esa área —que ellos mismos se obligaban a sacar el trabajo de los procesos rezagados— tenían que sustraer los expedientes del juzgado

> para llevarlos a algún lugar a efecto de recabar la firma del juez; cuando [el juez Marino Santos] asistía al juzgado, no cumplía con un horario definido; y, en el lapso comprendido del uno de octubre de dos mil once al veintidós de enero de dos mil trece, delegó la función de revisión y decisión de los asuntos de su competencia a diversos servidores públicos a su cargo, todo lo cual se considera que evidenció descuido en el desempeño de las funciones o labores que debía realizar.[18]

Este caso es de llamar la atención; aquí se evidencia cómo, para solapar sus propios actos de corrupción, el propio Consejo de la Judicatura del Poder Judicial de la Federación le apuesta a la falta de memoria de los mexicanos. Marino Santos, aun cuando fue sancionado —en 2017— con la destitución del cargo e inhabilitado durante los siguientes 10 años, este mismo juez aparece en 2020 en funciones, como titular del Juzgado Primero de Distrito en Chilpancingo. Por fuentes de la UIF se estableció que dicho juez fue sancionado por la Contraloría del Poder Judicial de la Federación por un posible caso de corrupción al encontrar evidencias de desvío de dinero oficial a su peculio personal.

---

[18] Consejo de la Judicatura Federal, Arístides Marino Santos, procedimiento disciplinario de oficio 8/2016, Ciudad de México, 29 de noviembre de 2017.

Un juzgador que también fue sancionado levemente, pese a la gravedad de los actos cometidos en el desempeño de sus funciones, fue Iván Millán Escalera. A él se le reprendió cunado tenía el cargo de juez de distrito en el Juzgado Tercero en Materia Administrativa con sede en Monterrey. Se le removió por un periodo apenas de tres meses debido a que otorgó un amparo sin siquiera estudiar de fondo los actos reclamados. Por esa razón, aparte de ser suspendido de su cargo por tres meses, también se le aplicó una multa de 87 mil 618 pesos con 55 centavos. Esa vez que este juez fue pillado otorgando amparos de la justicia federal sin mayor estudio de causa no fue la primera ocasión en que manifestaba un comportamiento poco profesional y alejado de los cánones de la pulcritud judicial. En el haber del juez Millán ya había un registro de por lo menos 22 quejas administrativas y al menos dos denuncias,[19] todas emitidas entre 2012 y 2019, las cuales por alguna razón el Consejo de la Judicatura había pasado por alto.

Al parecer el CJF se quedó corto con la sanción. Si se le hubiese procesado penalmente, con base en la debida investigación del agente del Ministerio Público, no estaría distante la posibilidad de verlo en prisión. Antes de que este juez fuera sancionado irrisoriamente con tres meses de separación del cargo y una multa económica, ya había sido objeto de sospechas de haberse coludido con el crimen organizado, cuando estuvo desempeñándose como juez en Zacatecas. Según lo denunció en su momento, el entonces procurador de Justicia de Aguascalientes, Felipe Muñoz Vásquez (2010-2015), el juez Millán Escalera habría entregado un amparo sin sustento a una persona que era propietaria de un taller mecánico en Aguascalientes. Dicho taller habría sido utilizado miembros del crimen organizado, del cártel de Los Zetas, para disolver en ácido a por lo menos cinco personas que aún se encuentran en calidad de desaparecidas.

---

[19] Consejo de la Judicatura Federal, Iván Millán Escalera, procedimiento disciplinario de oficio 14/2019-i, derivado de la investigación J/78/2019, Ciudad de México, 3 de marzo de 2020.

El velo de la duda también cubre al juez Millán Escalera por el amparo otorgado a favor del exgobernador de Aguascalientes Luis Armando Reynoso Femat, quien estuvo preso por haber simulado la compra de equipo médico por más de 14 millones de pesos, lo que derivó en la imputación de los delitos de defraudación fiscal, peculado y ejercicio indebido de funciones. Pero el amparo otorgado por dicho juez terminó por exonerar y poner en libertad al exgobernador panista Reynoso Femat, poniendo así punto final a uno de los mayores escándalos de corrupción que se han registrado desde la cúpula del poder en Aguascalientes.

También ahí mismo, en Aguascalientes, el juez Millán fue sospechoso de haber entregado por lo menos 12 amparos a favor de un grupo de personas que fueron señaladas de actuar en grupo para cometer actos ilícitos como violación equiparada, secuestros, homicidios dolosos, lesiones, robo y extorsión. El grupo que oficialmente fue señalado por el Ministerio Público como parte de una célula criminal perteneciente al cártel de Los Zetas finalmente fue absuelto por decisión unipersonal del juez, quien les otorgó a dichas personas sendos amparos con los que cerró la posibilidad de que fueran procesados penalmente por esos mismos delitos. Este juez ha sido señalado pública y reiteradamente de fincar muchas de sus resoluciones judiciales en textos preestablecidos (machotes), siempre alejados del estudio particular de cada caso.

A pesar de lo anterior, nada ha sido tomado en cuenta por el CJF. En el máximo órgano de gobierno del Poder Judicial de la Federación poco han importado las dudas sobre este juez y aun las propias sanciones que sobre él se han aplicado. De todas formas se le mantiene dentro del grupo de juzgadores. En septiembre de 2021, luego de haber cumplido con su sanción y pago de multa por mal desempeño en la aplicación de la justicia, Iván Millán fue premiado por la cúpula del Consejo de la Judicatura: fue designado magistrado de circuito del Primer Tribunal Colegiado en Materias Civil y de Trabajo en Coahuila, con residencia en Torreón.

En ese cargo, el hoy magistrado Millán Escalera asegura, en su más reciente declaración patrimonial,[20] tener un ingreso salarial de 2 millones 149 mil 680 pesos (179 mil 140 pesos por mes), lo que ha compensado con otros 100 mil pesos más por ingresos de arrendamiento, 100 mil pesos por venta de un vehículo, el pago de 2 millones 209 mil 576 pesos por el cobro de un seguro de separación individualizada y otros 373 mil 924 pesos por pago del seguro de un automóvil por pérdida total. No registra cambios en la adquisición de bienes inmuebles; asegura seguir teniendo solo dos casas, una —que compró de contado en 2008— con un costo de un millón 903 mil pesos, y la otra, la que compró en 2011 a crédito con una inversión de 2 millones 500 mil pesos.

Otro caso emblemático de la suave justicia con que responde el CJF cuando sorprende a sus juzgadores en actos ilícitos o inmorales es el de la magistrada Patricia Mújica López, quien siendo presidenta del Primer Tribunal Colegiado en Materia Civil en el estado de Michoacán, con sede Morelia, fue sorprendida beneficiando a dos familiares y por lo menos a tres personas más con las que tenía intereses personales, al otorgarles nombramientos de funcionarios dentro del tribunal que ella misma presidía. El caso fue denunciado por algunos de los empleados del tribunal que fueron desplazados al momento de otorgar ascensos en el escalafón. La denuncia y la investigación fueron llevadas con el mayor sigilo por parte del CJF.

Como sanción a la irregular actuación de la magistrada Mújica, se estableció la suspensión del cargo por un periodo de solo tres meses sin goce de sueldo. No hubo mayor sanción. La ligera medida ante la inmoral acción de la magistrada fue así porque los integrantes del CJF consideraron en su resolución[21] que ya había prescrito la facultad de ese órgano para analizar la conducta ilegal de la juzgadora.

---

[20] Consejo de la Judicatura Federal, declaración de situación patrimonial, Iván Millán Escalera, Ciudad de México, 29 de junio de 2022.

[21] Consejo de la Judicatura Federal, Patricia Mújica López, procedimiento disciplinario de oficio 48/2019-III, Ciudad de México, 27 de octubre de 2020.

Tal vez por ello fue que apenas pasó la sanción, la magistrada fue restituida dentro del esquema judicial del país. Como única sanción, se le removió de su tribunal.

Ella fue asignada al Segundo Tribunal Colegiado con residencia en Aguascalientes, en donde —de acuerdo con su declaración patrimonial[22] más reciente— seguía percibiendo 2 millones 258 mil 447 pesos, además de haber recibido un pago de 2 millones 274 mil 659 pesos por el cobro de un seguro de separación individualizada, recursos que seguramente le fueron suficientes poder liquidar un crédito hipotecario, contraído en 2015, por un millón 588 mil pesos; dos préstamos personales que desde 2018 mantenía con HSBC, uno por 392 mil pesos y otro por 581 mil pesos. También pudo liquidar un crédito hipotecario que mantenía con HSBC desde 2019 por un millón 388 mil pesos. Esta magistrada también, según declaró en 2022, pudo pagar un préstamo personal —sin explicar a quién— por un millón 760 mil pesos, así como un crédito automotriz que contrajo en 2019 con la arrendadora Afirme por 380 mil pesos.

---

[22] Consejo de la Judicatura Federal, declaración de situación patrimonial, Patricia Mújica López, Ciudad de México, 22 de junio de 2022.

6

La razón del silencio

> Como calor durante la sequía, tú aquietas el es-
> truendo de los extranjeros; como el calor a la
> sombra de una nube es acallado el cántico de
> los tiranos.
>
> ISAÍAS 25:5

Históricamente el Poder Judicial de la Federación había tenido una pulcra imagen social. El solo hecho de ser juzgador de la nación ya colocaba a quien fuera en una posición de prestigio intelectual y moral. Por muchos años el Poder Judicial fue el ideal del servicio público. Así lo dejó ver el sistema: las buenas relaciones entre jefes de los poderes Ejecutivo, Judicial y Legislativo no dejaban en tela de juicio la honradez de los jueces en cualquiera de sus niveles de desempeño. A ello contribuyó también la lambisconería de los periodistas y medios tradicionales de comunicación. La prensa arrastrada de antaño, la que no tomó en serio su papel formador de audiencias críticas, contribuyó en gran medida a la construcción no solo del mito de un Poder Judicial impoluto, sino que también sirvió de tapadera a la transa y la corrupción que desde siempre ha vivido dentro el Poder Judicial, ello con pleno conocimiento y amplio cobijo de los ministros de la SCJN.

El silencio de la prensa frente a la corrupción judicial resulta tan agresivo y tan infame como la misma corrupción observada al interior de muchos juzgados, tribunales o salas de la Suprema Corte de Justicia.

Ahí está la hemeroteca nacional que habla por sí misma. Desde hace décadas la prensa ha solapado la corrupción de los juzgadores. Apenas pasó la administración de Lázaro Cárdenas del Río —en la que se sintió un momento de críticas al Poder Judicial— cuando otra vez regresó el silencio. Desde la administración de Manuel Ávila Camacho hasta la de Enrique Peña Nieto, pasando por los gobiernos de Miguel Alemán Valdés, Adolfo Ruiz Cortines, Adolfo López Mateos, Gustavo Díaz Ordaz, Luis Echeverría Álvarez, José López Portillo, Miguel de la Madrid, Carlos Salinas de Gortari, Ernesto Zedillo Ponce de León, Vicente Fox Quesada y Felipe Calderón, el Poder Judicial y el Poder Ejecutivo vivieron una de sus más tórridas lunas de miel. En ese lapso no se registra mediáticamente ningún tipo de reproche social. No hay críticas al desempeño de los juzgadores. Ni desde la prensa ni desde el Poder Ejecutivo o el Legislativo en los citados periodos de gobierno hubo algún cuestionamiento al desempeño del Poder Judicial. En ese tiempo el Poder Ejecutivo fue la primera tapadera de toda la corrupción que se dio dentro del Poder Judicial, y viceversa. Eran los tiempos de los valores entendidos. Por eso el Poder Judicial creció maleado.

Llegó la primavera mexicana. Crecimos en el tiempo de la maduración de la palabra y el florecimiento de las ideas. La propuesta de la Cuarta Transformación, que, si bien no pudo arraigarse en otros renglones como era deseado, para consolidar el combate a la impunidad y la corrupción, al menos sí cimentó un fenómeno que el presidente Andrés Manuel López Obrador dio en llamar la Revolución de las Conciencias, que —aunque pretencioso— llegó a sacudir el pensamiento de muchos aletargados. Puede que el movimiento de transformación aún no cumpla cabalmente con el ideal de justicia que desde hace décadas hambrea al grueso de los mexicanos, los de a pie. Pero también es cierto que al menos esa propuesta de cambio de las estructuras de poder público ha llevado a muchos mexicanos a desprenderse del atavismo.

Por lo menos, y de eso podemos estar ciertos, la Cuarta Transformación ha sido la causa y el efecto del despertar de millones de mexicanos que necesitaban ser sacudidos, los que —como si fueran el hombre que, cansado de ver su reflejo en la caverna, tembloroso sale de su madriguera a descubrir la luz del día— han comenzado a valorar su propia capacidad de cuestionamiento sobre todo el orden político establecido. El principal efecto de la Cuarta Transformación, aunque no siempre es el mismo para todos, es dejar de creer para comenzar a pensar. Y es ese nuevo principio de la llamada democracia participativa el que ha hecho que millones de mexicanos comiencen a reclamar un mayor proceso de transparencia dentro del Poder Judicial de la Federación.

Es cierto que, si por sus propios intereses políticos el presidente Andrés Manuel López Obrador no hubiera comenzado a señalar la falta de transparencia, el nepotismo, los privilegios económicos y la falta de probidad de la que hacen gala los juzgadores mexicanos, muchos en la masa aún no entenderían el problema resultante de la permisión de un Poder Judicial totalmente desfasado de los nuevos tiempos de gobierno que se reclaman en México. Pero también es cierto que la exposición de las condiciones de corrupción bajo las que opera, en términos generales, el Poder Judicial no ha sido exclusiva de la agenda pública dictada desde la esfera política. En la exposición de los vicios del Poder Judicial también comienzan a participar cada vez más algunos periodistas independientes que han podido infiltrar —con algo de libertad— a los medios masivos de comunicación la vergonzosa corrupción que se vive entre los juzgadores. El periodismo independiente mexicano, aunque aún con poca visibilidad, por la falta de espacios en los *mass media* honestos, ha venido cumpliendo cabalmente a su audiencia con el señalamiento crítico del problema de corrupción que afecta al Poder Judicial. Eso es alentador porque —cuando parecía que el periodismo estaba bocabajo— a final de cuentas el periodismo de denuncia vuelve a dar señales de vida.

Si la denuncia de las condiciones de corrupción que permean dentro del Poder Judicial no fuera tocada por el periodismo y solo estuviera condicionada a la información que ese mismo poder quisiera dar a la población, a través de su órgano de gobierno, el CJF, entonces sí estaríamos en un apuro mayúsculo. Afortunadamente, porque vivimos en un régimen que quiere nacer a la democracia, en donde por *la gracia de Dio*s pervive el periodismo de investigación, es que podemos decir —desde la trinchera del periodismo independiente— que toda la evidencia recabada para la elaboración de este trabajo apunta a la necesidad de una reforma a fondo del Poder Judicial. Urge una acción constitucional que refunde desde el interior las estructuras y principios éticos y morales de este organismo pilar de la República.

¿Por qué debe haber una reforma en el Poder Judicial? No es una pregunta meramente retórica. Es una pregunta cuya respuesta nadie podría dar mejor que las víctimas directas del prevaricato que a diario se practica en todo el Poder Judicial de la Federación. Sin embargo, la respuesta a dicha pregunta es muy simple: en México se requiere una reforma de fondo al Poder Judicial porque ese poder de la Federación ha perdido su esencia fundamental, la de garantizar la preservación de la justicia —que no del derecho—, que no es otra cosa que darle a cada quien lo que le corresponde en aras de la armonización social. Además, el actual Poder Judicial de la Federación ha dejado de atender la causa social de impartir justicia a quien lo reclame, convirtiéndose solo en un poder procurador de intereses de la misma casta social que es dueña de todo el país en todos los ámbitos.

¿De verdad el Poder Judicial de la Federación ha perdido el rumbo en su función esencial de dar a cada quien lo que le corresponde? La respuesta puede resultar luego de saber el caso de la exsecretaria de Estado Rosario Robles Berlanga. Ella fue pieza central en lo que se dio a conocer como "La Estafa Maestra", uno de los más importantes casos de corrupción y de daño patrimonial surgidos en

México en los últimos cinco años. El monto saqueado del erario nacional, mediante una red de 128 empresas fantasma vinculadas a 11 dependencias de gobierno y ocho universidades públicas con las que se simularon contratos de obras y servicios, fue por 400 millones de pesos. El caso también involucró a otras 50 personas sobre las que se abrieron por lo menos otros 24 casos penales. En este caso, la Fiscalía General de la República hizo la aportación de las pruebas suficientes para demostrar el doloso acto de saqueo, protagonizado por Rosario Robles con la autorización oficial del entonces presidente Enrique Peña Nieto.

Fue la misma Fiscalía General de la República, encabezada por Alejandro Gertz Manero, la que pidió a un juez de control que valorara el cambio de medidas cautelares para que Rosario Robles pudiera enfrentar su proceso en libertad. La detenida argumentó razones de salud para su petición ante el juez Alejandro Ganther Villar Ceballos. Este juez aceptó cambiar la medida cautelar de prisión preventiva por la de arraigo domiciliario, bajo la razón de que Rosario Robles contaba con algunos padecimientos, propios de sus 67 años de edad, que requerían atención médica permanente y domiciliaria. Ese solo fue el principio para *aflojar* la justicia.

Posterior a esa decisión, a pesar de las evidencias que daban soporte y hacían sólido el caso, el juez de distrito Roberto Omar Paredes Gorostieta Femat, especializado en el Sistema de Justicia Penal Acusatorio de la Ciudad de México, con sede en el Reclusorio Sur, le otorgó la libertad a la inculpada. El argumento del juzgador, que decidió sobreseer el caso de Rosario Robles, fue que la FGR violentó el debido proceso a Rosario Robles, porque antes de imputarle ilícitos por la vía penal —corrupción y ejercicio indebido del servicio público— ella debió haber sido sometida a un procedimiento administrativo. Por esa razón el juez no quiso siquiera entrar en el estudio del caso y terminó por —a través del sobreseimiento— darle sentencia de libertad a Rosario Robles, con lo que, de un plumazo, el juez desechó la posibilidad de que la sociedad supiera si Rosario Robles fue o no responsable en el desvío de más de 400 millones de dólares del erario público.

Tras la polémica determinación del juez Paredes, que con su sola decisión negó la posibilidad de ir a fondo en el asunto de uno de los escándalos más simbólicos de corrupción, dentro del CJF nadie lo llevó a la rendición de cuentas, como si se mandara solo, como si no tuviera ninguna responsabilidad con la sociedad. La única acción oficial que cuestionó a Roberto Paredes su comportamiento como juzgador fue la anunciada por la Fiscalía General de la República, la que refirió que se había abierto una carpeta de investigación por el delito contra la administración de justicia. Pero el hecho de que se haya abierto una carpeta de investigación contra el citado juez no es garantía de nada. De acuerdo con las estadísticas oficiales de la FGR, por cada 100 carpetas de investigación que inicia sobre diversos delitos, solamente una de ellas es llevada a la judicialización.

Mientras tanto, Paredes Gorostieta sigue despachando como juzgador sin que nada ni nadie lo perturbe. Como parte de la burocracia dorada —según lo refiere su más reciente declaración patrimonial (2021)—,[1] mantiene un ingreso salarial por 2 millones 554 mil 460 pesos al año, lo que al parecer le es suficiente para subsistir. Y se debe tratar de una subsistencia la que tenga este juez, dado que, según declaró, tiene que pagar cinco créditos personales que contrajo entre 2016 y 2019, que en suma hicieron una deuda de un millón 625 mil 310 pesos. Dos de esos créditos son con el ISSSTE, uno contratado en 2017 por 90 mil 332 pesos y otro logrado en 2019 por 178 mil 572 pesos. También cuenta con dos créditos otorgados por HSBC, uno obtenido en 2016 por 703 mil 307 pesos, y el otro, que fue contraído en 2017, por 583 mil 199 pesos. El quinto crédito que aún no ha sido liquidado por el juez es uno que se contrajo con Inbursa por 70 mil pesos.

---

[1] Consejo de la Judicatura Federal, declaración de situación patrimonial, Roberto Omar Paredes, Apizaco, Tlaxcala, 22 de enero de 2021.

Otro juez que actuó de forma grotesca al momento de aplicar la justicia fue Gustavo Aquiles Villaseñor, quien en su calidad de juez de control en el Centro de Justicia Penal de la Ciudad de México, con sede en el Reclusorio Norte, decretó la libertad a favor de otro implicado en el caso de la Estafa Maestra, Ramón Sosamontes Herreramoro, quien había sido llevado a la justicia por la Fiscalía General de la República, acusándolo de haber facilitado el desvío de 203 millones de pesos, esto como parte de un contrato que a nombre de la Sedesol firmó este funcionario con la empresa oficial Radio y Televisión de Hidalgo. De acuerdo con la percepción del juez Aquiles Villaseñor, en ningún momento se acreditó el delito clasificado como uso indebido de atribuciones y facultades, toda vez —argumentó el juzgador— que el imputado sí estaba facultado para firmar contratos como el que se le reprochó. Por eso el juez dijo que se vinculara a proceso a Ramón Sosamontes y así se respetó su decisión.

Otra vez ante la falta de justicia, la blandengue Fiscalía General de la República a través de un comunicado oficial dio a conocer su inconformidad con la decisión emitida por el juzgador federal, y acotó que —ni siquiera iniciaría una carpeta de investigación en contra del juez— solo pediría al CJF que hiciera una revisión sobre la actuación del juez Gustavo Aquiles. Si se hizo dicho reclamo de la FGR ante el CJF resulta lo mismo: hasta el cierre de este trabajo, el citado juez federal en el Reclusorio Norte seguía cumpliendo sin ningún tipo de sanción lo que él considera que es su deber dentro del aparato de aplicación de justicia.

Este juez, que finalmente parece que se salió con la suya al ayudar a desbaratar el caso más emblemático de corrupción registrado en la administración del presidente Enrique Peña Nieto, es el mismo que también fue cuestionado socialmente —en 2022— cuando exoneró de toda responsabilidad judicial al presidente del Tribunal Universitario de la UNAM, Eduardo López Betancourt, cuando la FGR le había iniciado al académico un proceso penal por el delito de tratos crueles y denigrantes cometido en agravio de una estudiante de posgrado, a la que el decano de la Facultad de Derecho agredió verbalmente.

El indiciado Eduardo López Betancourt habría ofendido de manera visceral, machista y violenta a una alumna de posgrado. Frente a ello el juez Gustavo Aquiles Villaseñor sostuvo que la frase "pinches viejas, por eso las matan" —que dijo el académico a su alumna— es una expresión genérica que no encuadra en la tipificación del delito. Igual, este juez dijo que el término "zorra" fue una manifestación que —dicho en las palabras del juzgado— no alcanza a ser considerada como un trato cruel y degradante. En su momento dijo el juez Aquiles Villaseñor que si por decir el término "zorra" se tuviera que sancionar a una persona, "la mayoría de los mexicanos estarían sujetos a proceso". De ese nivel es el raciocinio del juzgador federal.

Este juez, aparte del dechado de justicia que denota, también es un bendecido de la vida. Nació con muy buena estrella. De acuerdo con su declaración patrimonial de 2022,[2] pese a tener un muy buen ingreso salarial, del orden de los 2 millones 647 mil 179 pesos al año, no ha tenido que desembolsar un solo peso para ir formando su patrimonio inmobiliario. Todo le ha sido dado. Es copropietario de un rancho que recibió en herencia en 2019, con un valor estimado en 2 millones 688 mil 740 pesos. También tiene una casa en copropiedad que recibió en herencia el 2020, con un precio estimado de 429 mil 761 pesos. Igualmente es copropietario de una bodega que recibió en donación, en 2021, con un precio de un millón 750 mil pesos. Y cuenta con otra casa, con un valor comercial de 3 millones 200 mil pesos, de la que también es copropietario al recibirla en herencia en 2019.

El juez Felipe de Jesús Delgadillo, el mismo que mandó a prisión a Rosario Robles al negarle la posibilidad de llevar a cabo el proceso penal bajo otras medidas cautelares que no fueran la prisión

---

[2] Consejo de la Judicatura Federal, declaración de situación patrimonial, Gustavo Aquiles Villaseñor, Apizaco, Tlaxcala, 29 de junio de 2022.

preventiva oficiosa, y que ha sido señalado de ser un juzgador de encomienda, también embona dentro de los togados que al día de hoy han sido señalados por la Fiscalía General de la República de torcer la justicia a su modo. Este juez también —hasta el cierre de este trabajo— era investigado por la FGR por el delito contra la administración de la justicia. Además, según se ha informado públicamente, el juez Delgadillo ha sido denunciado ante el CJF para que se le revise su proceder profesional, señalado de inclinar la aplicación de la justicia hacia donde le ha convenido.

El caso por el que el juez Jesús Delgadillo Padierna se ha colocado en el ojo del huracán de la FGR es porque echó abajo otro gran caso de corrupción, uno que además ha tratado de ser explotado mediáticamente por el fiscal Alejandro Gertz Manero —con la pretensión de ocultar la pasividad en la que se encuentra la FGR—, el relacionado con el tráfico de influencias en donde se involucró al exconsejero jurídico de la Presidencia, Julio Scherer Ibarra, al que también se le ha acusado de supuestamente negociar favores oficiales para resolver extrajudicialmente los casos del abogado Juan Collado y Víctor Manuel Álvarez Puga y su esposa Inés Gómez Mont. Ambos casos están relacionados con delitos como fraude fiscal, peculado y corrupción.

El caso que echó abajo el juez Delgadillo Padierna es el que relacionaba a los abogados Juan Antonio Araujo Rivapalacio, César Omar González Hernández, Isaac Pérez Rodríguez y el asesor financiero David Gómez Arnau, quienes eran señalados por la FGR como parte de una red de tráfico de influencias asociada a Scherer Ibarra. En este caso la FGR pretendía demostrar que estos abogados trataron de extorsionar a diversos procesados con poder económico para venderles su libertad, a través del tráfico de influencias. Ellos fueron acusados por los delitos de extorsión, lavado de dinero, tráfico de influencias y asociación delictuosa. Pero dicho juez determinó no vincularlos a proceso. La decisión del juez fue que los argumentos de la FGR eran infundados y expuso algunas irregularidades en la actuación del agente del Ministerio Público de la Federación, estableciendo que hubo amenazas a la defensa de los imputados.

Sobre este caso, según informó públicamente el gobierno federal a través de una tarjeta informativa: "el juez de control Felipe de Jesús Delgadillo Padierna descalificó y agredió groseramente al MPF [agente del Ministerio Público Federal], negándose a tomar en cuenta más de setenta y cinco datos de prueba presentados por las víctimas y por la parte acusadora". De acuerdo con el señalamiento oficial, esos datos de prueba que no tomó en cuenta el juez "no habían sido objetados, desde que la contraparte recibió el expediente correspondiente". También se acusa al juez Delgadillo, solo en el caso del exconsejero jurídico Scherer Ibarra, de haberse dedicado a realizar la defensa de este exservidor público, el cual no estaba imputado, pero "sí existían una serie de pruebas, que no habían sido refutadas, sobre su participación en los delitos de los que se imputó a diversos abogados".

Según lo informado públicamente por la Fiscalía General de la República, esta institución dio vista al CJF de la mala aplicación de justicia del juez Delgadillo Padierna para los efectos administrativos que correspondieran. Por lo que hace a la FGR, a causa del análisis imparcial de las pruebas y la defensa ilegal que hizo el juez Delgadillo en el caso de Julio Scherer Ibarra, se le inició una carpeta de investigación con miras a la judicialización. Pero al parecer de nada ha servido el señalamiento contra ese juez. Él sigue trabajando normal. Según la página oficial del Consejo de la Judicatura, hasta el cierre de este trabajo seguía desempeñando inamovible el cargo de juez de distrito del Centro de Justicia Penal Federal en la Ciudad de México, con sede en el Reclusorio Sur.

Los ingresos económicos del juez Delgadillo tampoco habían sido afectados. Él continuaba —hasta mayor de 2023— percibiendo su salario íntegro, el cual, de acuerdo con su más reciente declaración patrimonial,[3] seguía siendo de 2 millones 682 mil 549 pesos al año. Con dichos ingresos continuaba pagando dos créditos hipotecarios que aún mantiene; uno contraído en 2018 por un monto de 6 millones 500 mil pesos y otro por 3 millones 050 mil pesos. Si acaso el mayor vicio expuesto de este juez son las joyas. Según su más reciente declaración patrimonial, es un asiduo comprador de relojes. De acuerdo con lo expuesto en la declaración pública de su patrimonio, en los últimos años ha comprado siete relojes por la cantidad de más de 155 mil pesos.

De entre todos los jueces que se han exhibido por su parcialidad al momento de dictar su justicia o porque su conducta profesional no encaja dentro de la normalidad ética, sin duda destaca el juez Samuel Ventura Ramos, un letrado que de manera inhumana, indolente y totalmente antipática ha pisoteado tal vez el caso de mayor sensibilidad de las últimas décadas en México: la desaparición forzada de los 43 estudiantes normalistas de Ayotzinapa en manos del Estado mexicano. Este juez de distrito de procesos penales en el estado de Tamaulipas, con residencia en Matamoros, es el responsable de haber puesto en libertad a por lo menos 120 implicados en el caso de la desaparición de los estudiantes normalistas. La libertad que este juzgador ha otorgado lo mismo a expolicías que a miembros de grupos del narcotráfico o funcionarios de gobierno ha sido siempre bajo la misma excusa; asegura que hubo una mala integración de la averiguación previa penal por parte de las autoridades ministeriales.

Este caso, el del juez Ventura Ramos, es el clásico modelo de justicia torcida que prevalece en el Poder Judicial, en donde el juzgador, con una conveniente visión hipergarantista, privilegia el respeto a los derechos de los victimarios antes que velar por las garantías arrebatadas a las víctimas. Samuel Ventura es el típico juez federal al que no le interesan las víctimas, y por ello no duda en causar una doble

---

[3] Consejo de la Judicatura Federal, declaración de situación patrimonial, Felipe de Jesús Delgadillo Padierna, Ciudad de México, 20 de mayo de 2022.

victimización a través de sus sentencias. Eso es real. Así lo han vivido los padres y familiares de los 43 estudiantes desaparecidos, con cada liberación otorgada a quienes participaron en los hechos ocurridos en Iguala, Guerrero, entre la noche del 26 y la madrugada del 27 de septiembre de 2014.

Entre las evidencias que quedan a la luz de la historia sobre el mal desempeño del juez Ventura se encuentra la liberación otorgada a través de una sentencia absolutoria, del 30 de agosto de 2019, en la que se dejó sin ninguna responsabilidad legal —en el caso de la desaparición de los estudiantes de Ayotzinapa—, a Gildardo López Astudillo, *el Gil*; Joaquín Lagunas Franco, *el Omega*, Juan de la Puente Medina y Óscar Valeros Segura. Ellos fueron puestos en libertad por el juez Samuel Ventura, sin importar las evidencias aportadas, las cuales relacionaban a los mencionados como miembros de la organización criminal Guerreros Unidos, cuya célula habría sido clave en el secuestro de algunos de los estudiantes de los que nunca más se volvió a saber nada.

A la lista de 120 personas que han sido deslindadas del caso Ayotzinapa, dejándolas sin responsabilidad por decisión del juez Ventura Ramos, se suma el exalcalde de Iguala, José Luis Abarca, quien es considerado en las investigaciones de la FGR como uno de los principales implicados en la desaparición de los estudiantes. Sin embargo, este actor criminal fue absuelto por Samuel Ventura. La absolución fue avalada por el magistrado Juan Manuel Rodríguez Gámez, presidente del Tribunal Colegiado de Apelaciones del Estado de Tamaulipas, decisión fincada solo en que el juez no encontró elementos suficientes para procesar a Abarca por la desaparición de los muchachos. En pocas palabras, para el juez Ventura y para el tribunal de alzada no sirvió de nada la investigación realizada por la Fiscalía General de la República, fincada en muchas de las líneas de investigación que abrió y pudo sostener de manera coherente y lógica la Comisión de la Verdad encabezada por el subsecretario de Derechos Humanos, Alejandro Encinas, y ordenada para tal fin por el presidente Andrés Manuel López Obrador.

Igual que en otros casos, para manifestar desacuerdo por la acción —o mejor dicho la inacción— del juez Samuel Ventura Ramos, desde la Secretaría de Gobernación, entonces bajo la titularidad de Adán Augusto López Hernández, y desde la FGR de Alejandro Gertz Manero, se amagó con llevar a proceso penal al referido juez bajo la acusación del delito contra la administración de la justicia. Tal acción suena reparadora del daño hecho por el juez, sin embargo, ateniéndonos a las estadísticas de la propia FGR, se observa que el amago de penalización al juez Ventura Ramos solo será eso, un amago que seguramente no causará ningún efecto ni logrará ninguna acusación judicializada.

De acuerdo con las estadísticas que refiere la Fiscalía General de la República sobre el inicio de carpetas de investigación, antes averiguaciones previas, por el delito contra la administración de justicia, estos datos no son muy alentadores. Entre 2006 y 2015 se iniciaron 3 mil 222 averiguaciones previas, pero solo 459 (14.24%) de ellas fueron judicializadas.[4] Las estadísticas son más desoladoras cuando se revisan las sentencias: de acuerdo con la FGR, del 1° de enero de 2006 al 31 de diciembre de 2019 solo logró consignar 90 averiguaciones previas o carpetas de investigación, y de esas solo una llegó al punto de la sentencia,[5] que a final de cuentas fue una sentencia absolutoria. Entre el 1° de enero de 2020 y el 30 de marzo de 2023 la FGR solo ha integrado 35 carpetas de investigación por el delito contra la administración de justicia, pero solo se han consignado 15 casos, y en ninguno de ellos se trata de algún juez o magistrado de la Federación. Es decir, desde 2006 a la fecha la FGR no ha logrado llevar a la cárcel a ningún funcionario que tenga que ver con la procuración o la aplicación de la justicia que haya sido señalado de no haber hecho su labor. Solo por eso se ve difícil que se cumplan los

---

[4] Procuraduría General de la República, respuesta a la solicitud de información 0001700039416, Ciudad de México, 7 de marzo de 2016.

[5] Fiscalía General de la República, respuesta a la solicitud de información 0001700272520, Cuidad de México, 14 de febrero de 2020.

amagos que públicamente se han dicho de llevar ante la justicia a los malos jueces.

Aun así, la FGR y la Secretaría de Gobernación han referido en sendos comunicados públicos que al juez Ventura Ramos se le iniciará un proceso penal por las inentendibles absoluciones que les ha entregado a 120 seguros integrantes del crimen organizado, que —es de dominio público— han participado en hechos constitutivos de delitos, como es el de la desaparición forzada de 43 estudiantes normalistas. Ahora solo falta ver si el CJF está dispuesto a que uno de sus juzgadores sea presentado, como infractor del marco jurídico, ante el sistema de justicia vigente. Por lo pronto, a pesar de los cuestionamientos públicos que se han lanzado contra ese juez, no se ha registrado ninguna acción pública en su contra por parte del CJF: sigue en su cargo, no aparece entre los juzgadores reconvenidos de este año, y su salario —de 2 millones 724 mil 181 pesos al año—[6] lo sigue percibiendo sin ninguna modificación.

De acuerdo con la declaración patrimonial de Ventura Ramos, sus ingresos podrían ser acordes a la acumulación de propiedades que ha declarado públicamente: es dueño de una casa de 12 millones de pesos que dice que compró a través de un crédito hipotecario que contrajo en 1988. Tiene también una casa que compró de contado —en 2014— en 5 millones 300 mil pesos. En 2021 compró un departamento de contado en un millón 451 mil pesos. Además, es propietario de varios terrenos; tiene en propiedad una parcela, que compró en 1995, de 54 mil 582 metros cuadrados, que le costó 23 mil pesos. Otra parcela ejidal con una extensión de 96 mil 220 metros cuadrados la adquirió en 1996 en 70 mil pesos. También declara tener un terreno de más de mil metros cuadrados, que compró de contado en 2009, en 192 mil 290 pesos. En el mismo año y mismo día que compró el anterior terreno, este juez se hizo de otro terreno,

---

[6] Consejo de la Judicatura Federal, declaración de situación patrimonial, Samuel Ventura Ramos, Matamoros, Tamaulipas, 29 de mayo de 2022.

uno que tiene una superficie de 999 metros cuadrados, con un precio de contados de 198 mil 850 pesos.

A la lista de los juzgadores que han causado suspicacia entre la población, por la forma inentendible de aplicar la justicia, que además, al menos se ha dicho en el discurso público, han causado la indignación del Poder Ejecutivo al grado de presentar quejas ante el CJF, bajo la acusación de una tendenciosa aplicación de la justicia, también se suman los integrantes del Primer Tribunal Colegiado en Materia Penal y Administrativa en el estado de Chihuahua, los magistrados José Raymundo Cornejo Olvera, José Martín Hernández Simental y Eduardo Ochoa, quienes otorgaron un amparo liso y llano a favor de la libertad de Alejandro Gutiérrez, el brazo financiero y cerebro central de la Operación Zafiro.

La referida operación, que al cierre de este trabajo aún mantenía en prisión al exgobernador de Chihuahua César Horacio Duarte Jáquez, fue ordenada desde la cúpula presidencial en el gobierno de Enrique Peña Nieto, a través del entonces secretario de Hacienda y Crédito Público, Luis Videgaray Caso. Consistió en triangular una red de empresas fantasma para cometer el desvío de 246 millones de pesos de la Tesorería de la Federación, destinados al financiamiento de campañas políticas de candidatos del PRI a diputados federales y diversas alcaldías. En esta operación se tomó como base la tesorería del estado de Chihuahua, a donde se destinaban los recursos federales en forma de participaciones estatales, para de ahí hacer la dispersión de los fondos a través de empresas fantasma, para que finalmente dichos recursos llegaran a cada uno de los candidatos priistas apoyados desde la Presidencia de la República.

El operador de esta red de corrupción, con el aval del entonces gobernador de Chihuahua, César Horacio Duarte Jáquez, fue el extesorero del Comité Ejecutivo Nacional del PRI, Alejandro Gutiérrez, quien fue colocado al frente de la operación por parte del presidente Enrique Peña Nieto. Sin embargo, en algún momento de la operación algo salió mal o los involucrados no estuvieron de acuerdo.

Enrique Peña Nieto, antes de terminar su mandato, permitió el encarcelamiento del ejecutor de la Operación Zafiro. En diciembre de 2017, a un año de la llegada del gobernador Javier Corral Jurado, el operador de Peña Nieto, Alejandro Gutiérrez, fue detenido y procesado bajo una acusación de la Procuraduría de Justicia estatal, señalado por delitos de desviación y malversación de recursos públicos.

A la llegada de la Cuarta Transformación, este caso de la Operación Zafiro fue uno de los icónicos, con el que el gobierno del presidente Andrés Manuel López Obrador trató de demostrar su decisión de combatir la delincuencia de cuello blanco, el desvío de dinero y la corrupción en las altas cúpulas de la clase gobernante. Por eso fue un descalabro la decisión política, que no ajustada a la ley, de liberar a Alejandro Gutiérrez, quien logró hacer a la Tesorería de la Federación uno de los boquetes financieros más grandes de los que se tenga registro en la historia moderna de México, apenas superado por el desvío de recursos de la llamada Estafa Maestra, en cuyo acto central fue protagonista Rosario Robles Berlanga, también exonerada desde el Poder Judicial.

Al cerebro central de la Operación Zafiro, Alejandro Gutiérrez, lo puso en libertad el juez Adalberto Vences Vaca, juez del Tribunal de Enjuiciamiento Penal del Distrito Judicial Morelos, en Chihuahua. Este juez fue un instrumento del Poder Judicial, solo atendió lo indicado en un amparo. Quienes verdaderamente dieron la libertad al acusado Alejandro Gutiérrez fueron los magistrados Cornejo Olvera, Hernández Simental y Ochoa Torres, los que escribieron en el amparo otorgado que los testigos que involucraban a Alejandro Gutiérrez habían mentido. También, los magistrados señalaron que no se podía considerar a Alejandro Gutiérrez como responsable de los delitos atribuidos (de desvío de dinero) porque no había testigos que así lo confirmaran —y los que había, supuestamente, mintieron—, además de que —dijeron los magistrados— tampoco había documentos firmados por el acusado que estuvieran relacionados con el desvío de dinero investigado.

Esta liberación causó malestar en lo más alto del Poder Ejecutivo. Por eso la Secretaría de Seguridad Pública y Protección Ciudadana, que entonces hablaba a través del subsecretario Ricardo Mejía Berdeja, manifestó su público rechazo a la determinación de los tres miembros del tribunal colegiado. Se anunció públicamente que los tres magistrados serían señalados ante el CJF, con la finalidad de que se investigue si tuvieron alguna razón, más allá de su sesgada visión del caso, o algún interés particular, para declarar en libertad al que fue acusado de uno de los más importantes fraudes cometidos al erario en los últimos 50 años.

Sobre este caso, el CJF ni siquiera se inmutó. Pese a la acusación de parcialidad —por decir lo menos— hecha desde el Poder Ejecutivo sobre los magistrados que con la libertad de Alejandro Gutiérrez comenzaron a cerrar el caso de la Operación Zafiro, no hubo la mínima reacción del órgano de gobierno del Poder Judicial. Todo siguió en estado normal. El magistrado Cornejo no se vio más obligado a la rendición de cuentas. Siguió con su opacidad, una falta de transparencia que se puede observar claramente en la sola declaración patrimonial,[7] la más reciente, la de 2022; en dicha declaración, el magistrado refiere un ingreso salarial por 2 millones 935 mil 817 pesos al año. Pero no da cuenta de tener una casa en donde vivir. No declara dependientes económicos, bienes inmuebles, ni vehículos.

Lo único que hace dudar de la austeridad republicana en la que pudiera vivir este magistrado es la cantidad de compromisos financieros que manifiesta: según su propia declaración, tiene una cuenta bancaria en HSBC y un seguro de separación individualizada en MetLife. También tiene dos créditos hipotecarios vivos con HSBC: uno contraído en 2017 por un millón 855 mil 468 pesos, el otro obtenido en 2021 por 599 mil 543 pesos. A eso se suma un crédito personal por 450 mil pesos que contrajo con HSBC en 2019. Recién acaba de

---

[7] Consejo de la Judicatura Federal, declaración de situación patrimonial, José Raymundo Cornejo Olvera, Chihuahua, Chihuahua, 27 de mayo de 2022.

pagar un crédito automotriz —que comenzó a pagar en 2016— también con HSBC por 457 mil 900 pesos.

Por lo que hace al magistrado Hernández Simental, que también es parte de los juzgadores que han despertado la sospecha sobre la forma en que se imparte la justicia en nuestro país, este —en su declaración patrimonial más reciente, la de 2022—[8] asegura tener un ingreso salarial de 2 millones 998 mil 576 pesos al año. Esa cantidad al parecer es suficiente para poder lograr una acumulación de inmuebles como los que el magistrado refiere: cuenta con seis casas declaradas como propias. La primera, según Hernández Simental, fue adquirida en 1988, la obtuvo de contado, a un precio de 7 millones 460 mil pesos; en 1998 compró otra casa, también de contado, pero en 44 mil pesos, según se lee en la declaración patrimonial; en 2012 este magistrado se hizo de otra casa, también la compró de contado, en 2 millones 529 mil 755 pesos. En 2013, a precio de contado de 3 millones 150 mil pesos, pudo comprar otra casa. Esta acción la repitió en 2015, cuando desembolsó 3 millones 500 mil pesos para pagar de contado otra vivienda. La casa más reciente que compró este magistrado es una que pagó de contado en 2018 en un millón 200 mil pesos.

Y finalmente el magistrado Ochoa Torres, parte del tribunal que exoneró a uno de los principales operadores financieros del gobierno del presidente Enrique Peña Nieto, también evidencia la opacidad reinante en el Poder Judicial. En ninguna parte de su declaración patrimonial más reciente —al menos en su versión pública—[9] explica si tiene propiedades inmobiliarias o no. De hecho aparece como si no tuviera casa, porque simplemente no declara esa u otras propiedades inmobiliarias. Lo que este magistrado sí declara es la propiedad de siete vehículos automotores, la mayoría de ellos comprados a crédito, según lo declara el juzgador. En 2002 adquirió un automóvil Grand

---

[8] Consejo de la Judicatura Federal, declaración de situación patrimonial, José Martín Hernández Simental, Chihuahua, Chihuahua, 18 de junio de 2022.

[9] Consejo de la Judicatura Federal, declaración de situación patrimonial, Eduardo Ochoa Torres, Chihuahua, Chihuahua, 29 de mayo de 2022.

Marquis a crédito en 333 mil 500 pesos; en 2011 compró un auto Toyota a crédito en 210 mil pesos; en 2016 compró a crédito otro auto Toyota en 229 mil 900 pesos; en 2009 fue un auto Mercedes Benz el que compró a crédito en 581 mil 900 pesos. En 2009 este magistrado se pudo hacer de un auto Porsche que compró de contado en 700 mil pesos. Los vehículos más recientes que este togado ha podido adquirir son un Honda CR-V, que en 2021 obtuvo a crédito por 674 mil 900 pesos, y un Suzuki que —aun cuando está declarado a crédito— extrañamente no registra ningún precio de compra.

Como si la lista de los injustos jueces —que han torcido la justicia para dar paso a su visión corrupta del derecho— no estuviera completa, hay que agregar a otro juzgador que, más allá de que en el discurso público el Poder Ejecutivo haya dicho que será investigado por la Fiscalía General de la República, también ha ofendido a la lógica de millones de mexicanos. Se trata del juez Faustino Gutiérrez Pérez. Este juzgador federal pasará a la historia como el que limpió la imagen de uno de los funcionarios públicos con mayor evidencia de corrupción en su haber: Francisco Javier García Cabeza de Vaca, quien fuera gobernador del estado de Tamaulipas.

Para el contexto, es necesario referir brevemente quién es el hoy exgobernador de Tamaulipas. Francisco Javier García Cabeza de Vaca fue investigado por la Fiscalía General de la República. Se integraron tres carpetas de investigación, por presuntos desvíos de recursos del gobierno estatal, por su probable participación en delincuencia organizada y por su supuesta actividad delictiva a favor de grupos del narcotráfico asentados en el estado de Tamaulipas. Los trabajos de investigación que ejecutó la FGR dieron inicio en 2019, con llegada de Alejandro Gertz Manero a esa dependencia. La investigación sobre García Cabeza de Vaca surgió como parte de un acuerdo de colaboración entre la FGR y los departamentos del Tesoro y de Justicia de Estados Unidos.

La actuación de Francisco Javier García ha sido monitoreada por la DEA desde 2004. A este político se le sigue la pista porque hay sospechas sostenidas de que el Cártel del Golfo le ha financiado su carrera política. Según fuentes al interior de la DEA, Francisco Javier García Cabeza de Vaca habría aceptado financiamiento del Cártel del Golfo, en 2004, para pagar su campaña política a la presidencia municipal de Ciudad Reynosa. Esto habría sido un acuerdo de colaboración entre el que era el jefe del Cártel del Golfo, Osiel Cárdenas Guillén, y el que en aquel entonces era el gobernador de Tamaulipas, Jesús Tomás Yarrington Ruvalcaba, sentenciado en Estados Unidos, en 2023, a nueve años de prisión por haber lavado dinero al Cártel del Golfo.

De acuerdo con la versión de la investigación de la DEA, García Cabeza de Vaca aceptó 5 millones de pesos del Cártel del Golfo, dinero que fue entregado por conducto de una persona de nombre Antonio Peña Argüelles, quien tras ser detenido por la DEA —por esa misma acusación— se acogió al programa de Testigos Protegidos del gobierno estadounidense. En su calidad de testigo, Peña Argüelles refirió que el Cártel del Golfo también financió la campaña de García Cabeza de Vaca para hacerlo senador por el Partido Acción Nacional (PAN), y de alguna forma relaciona a García Cabeza de Vaca con muchos actores reconocidos como parte de la estructura criminal del Cártel del Golfo, entre los que se encuentran Julián Manuel Loisa Salinas, *el Comandante* Toro; Pánfilo Moreno Flores, *el Comandante Panilo*; Francisco Carreón Olvera, *el Pancho Carreón*; Luis Reyes Enríquez, *el Rex*; Omar Lorméndez Pitalúa, *el Z-9*; Juan Pablo Pérez García, *el Bravo 1*, y Rogelio Díaz Cuéllar, *el Rojo*.

Hay otra investigación en Estados Unidos en donde a García Cabeza de Vaca se le relaciona con el asesinato del presunto secuestrador Héctor Adrián Lucio Benavides, *la Yegua*. Según la hipótesis de esta investigación, García Cabeza de Vaca habría ordenado el asesinato de la Yegua, esto como venganza porque la Yegua habría secuestrado a un primo de García Cabeza de Vaca, de nombre Raúl Alejandro Monje Castillo. El asesinato de la Yegua ocurrió el 3 de septiembre de 2018, cuando García Cabeza de Vaca ya era el gobernador de Tamaulipas y se había convertido en uno de los principales operadores financieros del Cártel del Golfo.

Con base en lo anterior y debido a que los departamentos del Tesoro y de Justicia de Estados Unidos solicitaron el apoyo del gobierno mexicano para llevar a cabo investigaciones sobre estos hechos, fue que la FGR encontró que Francisco Javier García Cabeza de Vaca estaba relacionado con movimientos ilegales de fondos por más de 951 millones de pesos. Parte de ese dinero lo ubicó la UIF como proveniente de las arcas del gobierno estatal de Tamaulipas, y otra parte fue ubicada como proveniente de las actividades ilícitas del Cártel del Golfo. Una de las líneas de investigación más sólidas de la FGR es la que tiene que ver con la mansión que García Cabeza de Vaca se mandó construir junto al río Soto La Marina, en un rancho que se extiende sobre una superficie de más de 264 hectáreas, con un valor de 60 millones de pesos. Esta mansión, tipo chalet suizo, fue comprada a través de la empresa Productora Rural Agropecuaria CAVA, S. A., de la que son socios su esposa, Mariana Gómez Leal; su madre, María Lourdes Cabeza de Vaca; su hermano, el senador Ismael García Cabeza de Vaca, y la esposa de este, Evelyn Laimeé Rodríguez García. Según las investigaciones realizadas por la UIF, a Javier García se le ubicaron, solo en 2020, movimientos bancarios del orden de los 42 millones 936 mil pesos, cuando sus ingresos por salarios y prestaciones como gobernador eran de apenas 6 millones 694 mil pesos al año.

Con esos antecedentes la Fiscalía General de la República buscó la forma de *echarle el guante* a García Cabeza de Vaca. Primero se logró que el Congreso federal iniciara un juicio de procedencia para poder quitarle el fuero constitucional que como gobernador tenía Cabeza de Vaca. Tras lo anterior se logró que el juez Iván Aarón Zeferín Hernández dictara una orden de aprehensión en contra del entonces gobernador de Tamaulipas. Pero la orden fue detenida por el mismo Poder Judicial. Los ministros de la Primera Sala de la SCJN determinaron que la suspensión del fuero constitucional a García Cabeza de Vaca no correspondía a la Cámara de Diputados. Así, se estableció que dicha función era exclusiva del Congreso local, en este caso de Tamaulipas, porque el gobernador había sido electo democráticamente por los tamaulipecos, y solo ellos, representados en la Cámara de Diputados local, podían tener las facultades para retirar el fuero constitucional.

Los ministros que decidieron proteger a García Cabeza de Vaca ante un desafuero que eventualmente lo llevaría a prisión fueron Ana Margarita Ríos Farjat, Luis González Alcántara Carrancá, Alfredo Gutiérrez Ortiz Mena, Jorge Mario Pardo Rebolledo y Norma Lucía Piña Hernández. Aunque inmoral, no es difícil de entender las razones por las que estos ministros de la Primera Sala de la SCJN terminaron por no permitir el procesamiento penal contra el cuestionado político: García Cabeza de Vaca es uno de los políticos que —pese a su relación delictiva— encabeza la oposición política al régimen de la Cuarta Transformación. Es de los pocos que podrían agrupar las fuerzas de los partidos Acción Nacional, Revolucionario Institucional y de la Revolución Democrática, opositores a Andrés Manuel López Obrador. Por eso los ministros de la Primera Sala, la mayoría de ellos que llegaron al poder con el apoyo de los entonces presidentes Felipe Calderón y Enrique Peña Nieto, no quisieron permitir su encarcelamiento.

Para entender por qué los ministros de la Primera Sala de la SCJN no quisieron desaforar al exgobernador de Tamaulipas solo hay que recordar que Jorge Mario Pardo Rebolledo y Alfredo Gutiérrez Ortiz Mena llegaron al cargo con el respaldo de Felipe Calderón; Norma Lucía Piña Hernández llegó a la posición de ministra con la ayuda de Enrique Peña Nieto; mientras que Margarita Ríos Farjat y Luis González Alcántara Carrancá, si bien es cierto que llegaron a esa posición como cuota de poder del presidente Andrés Manuel López Obrador, este también ha dicho que se equivocó con la designación de algunos ministros, debido a que han tomado decisiones legales que afectan políticamente al régimen de la Cuarta Transformación.

Como quiera, en el caso de García Cabeza de Vaca los ministros de la Primera Sala de la SCJN fueron los primeros en evitar la procuración de justicia. Ellos dejaron sin efecto la posibilidad de que la FGR fuera contra un gobernador en funciones, un gobernador de los más señalados socialmente por sus conexiones con la delincuencia de cuello blanco. Por esa razón, con el ejemplo de impunidad emanado desde la más alta tribuna de aplicación de justicia del país, fue que el juez octavo de distrito Faustino Gutiérrez Pérez también decidió ir en el mismo sentido de aplicación de la justicia al otorgar un amparo definitivo a García Cabeza de Vaca para que no pueda ser detenido por la FGR en relación con los delitos imputados por delincuencia organizada y lavado de dinero.

Con la decisión del juez Gutiérrez Pérez de proteger a García Cabeza de Vaca se viene abajo un proceso de investigación de la FGR que tardó más de tres años en cuajar. Pero ese amparo no frena los trabajos de investigación que sobre Cabeza de Vaca continúa realizando el gobierno de Estados Unidos a través de la DEA, en donde siguen los señalamientos de relación entre el que fue gobernador de Tamaulipas y la cúpula directiva del Cártel del Golfo. De acuerdo con lo que señaló públicamente la FGR, a través de un comunicado de prensa, el 109/23, en donde se refiere que se iniciarán acciones legales en contra del juez Gutiérrez Pérez, porque ese juzgador se convirtió, más que en un impartidor de justicia, en un agente de defensa del imputado, el caso aún no está cerrado.

Pese a que oficialmente la Fiscalía General de la República ha referido indicios de corrupción en la exoneración del exgobernador de Tamaulipas por parte de un juez federal adscrito en Tamaulipas, para quien sí está cerrado este caso es para el CJF. A pesar de la queja presentada por la FGR, en donde se solicita que se revise la actuación del juez Faustino Gutiérrez Pérez, el máximo órgano de gobierno del Poder Judicial de la Federación ni siquiera ha reaccionado. Ni siquiera ha emitido un comunicado explicativo sobre el caso, mucho menos se ha tocado públicamente el tema. Otra vez el terrible desprecio a la rendición de cuentas.

La exoneración de García Cabeza de Vaca no es el primer caso polémico del juez Gutiérrez Pérez. Ya ha cometido otras pifias sin que haya poder humano o legal que lo obligue a la rendición de cuentas. Es un semidiós al que parece que nada lo perturba. El juez Gutiérrez Pérez es el mismo que dejó en libertad a 12 elementos de la Secretaría de Marina (Semar) que en 2018 fueron acusados de haber desaparecido a los civiles Noé Ignacio Alférez Hernández y Johnatan Billeteros Loza. Los civiles fueron secuestrados y desaparecidos por los militares luego de un incidente de tránsito. En ese caso, el argumento del juez Faustino Gutiérrez —para deslindar del delito de desaparición forzada a 12 miembros de la Marina— fue que no se pudo acreditar la existencia de dos testigos que habrían visto cómo sucedieron los hechos, cuando los civiles fueron secuestrados por los marinos, y que por ello mismo no había certeza no solo de la participación de los militares, sino de misma desaparición forzada.

La actuación del juez Gutiérrez también es cuestionable en los casos en que ordenó el descongelamiento de las cuentas bancarias de Ismael García Cabeza de Vaca y de Mariana Gómez Leal, hermano y esposa, respectivamente, de Francisco Javier García Cabeza de Vaca. En el caso de Ismael, el juez ordenó que la UIF, antes del descongelamiento de las cuentas, investigara si el quejoso era requerido por la comisión de algún delito en Estados Unidos, convirtiéndose de lleno en el defensor del indiciado. En el caso del descongelamiento de las cuentas de la esposa de Francisco Javier García Cabeza de Vaca, luego de que el juzgador consideró que con el bloque de sus cuentas a la esposa de este personaje se le estaban ocasionando daños y perjuicios de difícil consideración, simplemente ordenó que se le restituyera a la mujer el acceso a sus dineros, como si —más allá del espíritu de impartición de justicia— lo moviera algún tipo de interés particular.

El descongelamiento de las cuentas de Mariana Gómez Leal, la esposa de García Cabeza de Vaca, fue ordenado por el juez Gutiérrez Pérez en los primeros días de junio de 2021. Y de acuerdo a lo que el mismo juez dijo en su declaración patrimonial de 2022,[10] en diciembre de 2021, agregó a su peculio un terreno urbano de 135 metros cuadrados, que —según se establece en el documento— pudo adquirir de contado a un precio de 600 mil pesos. Sobre dicho terreno no dice en dónde ni a quién se lo compró. Solo se establece que la fecha de compraventa del inmueble fue el 27 de diciembre de 2021. Este terreno seguramente es fruto del salario que cobra el juez, quien en la misma declaración patrimonial asegura que percibe un salario anual de 2 millones 738 mil 437 pesos.

---

[10] Consejo de la Judicatura Federal, declaración de situación patrimonial, Faustino Gutiérrez Pérez, Reynosa, Tamaulipas, 26 de mayo de 2022.

7

La vergüenza oculta

Sean avergonzados (y) consumidos los enemi-
gos de mi alma; sean cubiertos de afrenta y de
ignominia los que procuran mi mal.

SALMO 71:13

Como ya se ha establecido, al parecer es una constante la que obliga
la actuación del Consejo de la Judicatura Federal en relación con sus
juzgadores incómodos, aquellos que han despertado suspicacias por su
forma sesgada de aplicar la justicia: no dar parte de las conductas ilegales de los jueces y magistrados al agente del Ministerio Público para
no generar escándalos mediáticos y a la vez tener la posibilidad de re-
solverlo todo internamente, como en familia, con discreción, como
si se tratara de ocultar la vergüenza. Al menos eso es lo que indican
las estadísticas oficiales.

Desde el inicio de la administración del presidente Carlos Salinas de Gortari (diciembre de 1988) hasta la mitad del quinto año de
gobierno del presidente Andrés Manuel López Obrador (mayo
de 2023), es decir, durante los últimos 35 años de la historia reciente de México, han sido sancionados 109 jueces (38 mujeres y 71
hombres) y 42 magistrados (11 mujeres y 31 hombres). Ellos fueron

penados tras ser encontrados en la comisión de conductas inmorales y en algunas ocasiones ilegales. La mayoría de los casos sancionados fueron por maltrato al personal, nepotismo, acoso sexual, acoso laboral, corrupción, ejercicio ilícito del servicio público, tráfico de influencias y dilación de la impartición de justicia.

A causa de ello, a través de la figura llamada procedimiento disciplinario de oficio —que no es otra cosa que un proceso de juicio interno, como si el Consejo de la Judicatura fuera un Estado dentro del Estado—, todos los indiciados de falta de probidad fueron reconvenidos con diversas amonestaciones. La sanción más socorrida fue la suspensión temporal del cargo. Solo en 12% de los casos se llegó a la separación definitiva de labores y se obligó a las y los juzgadores a aceptar la baja por renuncia, al retiro forzoso o por destitución. De los 151 casos de mal comportamiento de jueces y magistrados que —en los últimos 35 años— fueron sancionados por el CJF, solamente se ha llevado ante el agente del Ministerio Público de la Federación a 14 jueces y tres magistrados. Pero de todos ellos solo se ha logrado encarcelar a un juzgador.

De ese tamaño funciona la prisión como castigo para ellos mismos dentro del Poder Judicial de la Federación; de todos los jueces y magistrados que fueron sorprendidos en actos ilícitos o inmorales, solo 0.6% fue llevado a prisión; el resto, 99.4%, solo pagó su falta con la destitución del cargo. De todos los jueces que cometieron faltas morales o legales ninguno fue sancionado con la prisión. Esa es la impunidad total. Mientras, en el grupo de los magistrados la impunidad se extiende a 97.7% de los infractores. Ahí el porcentaje de sancionados llega a 2.3%. Tanto en los jueces como en los magistrados que fueron castigados por su falta de honestidad la principal sanción fue el apercibimiento. Pero la mayoría de los apercibimientos fueron privados, por lo que los jueces o magistrados que violentaron las normas jurídicas o sociales ni siquiera tuvieron que encarar la vergüenza. Esa es la verdadera impunidad.

El único caso castigado y a la vez altamente vergonzoso por hablar de la corrupción que a diario se vive dentro del Poder Judicial federal, y que a toda costa pretende disimular el CJF, es el del magistrado Isidro Avelar Gutiérrez, quien —a decir de los indicios públicos existentes y versiones desde la delincuencia organizada— se coludió con el crimen organizado, a través del Cártel Jalisco Nueva Generación (CJNG), al que entre 2011 y 2019, en su calidad de magistrado del Tribunal Unitario Especializado en Materia Penal del Estado de México, le otorgó una veintena de amparos para poner en libertad a casi 30 integrantes de esa organización criminal. A cambio de ello, el CJNG, liderado por Nemesio Oseguera, *el Mencho*, le pagó más de un millón de dólares en ese periodo. El dinero recibido por el magistrado Avelar Gutiérrez fue detectado por una auditoría del CJF, razón por la que se le llamó a cuentas.

Tras una primera revisión se encontró que el magistrado Isidro Avelar había tenido ingresos sin comprobación por 12 millones de pesos. La mayor parte de esos ingresos provenían de depósitos ilegales que se hicieron en 2016, luego de que ese magistrado otorgara un amparo de libertad a favor del narcotraficante Rubén Oseguera González, *el Menchito*, hijo del Mencho. Al revisar la actuación judicial del magistrado Avelar también se encontró que durante su gestión otorgó sin fundamento legal una serie de amparos de libertad a favor de otros integrantes del crimen organizado, principalmente miembros de los cárteles de Los Zetas, La Familia Michoacana, de Sinaloa y del Golfo.

Al magistrado Avelar, quien fue detenido en noviembre de 2019 y salió de prisión en enero de 2022, también se le ha señalado de haberse coludido con la organización criminal de Los Cuinis, el brazo financiero del Cártel Jalisco Nueva Generación, encabezado por Abigaíl González Valencia, quien le habría pagado una vida de dispendios que el magistrado llevaba sin cuestionamiento alguno ante la vista de todos. El magistrado lleva su proceso penal en libertad, pero hasta el cierre de este trabajo aún no podía demostrar, ante el juez que lleva su caso en el estado de Nayarit, de dónde obtuvo los ingresos de poco más de 12 millones de pesos que aparecieron en su cuenta tras la liberación del hijo del Mencho.

Sobre el caso de corrupción del magistrado Avelar poco se ha podido auscultar desde la trinchera periodística; tanto el Poder Judicial de la Federación como la Fiscalía General de la República no han permitido el acceso a los datos del expediente, como si la información estuviera vedada a la masa o como si detrás de ese caso en particular hubiera otros implicados, cuyo señalamiento podría generar una crisis mayor a la ya existente dentro del Poder Judicial de la Federación. Por lo pronto, la FGR, consultada al respecto a través de una solicitud de información pública, ha dicho —en el despliegue de un argumento legaloide— que esa es una información considerada como confidencial[1] y que si se diera a conocer lo contenido en la carpeta de investigación se estaría atentando contra la intimidad, el honor, el buen nombre y la presunción de inocencia de la persona en comento.

Cuestionado también sobre los detalles de la detención y procesamiento penal de Avelar Gutiérrez, el CJF respondió en los mismos términos que la FGR: argumentó que esa era una información que se había clasificado como confidencial[2] y refirió que tal decisión fue de los integrantes del Comité de Transparencia del Consejo de la Judicatura Federal, en donde estaban Arturo Guerrero Zazueta, Arely Gómez González, Adrián Valdés Quirós y Cecilia Georgina Arenas Cabrera. Ese comité fue el que dispuso, bajo su oscuro criterio, declarar como reservado por cinco años el expediente judicial del magistrado Avelar. El plazo de confidencialidad de esta información comenzó a correr desde el 19 de abril de 2021, por lo que será hasta el 18 de abril de 2026[3] cuando se pueda tener acceso a una versión

---

[1] Fiscalía General de la República, respuesta a la solicitud de información 330024621000622, Ciudad de México, 21 de diciembre de 2021.

[2] Consejo de la Judicatura Federal, respuesta a la solicitud de información 330030421001007, Ciudad de México, 9 de diciembre de 2021.

[3] *Idem.*

pública del entramado que encontró el Consejo de la Judicatura sobre los actos de corrupción de este magistrado, y posiblemente también se pueda conocer sobre la red de corrupción que pudieron haber tendido los cárteles de las drogas al menos en el tribunal que estuvo a cargo de Isidro Avelar.

Frente a esta situación el magistrado separado de su cargo y sometido a proceso penal, Isidro Avelar, en agosto de 2022, interpuso ante la SCJN un recurso de revisión administrativa para combatir la destitución del cargo de la que fue objeto. El trámite fue admitido por el ministro Jorge Mario Pardo Rebolledo, con la posibilidad de que el cuestionado juzgador sea admitido de nueva cuenta como parte del Poder Judicial de la Federación. Esa posibilidad no estaba lejana, sobre todo si se toma en cuenta que el magistrado Avelar ya había logrado un amparo que le otorgaba la suspensión definitiva para no ser sometido a proceso penal. El amparo definitivo que terminó por librar de la cárcel a este magistrado fue otorgado por el juez Juan Miguel Ortiz Marmolejo, titular del Juzgado Noveno de Distrito en Materia de Amparo y Juicios Federales del Estado de México.

Llama la atención cómo aun cuando el magistrado Isidro Avelar, por posibles actos de corrupción y colusión con grupos del narcotráfico, fue destituido de su cargo, sometido a proceso penal, encarcelado y aún sin definir su retorno al cargo, él nunca fue administrativamente dado de baja del Poder Judicial. En la página oficial de obligaciones del Consejo de la Judicatura aparece sin interrupción su declaratoria patrimonial de 2019, que fue modificada el 25 de marzo de 2022.[4] En dicho documento, propio de los que forman parte del Poder Judicial de la Federación, el aludido Avelar Gutiérrez se reconoce como magistrado de circuito, adscrito al Primer Tribunal Colegiado en Materia Civil y de Trabajo en el estado de Guerrero, con sede en Chilpancingo. También declara tener ingresos por un millón

---

[4] Consejo de la Judicatura Federal, declaración de situación patrimonial, Isidro Avelar Gutiérrez, Zapopan, Jalisco, 25 de marzo de 2022.

507 mil 025 pesos al año, y además registra sin cambios solo una propiedad inmobiliaria (un terreno con una superficie de mil 003 metros cuadrados) que dice haber comprado de contado en 2018 a un precio de 3 millones de pesos.

En agosto de 2023, en la conferencia mañanera del día 8, el presidente Andrés Manuel López Obrador dio a conocer que el capítulo de desprestigio al Poder Judicial de la Federación que había protagonizado la corrupción del magistrado Isidro Avelar Gutiérrez se había cerrado. Dio a conocer que "en una sesión privada, celebrada el 20 de febrero de 2023, la Segunda Sala de la Suprema Corte de Justicia de la Nación confirmó la destitución del exmagistrado Isidro Avelar Gutiérrez". Señaló que, tras resolver un recurso de revisión administrativa de 2019, "los ministros de la Segunda Sala dejaron sin materia el medio de impugnación, toda vez que para el día de la sesión el magistrado ya había sido relevado de su cargo". Se le castigó solo con la suspensión laboral y se le perdonó con la impunidad de la que hace alarde el Consejo de la Judicatura cuando de ocultar sus vergüenzas se trata.

Solo para establecer cómo pervive y se protege la corrupción a sí misma dentro del Poder Judicial de la Federación, es preciso señalar que, pese a que estaba en evidencia la relación criminal del magistrado Avelar con el Cártel Jalisco Nueva Generación, aun así un juez de distrito, Daniel Ramírez Peña, del Centro de Justicia Penal Federal en el Estado de México, lo declaró absuelto de los cargos imputados. Este juez también enfrenta cuestionamientos públicos a causa de la liberación de algunos miembros del crimen organizado, aparte del exmagistrado Avelar.

Otro caso de corrupción dentro del Poder Judicial que, aunque con disimulo mantiene al Consejo de la Judicatura tratando de no ventilar mucho del tema, es el del juez Efraín Cázares López, quien fue removido del Juzgado Primero de Distrito de Morelia por sospechas de corrupción y de colusión con miembros del crimen organizado, concretamente con los miembros del cártel de La Familia

Michoacana. Si bien es cierto que este caso surgió hace más de una década, también es importante señalar que a la fecha no se ha concluido, y que ahora está en manos de la Fiscalía General de la República el someter a este juzgador a un proceso penal, toda vez que la SCJN ha determinado negarle el amparo que mantenía en suspensión una orden de aprehensión.

La cuestionada actuación de Cázares López se puso en evidencia en marzo de 2010 —en plena guerra contra el narco— cuando por su sola decisión otorgó un amparo a Julio César Godoy Toscano, quien como miembro de La Familia Michoacana había llegado a ser diputado federal del PRD. Julio César Godoy no pudo rendir protesta junto con el resto de los diputados porque antes el gobierno federal, a través de la entonces PGR, emitió una orden de aprehensión en su contra, por los delitos de delincuencia organizada y fomento al narcotráfico. Para librarse de la orden de aprehensión y poder asumir como legislador federal, representante del distrito de Lázaro Cárdenas, Michoacán, fue que Godoy invocó la actuación del juez Cázares. Este juzgador, sin mayor problema, consideró que eran infundados los señalamientos hechos contra Julio César Godoy y le concedió el amparo.

Por esa razón, a petición de Genaro García Luna —el poderoso secretario de Seguridad Pública durante el calderonato—, el pleno del CJF tuvo que acatar el proceso de investigación ordenado en contra de Cázares López, proceso en el que solo estuvo bajo observación del Consejo de la Judicatura, integrado por los ministros Guillermo Ortiz Mayagoitia, Daniel Francisco Cabeza de Vaca Hernández, Jorge Efraín Moreno Collado, Óscar Vázquez Marín, Juan Carlos Cruz Razo, César Esquinca Muñoa y Sergio César Jáuregui Robles, cuando estos ministros atendían irrestrictamente todas las órdenes dictadas desde la Presidencia de la República, y en ocasiones las que venían de la Secretaría de Seguridad Pública o desde la Procuraduría General de la República, ya para entonces dirigida por Arturo Chávez.

A las quejas administrativas 659/2010 y su acumulada 660/2010, que le integraron al juez Efraín Cázares por haber otorgado un amparo sin haber entrado en estudio, le sumaron la denuncia 34/2011, en donde el juzgador fue señalado de haber traficado influencias para tratar de ayudar a algunos de los entonces alcaldes de Michoacán que fueron procesados dentro del episodio conocido como "el Michoacanazo", cuando en plena guerra contra el narco el presidente Felipe Calderón ordenó procesar penalmente a ocho funcionarios del gobierno estatal de Michoacán, 12 presidentes municipales, un juez del fuero común, 12 policías y dos exdirectores de Seguridad Pública, todos ellos acusados de ser parte o de tener vínculos con La Familia Michoacana.

Al juez Cázares López, de acuerdo con la investigación interna que hizo el CJF, se le encontró responsabilidad sobre las acusaciones que se le hicieron, por eso fue suspendido de su cargo en octubre de 2012, bajo el argumento de ser responsable de "haber incurrido en faltas graves en su función jurisdiccional".[5] Pero esa destitución tuvo un costo, no solo fue la vergüenza del Poder Judicial de reconocer que uno de sus juzgadores había fallado en cuanto a la probidad requerida para la impartición de justicia, sino que —como en cascada— la SCJN, hasta el cierre de este trabajo, ha tenido que reparar en seis ocasiones[6] las fallas derivadas de la aplicación parcial de justicia que protagonizó el juez Efraín Cázares, quien al final fue oficialmente reconocido como no apto para el desempeño del cargo.

Esos son solo algunos de los casos de jueces y magistrados envueltos en el halo de la corrupción que se alcanzan a asomar desde dentro del Poder Judicial. Por cada caso ventilado públicamente se estima que pueden ser por lo menos otros 10 que no llegan a tocar las portadas de los principales medios de comunicación ni a ser

---

[5] Consejo de la Judicatura Federal, boletín informativo 31, Ciudad de México, 24 de octubre de 2012.

[6] Consejo de la Judicatura Federal, respuesta a la solicitud de información 330030522000805, Ciudad de México, 16 de mayo de 2022.

comentados por la opinión pública. Así está diseñado el sistema mexicano, para que se conozca lo menos posible sobre la indecencia de muchos de los que forman parte de la élite dorada encargada de la aplicación de la justicia, pero que en realidad solo la administran.

Tan opaco es el sistema cuando se trata de exponer a los jueces y magistrados que por diversas violaciones al Código Penal —o a la moral— se ven obligados a la suspensión de sus cargos que no se sabe a ciencia cierta cuántos juzgadores se encuentran bajo proceso penal. Ni siquiera la Fiscalía General de la República ha querido informar cuántos son los jueces, magistrados o ministros que están siendo objeto de investigación o ya son parte de un proceso penal judicializado. La información seguramente se esconde para que no se alcance a ver el grado de descomposición interna. En el CJF es la misma historia. Tampoco se informa al respecto. En las dos dependencias, tanto en la FGR como en el CJF, se refieren sartas de argumentos para terminar por despachar sin ningún tipo de información cualquier reclamo informativo, aunque se encuentre avalado por la ley.

Por ejemplo, el Consejo de la Judicatura, consultado para este trabajo, explicó oficialmente —en diversas respuestas a solicitudes de información— que no tiene conocimiento del inicio de procesos penales o judicialización de algún caso en contra de magistrado, juez o ministro del Poder Judicial de la Federación. Pero ese mismo órgano de gobierno del Poder Judicial reconoce que desde 1996 hasta mayo de 2023 han sido destituidos de su cargo un total de 34 juzgadores, todos ellos por negligencia laboral o corrupción. Frente a esas destituciones no hay un solo proceso penal que se reconozca por parte del Poder Judicial, ni por parte de la Fiscalía General de la República.

La relación de los jueces que fueron destituidos de su cargo, algunos de ellos con malas prácticas de administración de la justicia, la integran Roberto Jasso Vásquez, Humberto Jesús Ortega Zurita, Jesús Humberto Valencia, Carlos Hugo de León Rodríguez, Daniel Bastida Medina, Carlos Gregorio Ortiz García, Daniel Heriberto Núñez Juárez, Juan Ramírez Díaz, Jesús Susano Lucio, Felipe Consuelo

Soto, Álvaro Carrillo Cortés, José Luis Martínez, Luis, Javier Avilés Beltrán, Ramón Arturo Escobedo Ramírez, Luis Alberto Razo García, Efraín Cázares López, Luis Armando Jerezano Treviño, Francisco Martín Hernández Zaragoza, Juan Manuel Serratos García, José Neals André Nalda, Francisco Ramos Silva, Álvaro Tovilla León, Arístides Marino Santos y Arturo Fonseca Mendoza.

En la lista de magistrados que, representando el grado de impunidad que prevalece en el Poder Judicial, fueron suspendidos de sus cargos por diversos actos ilegales, principalmente el de la corrupción, pero que aun así no fueron presentados ante un agente del Ministerio Público, se encuentran Nicandro Martínez López, Roberto Terrazas Salgado, Raúl Melgoza Figueroa, Agustín Cerón Flores, Carlos Arturo Lazalde Montoya, Héctor Gálvez Tánchez, José Trinidad Jiménez Romo, Rafael Zamudio Arias, Jesús Guadalupe Luna Altamirano y Francisco Salvador Pérez.

Pese a la negativa de información ya estandarizada como una práctica normal del Poder Judicial de la Federación, destaca lo que se filtra desde dentro de la Fiscalía General de la República, en donde se reconoce que —hasta mediados de 2023— existían carpetas de investigación en contra de por lo menos 23 personas que se desempeñaron como jueces o magistrados en el Poder Judicial de la Federación. De entre esos 23 juzgadores que son investigados por la Fiscalía General de la República, en al menos tres casos se trata de dos jueces de distrito y un magistrado de circuito que se encuentran registrados como activos en la página oficial del Consejo de la Judicatura.

Estos juzgadores activos que estarían siendo investigados por diversos actos que solo se conocen en el Consejo de la Judicatura y en la Fiscalía General de la República son Luis Alberto Ibarra Navarrete, juez octavo de distrito en materia civil de la Ciudad de México; Javier Rubén Lozano Martínez, juez décimo tercero de distrito en el estado de Veracruz, y Eduardo Ochoa Torres, magistrado del Primer Tribunal Colegiado en Materia Penal y Administrativa en Chihuahua.

En la lista de los que fueron jueces o magistrados y que hasta mediados de 2023 aún eran investigados por la FGR, cuyas carpetas de investigación comenzaron a ser integradas desde 2019, se encuentran algunos de los que solo fueron mencionados por el CJF como únicamente destituidos de su cargo. Entre ellos están Ramón Arturo Escobedo Ramírez, Efraín Cázares López, Luis Armando Jerezano Treviño, Álvaro Tovilla León, Jesús Guadalupe Luna Altamirano, Carlos Hugo de León Rodríguez, Daniel Bastida Medina, Carlos Gregorio Ortega García y José Susano Lucio.

La lista de jueces y magistrados que estarían siendo investigados por la FGR continúa con Francisco Ramos Silva, David Barredo Villanueva, Fredy Gabriel Celis Fuentes, Anuar González Hemadi, Carlos Ríos Díaz, Isidro Avelar Gutiérrez, Daniel Heriberto Núñez Juárez, Eduardo Ochoa Torres, José Manuel Rodríguez Puerto, Javier Rubén Lozano Martínez, Ricardo Hiram Barbosa Alanís, Jorge Figueroa Cacho y Rafael Zamudio Arias. Más allá de la ruta que tomen las investigaciones de cada una de las carpetas que se han integrado contra los funcionarios, algunos en activo y otros suspendidos del Poder Judicial de la Federación, es necesario precisar las causas por las que el Consejo de la Judicatura dio de baja a la mayoría de los juzgadores que aún están bajo investigación judicial.

El juez Ramón Arturo Escobedo Ramírez fue destituido del cargo bajo el señalamiento de no cumplir con sus obligaciones como juez, además de que no preservó la dignidad ni el profesionalismo judicial, y todo ello contribuyó a que no cumpliera ni medianamente con el servicio a la población que le fue encomendado. El juez Luis Alberto Razo García, durante su función como juzgador —según se lee en un informe de la Auditoría Superior de la Federación—, presentó conductas de acoso y hostigamiento laboral, las que dañaron al personal del juzgado a su cargo. El principal acto que se le reprocha fue tratar de manera indebida y humillante a los trabajadores que estaban bajo su mando, a algunos de los cuales les generó cargas excesivas de trabajo.

Como ya quedó también establecido líneas arriba, al juez Efraín Cázares López formalmente se le acusó de haber desplegado una actitud deliberada al emitir amparos que a sabiendas del daño que podrían causar no fueron sujetos a estudio ni estaban fundamentados en los principios más básicos de la legislación mexicana. Se le acusó también de abuso de las facultades que tenía como juzgador. Ese fue un caso muy similar al del juez Arturo Fonseca Mendoza, quien fue destituido del cargo con el señalamiento agregado de no haber preservado los principios constitucionales de objetividad, excelencia e imparcialidad. Casi en esas mismas condiciones fue señalado también el juez Luis Armando Jerezano Treviño, quien apenas fue indiciado de faltar al profesionalismo y a los principios de excelencia e imparcialidad.

En realidad, el caso del juez Jerezano Treviño trata de una corrupción mayor. Este es por antonomasia el símbolo de la perversión dentro del Poder Judicial. Se trata de un funcionario que valiéndose de su posición de cuidador de la ley no midió los límites del libre albedrío y torció la aplicación de la justicia para beneficiarse económicamente, cometiendo violaciones al marco jurídico no solo por su falta de criterio, sino por su intención de causar daño a través de la prostitución de la justicia. El juez Luis Jerezano cruzó los linderos de la ambición para sumirse en el fangoso terreno de la delincuencia. Todo ello ocurrió sin que el CJF se diera cuenta de ello. Como en otras ocasiones, tuvo que venir la alerta desde afuera: fue el Departamento Antidrogas (DEA) de Estados Unidos el que dio aviso al Poder Judicial de la inconmensurable corrupción de este juzgador.

El juez Jerezano fue destituido del cargo en 2015, luego del ridículo procedimiento disciplinario de oficio hecho por el Consejo de la Judicatura para ocultar el trasfondo y la magnitud del daño ocasionado por este juzgador. El CJF determinó suspender del cargo a Jerezano Treviño bajo el señalamiento de "falta de profesionalismo de los principios de excelencia e imparcialidad", pero en realidad fue dado de baja porque la DEA informó al gobierno mexicano que el citado juez era investigado en Estados Unidos por los delitos equivalentes en México a operaciones con recursos de procedencia ilícita y lavado de dinero, por un monto de casi un millón de dólares. Tras el señalamiento del gobierno estadounidense, que se dio a conocer en 2014, la entonces Procuraduría General de la República y la Unidad de Inteligencia Financiera lograron ubicar movimientos por más de 20 millones de pesos que el juez Jerezano habría recibido por favorecer con amparos amañados a una red de empresarios deshonestos del ramo de los casinos en Nuevo León, encabezados por Juan José Rojas Cardona.

Indagando sobre la actividad delictiva del juez Jerezano, la PGR, dirigida en aquel tiempo por Jesús Murillo Karam —después preso y sujeto a proceso por tergiversar los hechos sobre la desaparición de los 43 estudiantes normalistas de Ayotzinapa—, encontró que el juez Jerezano también era actor del delito de secuestro y extorsión, al saberse que había privado de la libertad y a través de la coerción había obligado al empresario de casinos Arturo Ignacio Cardona Calderón a firmar una escritura de cesión de acciones de esa empresa a favor de un prestanombres del mismo juez. Jerezano también fue encontrado por la PGR como responsable de tráfico de influencias, cohecho y mal desempeño del servicio público. Por eso la PGR notificó al CJF de esas conductas atípicas del juez.

En el órgano de gobierno del Poder Judicial no hubo más opción que dar de baja discretamente al juzgador, mismo que finalmente fue señalado y llevado ante la justicia por sus víctimas de extorsión. Tras casi siete años de estar prófugo de la justicia, Luis Armando Jerezano fue detenido fortuitamente, en enero de 2022, en un operativo antialcohol en el municipio de Santiago, Nuevo León. Al cierre de este trabajo el juez se encontraba enfrentando un proceso de extradición, dado que es reclamado por actos relacionados con manejos financieros ilegales.

Pero en México, de manera inexplicable, Jerezano Treviño fue tratado con cierto tacto por el sistema político: en el CJF se ha negado toda posibilidad de conocer el daño que este juzgador le ocasionó al sistema de justicia con sus actos de corrupción. Desde 2016 el Consejo de la Judicatura ha venido negando cualquier acceso a toda expresión documental o expedientes que hablen de la corrupción detectada por el Poder Judicial sobre este juez.[7] Por su parte la Fiscalía General de la República se ha negado a dar a conocer la versión pública del expediente que se le integró a este juzgador. Hasta el Sistema de Administración Tributaria (SAT), que es implacable con cualquier contribuyente de impuestos pequeño o mediano, ha tratado excelentemente bien a este mal funcionario del Poder Judicial. Al término del ejercicio fiscal 2019 —cuando ya Jerezano estaba sometido a proceso penal—, por decisión oficial se le otorgaron dos créditos fiscales, uno por 18 mil 895 pesos[8] y el otro por 10 mil 393 pesos.[9]

Al juez Francisco Martín Hernández Zaragoza también se le destituyó del cargo por falta de honradez. Según estableció el Consejo de la Judicatura, su separación del cargo se debió a que "no se condujo con la probidad y rectitud" requeridas para el desempeño en la impartición de justicia. Ese fue el elegante término con el que el máximo órgano de gobierno del Poder Judicial se refirió a la sospecha que pesó sobre Martín Hernández de que estaba recibiendo dinero del narcotráfico. Y es que, a decir de las investigaciones, este juez se coludió con al menos el cártel de Los Zetas para favorecer con la entrega de amparos de libertad a favor de algunos de los integrantes de esa organización criminal. Ese es un tema que aún no termina de investigar a fondo la Fiscalía General de la República.

A lo anterior se debe agregar lo ya expuesto, que el juez Hernández Zaragoza también manifestó algunas conductas sexuales atípicas, propias de un enfermo mental, al masturbarse frente a una de sus subordinadas en el juzgado que dirigía, a lo que también se agrega el hostigamiento sexual que manifestó en diversas ocasiones contra otras

[7] Consejo de la Judicatura Federal, respuesta a la solicitud de información 0330000000716, Ciudad de México, 1 de junio de 2016.
[8] Sistema de Administración Tributaria, Condonaciones, 18 de agosto de 2021.
[9] *Idem.*

de las empleadas del Poder Judicial que estaban a su cargo en el escalafón laboral. Las investigaciones para finalmente terminar por destituir a este funcionario del Poder Judicial tardaron cuatro años en concretarse. Durante ese tiempo el imputado de conductas atípicas —que rayaron en la comisión de delitos de tipo penal— no fue sancionado con la amonestación de ninguna prestación laboral.

En 2018, mismo año que fue dado de baja el juez Francisco Hernández, también fue suspendido de su cargo el juez Juan Manuel Serratos García. Este fue suspendido porque "incurrió en multiplicidad de infracciones similares (*sic*) e incurrió en conductas graves de responsabilidad", según lo dio a conocer el CJF. Pero en realidad a lo que se refiere el órgano de gobierno del Poder Judicial con esa explicación hermética es que el juez Serratos García había faltado a la rectitud profesional al haber formado parte de una de una red de corrupción que en el estado de Baja California se dedicaba a la importación ilegal de vehículos usados, para lo que era fundamental la obtención de amparos firmados y sellados directamente por el referido juzgador federal.

Junto con este juzgador también fueron sancionados otros empleados del Poder Judicial de la Federación, entre ellos Carlos Cataño González, Teresa de Jesús Sandoval, Armando Ochoa Loza, Patricia Ávalos Cornejo y Martín Leopoldo Salcido García, quienes fueron señalados de formar parte de la red de corrupción que se extendió en el norte de Baja California para lograr beneficios económicos mediante la importación y legalización de vehículos de procedencia extranjera, a través del amparo federal.

El juez José Neals André Nalda fue destituido por las mismas causas argumentadas por el CJF en relación con el caso del juez Juan Serratos. A Neals André se le relacionó también con la red de corrupción que se le atribuyó al juez Serratos García, y se le fincaron actos de corrupción en la emisión de amparos a favor de algunos particulares para la importación de vehículos de procedencia extranjera. Por eso el juez André fue destituido a la par que el resto de los integrantes de la supuesta red de corrupción que operó entre 2016 y 2018 en el norte de Baja California. Este funcionario del Poder Judicial fue boletinado para no permitirle ejercer cargo público alguno durante los siguientes 10 años, a partir de 2018, por lo que se podrá incorporar al servicio público hasta 2028.

Oficialmente el juez Francisco Silva Ramos fue acusado de "falta de honradez y lealtad a la institución", catalogado con posibles actos de corrupción. Pero lo que en realidad pesó en su contra y fue la causa de su destitución de su cargo fue por *mano larga*. Él fue dado de baja en 2018 luego que el CJF encontró que era responsable de haber cometido actos contrarios a la moral y a la legalidad, al hostigar sexualmente a una de sus subordinadas, además de haber entregado un nombramiento —sin tener facultades para ello— a una persona que el juez quería que trabajara con él, por sus propios intereses.

A la lista de los jueces suspendidos de sus funciones se suma Álvaro Tovilla León, quien, según dice un reporte del CJF, "actuó con descuido en el desempeño de sus funciones, no preservó el profesionalismo propio de su función, realizó actos u omisiones que causaron suspensión o deficiencia en el servicio prestado, que provocaron el ejercicio indebido de su cargo y que implicaron el incumplimiento de diversas disposiciones legales, en virtud de que descuidó la organización y control de la gestión jurisdiccional, además, con motivo de su actuación en por lo menos cinco juicios de amparo". Todo eso para decir que este juzgador fue sorprendido en posibles actos de corrupción, luego que en 2011 se le encontraron en sus cuentas bancarias depósitos por más de 20 millones de pesos, que en nada correspondían al salario que en aquel tiempo percibía. Los ingresos por salarios de ese este juzgador se estimaron en 129 mil pesos.

Previo al incidente de los 20 millones de pesos encontrados en las cuentas del juez Tovilla León, este ya había sido objeto de otro escándalo: fue suspendido por el CJF luego de que —en 2005— resolvió que el entonces jefe de Gobierno de la Ciudad de México, Andrés Manuel López Obrador, había violado una suspensión concedida en un amparo, sobre el tránsito peatonal en el predio El Encino. A causa de esa decisión judicial el entonces jefe de Gobierno de la Ciudad de México fue desaforado y obligado a dejar su cargo. El Consejo de la Judicatura encontró que el juez habría recibido sobornos de los abogados del grupo empresarial que reclamaba el predio El Encino para la construcción de una torre de departamentos. Al juez Tovilla se le ligó a su secretario de juzgado, Esiquio Martínez Hernández, quien fue suspendido y encarcelado luego de que ante el CJF no pudo explicar —sin aludir a su corrupción—la existencia de 50 millones de pesos en sus haberes bancarios.

El magistrado Francisco Salvador Pérez fue destituido del cargo "por dilación de sentencia" sin ninguna justificación. A causa de la tardanza en la aplicación de la justica un total de 19 personas tuvieron que permanecer en prisión sin ninguna necesidad. Cuando este magistrado fue cuestionado al respecto por el Consejo de la Judicatura, ni siquiera tuvo un argumento que hiciera entendible el retraso de sentencias, simplemente se estableció que la tardanza en las resoluciones judiciales se dio porque el magistrado de manera frecuente no acudía a trabajar, y su presencia en las instalaciones del tribunal a su cargo solo eran meras visitas, que se limitaban a una o dos veces cada mes.

A la lista de sancionados se debe agregar el caso de la magistrada Silvia Estrever Escamilla, quien fue suspendida solo temporalmente por un año, por el hostigamiento laboral generado hacia diversos trabajadores del Segundo Tribunal Unitario, con residencia en Pachuca, trabajadores a los que de forma rutinaria se dirigía con un trato hostil, denostativo e insultante, impropio de la investidura de una magistrada. A esta funcionaria también se le atribuyó la conducta de humillar a sus subordinados a través de la encomienda de las labores de limpieza en su domicilio particular. Esta tarea era de carácter obligatorio para quien designara la magistrada Estrever Escamilla.

La sanción fue cumplida. Esta magistrada, tras ser suspendida en diciembre de 2020, sin mayor problema se reintegró al trabajo en diciembre de 2021. Hasta el cierre de este trabajo ella se encontraba ya reubicada del tribunal en donde se conflictuó con la base trabajadora, y se desempeñaba como magistrada del Octavo Tribunal Colegiado en Materia Penal de la Ciudad de México. De acuerdo con su declaración patrimonial, ella mantiene ingresos anuales de 2 millones 133 mil 472 pesos.[10]

Al parecer esa cantidad económica le es suficiente para llevar un buen nivel de vida, en donde su única debilidad podrían ser las joyas. Según su más reciente declaración patrimonial, la presentada en 2022, la magistrada Silvia Estrever Escamilla hizo sustanciales inversiones en joyería; realizó cinco compras de joyas a crédito en El Palacio de Hierro, por 826 mil 700 pesos. De las cinco compras de joyas declaradas, solo una de ellas está registrada con fecha, la realizada en 2020, por un monto de 154 mil 500 pesos. Y solo dos compras están detalladas sobre lo que se adquirió: por 368 mil pesos compró un brazalete de oro rosa con pequeños diamantes, un collar de oro amarillo con perlas, unas arracadas de oro con platino y un anillo de (Elsa) Peretti de oro amarillo con dos pequeños diamantes; además, un dije y un anillo de oro por 154 mil 500 pesos.

Silvia Estrever es la misma jueza que mantuvo en vilo la libertad de Raúl Salinas de Gortari, al que le revirtió —en al menos tres ocasiones— diversos fallos que le habrían dado la posibilidad de salir de prisión antes. Por su férrea postura frente al hermano del que fuera presidente de México, Estrever fue reconocida durante un tiempo como la Jueza de Hierro, un mote que se ha ganado porque se considera una de las juzgadoras del Poder Judicial de la Federación que mayor cantidad de sentencias condenatorias mantiene en su récord, rayando posiblemente en los linderos del prevaricato.

El caso de protección proveniente del CJF, del que finalmente se beneficia la magistrada Estrever Escamilla, no solo se refleja en el hecho de haber recibido una suave sanción por las irregularidades en

---

[10] Consejo de la Judicatura Federal, declaración de situación patrimonial, Silvia Estrever Escamilla, Ciudad de México, 24 de junio de 2022.

las que fue sorprendida —ya que hay casos de otros juzgadores que por estos mismos comportamientos fueron destituidos definitivamente del cargo—; se entiende como una protección del Consejo de la Judicatura porque esta magistrada es uno de los ejemplos de nepotismo que siguen dándose dentro del Poder Judicial, pese al establecimiento de un plan oficial que pretende evitar ese vicio.

Dicha magistrada es una de tres hermanas que al cierre de este trabajo se encontraban acreditadas como como parte del Poder Judicial de la Federación con rango de juzgadoras superiores, sin que nadie se atreva a mencionarlas como ejemplo de nepotismo. Junto con Silvia Estrever también actúan como juzgadoras Martha Estrever Escamilla, quien es magistrada del Tribunal Colegiado de Apelación del Estado de México, con residencia en Nezahualcóyotl, y Olga Estrever Escamilla, quien es magistrada del Primer Tribunal Colegiado en Materia Penal del Estado de México.

Igual que su hermana Silvia, la magistrada Olga Estrever también ha sido reconvenida por el CJF. En marzo de 2003 fue objeto del procedimiento disciplinario de oficio 463/2002 iniciado a partir de una serie de quejas vertidas por parte de sus subordinados, en donde fue señalada de tener tratos preferenciales con el personal a su cargo. Después, en 2014, la magistrada Olga Estrever fue objeto de un escándalo mayor, el cual finalmente no le tocó ni el peinado: ella fue acusada de haber torcido la ley al revertir la sentencia condenatoria a un presunto secuestrador de nombre Javier Noroña Guerrero, quien habría sido parte del grupo que plagió a Fernando Martí Haik, hijo del empresario Alejandro Martí García, quien luego, por ese agravio, fundaría la organización México SOS de combate al secuestro.

De acuerdo con lo que se denunció públicamente en 2014 por parte de los entonces diputados del PRD Esthela Damián Peralta, Efraín Morales López, Daniel Ordóñez Hernández y Carlos Augusto Morales, que reclamaron al CJF sobre el proceder de la magistrada Olga Estrever, esta juzgadora habría incurrido en hipergarantismo, al echar abajo una sentencia de 31 años de prisión que se le había dictado a Javier Noroña Guerrero, *la Rana*, por ser parte del grupo que planeó el secuestro del menor Martí. La razón de esta magistrada para fundamentar la anulación de la sentencia del inculpado fue que la declaración ministerial del indiciado no estaba firmada por el agente del Ministerio Público. Por esa razón, por la falta de una firma, Olga Estrever no hizo válido todo un proceso penal que había tardado seis años para llegar a la sentencia.

La magistrada Olga Estrever, igual que su hermana Silvia, también es amante de las joyas, según se lee en su declaración pública patrimonial más reciente (2022)[11] expuesta en la página de transparencia del CJF. Ella declara tener un ingreso anual por salario de 2 millones 968 mil 994 pesos, cantidad que le da para vivir bien y sin lugar a duda para atender su gusto por las joyas. En la declaración hecha por la magistrada se refiere que en el año de la declaración acumuló seis compras de joyas a crédito, en El Palacio de Hierro, por 617 mil 688 pesos. La compra más voluminosa fue cuando por 250 mil 200 pesos adquirió un brazalete de oro, un dije de Mom en oro amarillo con pequeños diamantes, unos aretes de oro rosado con pequeños diamantes, un juego de aretes de perlas, otros aretes de oro amarillo con perlas y un collar de oro amarillo con perlas. Otras compras de joyas, detalladas en la declaración patrimonial, fueron un anillo de brillantes de 141 mil pesos, dos pulseras y dos dijes de oro de 14 quilates por 33 mil 160 pesos y tres pulseras más un dije de oro de 14 quilates por 17 mil 828 pesos.

En el caso de las tres magistradas hermanas Estrever Escamilla, la única que no ha sido sancionada por el CJF es Martha. Ella no registra ningún tipo de amonestación formal del máximo órgano de gobierno del Poder Judicial. Pero eso no significa que esté a salvo de la duda sobre su labor como juzgadora. Martha Estrever fue la juzgadora que en 2015 declinó la competencia para atender la solicitud de amparo que presentó el coronel Raúl Castro Aparicio, cuando ella era

---

[11] Consejo de la Judicatura Federal, declaración de situación patrimonial, Olga Estrever Escamilla, Toluca, Estado de México, 24 de junio de 2022.

titular del Juzgado Séptimo de Distrito de Amparo en Materia Penal en el entonces Distrito Federal. El citado coronel fue actor central de la masacre de Tlatlaya, cuando el 30 de junio de 2014 elementos del Ejército a su cargo, en una bodega agrícola ubicada en la carretera Los Cuervos-Arcelia, en el municipio de Tlatlaya, Estado de México, asesinaron a sangre fría a 22 personas, de las que al menos 15 habrían sido ejecutadas después de que ya se habían rendido. Las otras siete víctimas cayeron abatidas en la refriega que sostuvieron por espacio de 10 minutos con los efectivos del Ejército.

En esos hechos participaron ocho elementos del 102 Batallón de Infantería de la Base de Operaciones de San Antonio del Rosario, todos bajo las instrucciones del comandante coronel Raúl Castro Aparicio, quien en un momento determinado buscó el amparo de la justicia federal, pero tal amparo, sin entrar en estudios, *de facto*, le fue negado por la jueza Martha Estrever, quien no justificó su declinación y acudió a ella —porque así se lo permite la ley— sin dar ninguna explicación a nadie, mucho menos a quien buscó el amparo.

Y es que otorgar o negar el amparo solicitado por el coronel Raúl Castro Aparicio habría significado para la magistrada Martha Estrever entrar en conflicto con las fuerzas armadas; al negarlo, habría dado pie a que se investigara judicialmente a la cadena de mando que estuvo involucrada en el asesinato en masa de Tlatlaya. Si se hubiera decantado por el otorgamiento del amparo, estaría dejando intocado al quejoso con la posibilidad de que la responsabilidad de la masacre recayera sobre cualquiera de los que integraron la cadena de mando de la Secretaría de la Defensa Nacional. Por eso la magistrada optó por la salida más cómoda: declinó la competencia.

De esa forma la magistrada Martha Estrever no entró en conflicto con el grupo de militares que posteriormente, la mayoría de ellos, pese a ser parte de la cadena de mando que permitió la multiejecución de civiles, fueron ascendidos durante la administración del presidente Andrés Manuel López Obrador, entre ellos el teniente Ezequiel Rodríguez Martínez, el coronel Raúl Castro Aparicio, el general brigadier diplomado y jefe del Estado Mayor Francisco Ortega Luna, el general de brigada diplomado del Estado Mayor José Luis Sánchez León, el general brigadier diplomado del Estado Mayor Jaime Godínez Ruiz y el general Salvador Cienfuegos Zepeda, entonces secretario de la Defensa Nacional.

La magistrada Martha Estrever, solo para referir el contexto de las relaciones laborales de esta juzgadora, fue quien en 2014 otorgó un amparo contra la orden de aprehensión girada en contra de Gastón Azcárraga Andrade, el presidente del consejo de administración de Mexicana de Aviación. Pese a que la entonces Procuraduría General de la República estableció que Gastón Azcárraga había incurrido en el delito de lavado de dinero, al haber ocultado dinero de la empresa para manejarlo a su favor, la magistrada Martha Estrever argumentó en su sentencia de amparo que la PGR no demostró que el dinero utilizado por Azcárraga Andrade provenía o representaba el producto de una actividad ilícita, por lo que dejó sin efecto la orden de aprehensión.

El amparo otorgado por la magistrada Martha Estrever sirvió a Azcárraga Andrade para mantenerse en libertad por los siguientes cuatro años. Fue hasta tres días antes de que terminara el gobierno del presidente Enrique Peña Nieto, el 28 de noviembre de 2018, que el entonces encargado del despacho de la PGR, Alberto Elías Beltrán, gestionó la cancelación de la orden de aprehensión en contra de Gastón Azcárraga. La cancelación procedió, y luego de un intento de reactivación, esta volvió a quedar sin efecto, tras la decisión emitida por el magistrado Manuel Bárcena Villanueva, titular del Segundo Tribunal Unitario en Materia Penal de la Ciudad de México.

El magistrado Bárcena Villanueva es también un juzgador hipergarantista. La prueba está en que a este magistrado se le recuerda en la historia judicial inmediata como el juez que otorgó un amparo de libertad a Cándido Ortiz González, también conocido como Eduardo Cisneros Marín, y León Huerta o León Huerta López, apodado *el Comandante Blanco*, un presunto líder de la banda de Los Rojos que secuestró a Silvia Vargas Escalera, hija del exdirector de la Comisión Nacional del Deporte (Conade), Nelson Vargas.

El magistrado Manuel Bárcena, pecando de quisquilloso, otorgó un amparo de libertad al presunto plagiario porque desde su consideración el indiciado no tuvo acceso a una adecuada defensa, y es que el abogado defensor del secuestrador no estaba titulado como licenciado en Derecho, y por ello el magistrado consideró que el agresor estaba siendo violentado en sus derechos fundamentales de acceso a una adecuada defensa. Y así fue como le decretó la libertad, sin importar el secuestro y asesinato de Silvia Vargas.

8

El derecho de sangre

En todo tiempo ama el amigo; para ayudar en la
adversidad nació el hermano.

PROVERBIOS 17:17

Tal vez por lo rentable que resulta en términos económicos, porque
es una casta social aparte, o quizá porque es —disfrazada de servicio
público— la cúspide de la pirámide social a la que se puede aspirar
para estar por encima de los demás, cada vez son muchos, más de lo
que fuera deseable, los que a costa de lo que sea quieren pertenecer
al Poder Judicial de la Federación. Esa demanda genera dos vicios sociales, que se conocen puntualmente pero que oficialmente se callan,
como si quisieran —como parte de la vergüenza del Estado— ocultar sus propios pecados.

Los dos vicios sociales en que repercute la alta demanda para
pertenecer laboralmente al Poder Judicial de la Federación —que a
final de cuentas tienen que ver con la corrupción— son el nepotismo
y la trampa. El primero es la reacción natural de los que ya están dentro del sistema judicial y que buscan a toda costa compartir con algunos de sus familiares en línea directa las mieles y los beneficios de este
pingüe oficio. El otro vicio es al que tienen que recurrir aquellos que,

sin posibilidad del nepotismo y sin capacidad para buscarlo de manera honesta, aspiran un cargo judicial, y que para ello no les importa romper lo que se tenga que quebrar.

Estos dos vicios, el del nepotismo y la trampa, han prendido alertas dentro del Poder Judicial de la Federación. Ahí, para tratar de evitar estos fenómenos, que no son reconocidos como problema, se ha establecido si no un mecanismo como tal, al menos sí un protocolo mediante el cual se puedan identificar aquellos casos que podrían hacer daño a la imagen corporativa del Poder Judicial, que como rostro institucional de todos los juzgadores se tiene que cuidar sin escatimar ningún tipo de postura política, mucho menos algún tipo de discurso demagógico, tan dado dentro de las estructuras del poder.

Oficialmente, para el Poder Judicial de la Federación no existe el problema del nepotismo, pero el Consejo de la Judicatura Federal —de manera extraña, entonces— estableció un programa denominado Plan Integral para el Combate al Nepotismo.[1] Este plan fue creado el 4 de diciembre de 2019, apenas a un año de iniciada la administración del presidente Andrés Manuel López Obrador. Dicho plan fue firmado por el entonces ministro presidente de la scjn, y consecuentemente presidente del cjf, Arturo Zaldívar Lelo de Larrea, esto en un acto de plena complacencia con el Poder Ejecutivo, desde donde el presidente Andrés Manuel López Obrador ya manifestaba sus inconformidades con la funcionalidad del Poder Judicial. El plan contra el nepotismo fue también avalado por los ministros consejeros Bernardo Bátiz Vázquez, Jorge Antonio Cruz Ramos, Eva Verónica de Gyvés Zárate, Alejandro Sergio González Bernabé, Sergio Javier Molina Ramírez y Loretta Ortiz Ahlf.

En ese documento se establece una realidad sorprendente: el programa de combate al nepotismo, que surge de la necesidad de

---

[1] Consejo de la Judicatura Federal, "Acuerdo del Consejo de la Judicatura Federal por el que se establece el Plan Integral de Combate al Nepotismo", Ciudad de México, 4 de diciembre de 2019.

evitar la colocación laboral en cargos de administración de la justicia a familiares de los que ya son funcionarios del Poder Judicial de la Federación, es en respuesta a la detección de redes de familias completas trabajando dentro de un mismo juzgado o tribunal de justicia.

El antecedente inmediato que hizo reaccionar al Poder Judicial de la Federación sobre este problema surgió en Durango, en donde el magistrado Héctor Flores Guerrero, quien estuvo adscrito durante 30 años como juzgador, generó la construcción de una red familiar que incluyó a 17 de sus parientes, con lo que de alguna forma antinatural hizo que un solo núcleo familiar conociera de un mismo asunto judicial en distintas etapas de su desarrollo procesal. Pero lo más importante: este magistrado favoreció ilegalmente a 17 de sus parientes para ingresar al Poder Judicial, en medio de un sistema de alta competencia en el que muchos llegan a hacer trampa de otras formas para tratar de entrar.

Debido a que por él fue creado, de alguna forma al magistrado Flores Guerrero se le considera el padre del Plan de Combate al Nepotismo. Si Flores Guerrero no hubiera insertado corruptamente a una gran parte de su familia sanguínea y política dentro de la estructura del Poder Judicial, nunca se habría establecido este programa que hoy intenta ser un signo de honestidad dentro del Poder Judicial de la Federación. Fue la decisión del magistrado Héctor Flores, de colocar a su hermana María del Carmen Flores Guerrero como secretaria del Primer Tribunal Colegiado en Durango; a sus medios hermanos Álvaro y Óscar Macías Guerrero, el primero como secretario de tribunal en Durango y el segundo ya ascendido a juez primero de distrito del Centro Auxiliar en Zacatecas; y a sus hijos Christian Iván y Luis Héctor Flores Tovar, ambos como secretarios del Primer Tribunal Unitario con residencia en Durango, lo que hizo que en el CJF se tomaran acciones para garantizar que este tipo de eventos no se repitieran.

Sin vergüenza, el magistrado Flores, porque pudo y quiso, no solo colocó dentro del Poder Judicial de la Federación a sus familiares más directos arriba mencionados. También insertó en diversas

posiciones laborales a otros de su linaje, entre ellos a su media hermana, Rocío Macías Guerrero; a su cuñado, Pablo Alejo Santillán Am-
parán; a los hermanos de su esposa, Juan Gerardo, María Concepción
y José Rolando Tovar Flores; a su concuña, Fátima Luz Torres; a su
sobrina política Blanca Esthela de la Hoya Tovar, y a sus sobrinas san-
guíneas, Martha Patricia y Myriam Rosalina Guerrero Durán, a quienes benefició con plazas laborales que no por ser de menores niveles
son despreciables, sobre todo por los buenos salarios.

Cualquiera podría pensar que el acto de corrupción y nepotismo
del que fue actor central el magistrado Héctor Flores fue objeto de un
castigo ejemplar por parte del CJF. Y es que si el Consejo de la Judicatura consideró pertinente diseñar un plan antinepotismo ante los actos de ese magistrado, se podría pensar que por lo menos también se
aplicó todo el peso de la justicia para sancionar el acto inmoral. Pero
no. No es así. No pasó nada. Nadie en el CJF recriminó al magistrado Flores su inmoral proceder.[2] No solo no hubo ningún tipo de sanción en contra del magistrado, parece que lo premiaron: ninguno de
los que fueron parte de su red de nepotismo tampoco fue sancionado.
Todos continúan con sus cargos. El mismo magistrado solo fue reubicado de Durango a Coahuila, en donde al cierre de este trabajo era
miembro del Tribunal Colegiado de Apelación con residencia en Torreón, desempeñando plenamente el cargo de juzgador.

La existencia del nepotismo dentro del Poder Judicial de la Federación es una cuestión que surge en forma casi natural, no solo
por lo económicamente rentable que resulta el contar con una plaza dentro del Poder Judicial, sino porque las plazas laborales son pocas, seguras, a perpetuidad y la designación en las mismas resulta de
una función delegada desde la cúpula hacia abajo. Lo explico: dentro del Poder Judicial de la Federación hay tres tipos de plazas: las de
carrera, las de base y las de confianza. Las plazas laborales de carrera

---

[2] Consejo de la Judicatura Federal, respuesta a la solicitud de información
0320000265319, Ciudad de México, 24 de mayo de 2019.

(magistrado de circuito, juez de distrito, secretario de tribunal, secretario de juzgado y actuario) solo se logran por concurso de oposición o por designación del CJF. Es muy difícil perder el cargo, a menos que sea por causas graves. Aquí el nepotismo solo se puede dar con la anuencia de algún integrante del Consejo de la Judicatura.

Las plazas laborales de base (oficial de servicios y mantenimiento, auxiliar de servicios generales, analista administrativo, secretaria A, educadora, enfermera especializada, oficial administrativo, auxiliar de actuario y analista jurídico del SISE [Sistema Integral de Seguimiento de Expedientes]), que son también muy seguras y difíciles de perder, se otorgan por designación directa de los titulares de cada juzgado o tribunal. Es aquí en donde mayor mella causa el nepotismo, debido a que los altos mandos del CJF casi siempre delegan en los juzgadores la función de nombrar titulares de esas plazas en sus juzgados de distrito o tribunales de circuito.

Las plazas de confianza (visitador judicial A y B, asesor jurídico, supervisor, defensor público, delegado, secretario técnico A, director general, secretaria particular de juez, secretaria particular de magistrado, oficial de partes, jefe de oficina, correspondencia A y B, técnico de enlace, administrativo, delegado administrativo, subdirector de área, jefe de departamento, administrador regional, coordinador técnico A y B, secretaria ejecutiva A, secretaria ejecutiva, analista, técnico administrativo, analista especializado, asesor y técnico de enlace) son las más inestables, es donde se da mayor rotación de personal, son las que tienen los salarios más bajos y su ascenso escalafonario es lento. Por eso estas plazas no son tan demandadas. En estas plazas también se registran índices de nepotismo, pero son menores.

Aun cuando el Consejo de la Judicatura reconoce el nepotismo no como un problema, sino como un conflicto de intereses, al menos ha expuesto públicamente su intención para erradicarlo de la práctica diaria del Poder Judicial de la Federación, pero —de manera por demás extraña o hipócrita— al mismo tiempo el CJF, pese a la cantidad de magistrados y jueces que han sido sorprendidos en la comisión de esta práctica inmoral, ha reservado el Padrón Electrónico de Relaciones Familiares que se lleva dentro del órgano de gobierno del Poder Judicial de la Federación. Es decir, para los ministros que controlan el CJF sí es grave la distribución de cargos laborales entre familiares dentro del Poder Judicial, pero es normal y hasta sano que los nombres de los que incurren en nepotismo se mantengan bajo reserva, sin la posibilidad de que nadie, fuera del Poder Judicial, pueda conocerlos.

Lo anterior queda establecido en una respuesta oficial a una solicitud de información, en donde se le pide al Consejo de la Judicatura que dé a conocer el Padrón Electrónico de Relaciones Familiares con el que supuestamente se está ayudando a combatir la corrupción que representa el nepotismo. Sobre este particular, el CJF refiere que "el Padrón Electrónico de Relaciones Familiares no está disponible mediante consulta abierta, y solo puede ser revisado por las autoridades competentes del Consejo de la Judicatura Federal, por lo que todos los datos personales son resguardados conforme lo determina la normatividad conducente".[3] Y la normatividad conducente —impuesta por el mismo Comité de Transparencia del CJF— establece que esos datos deben ser confidenciales. Los funcionarios del Poder Judicial que avalaron esta disposición fueron Arturo Guerrero Zazueta, Arely Gómez González, Adrián Valdés Quirós y Cecilia Georgina Arenas Cabrera, quienes de esa forma volvieron a confirmar el despótico desprecio por la transparencia reclamada desde la sociedad. En esta falta de transparencia también ha sido partícipe el Instituto Nacional de Acceso a la Información (INAI).

El hermetismo con el que el Consejo de la Judicatura ha tratado el tema de las redes de nepotismo dentro del Poder Judicial de la Federación solo habla de la magnitud del problema: en promedio uno de cada tres jueces o magistrados de la Federación ha recurrido a sus

---

[3] Consejo de la Judicatura Federal, procedimiento de clasificación de la información 20/2021, en respuesta a la solicitud de información 030000044621, Ciudad de México, 25 de febrero de 2021.

relaciones de poder para colocar en cargos dentro del Poder Judicial de la Federación a familiares en línea directa. Un ejemplo es el de Jesús Antonio Sepúlveda Castro, actual magistrado del Sexto Tribunal Colegiado en Guadalajara, Jalisco, quien por sus solas relaciones con el ministro Jorge Mario Pardo Rebolledo, de quien fue secretario en la SCJN, en donde se hicieron compadres, pudo establecer una red de familiares acomodados dentro de cargos de importancia en el Poder Judicial.

El magistrado Jesús Antonio Sepúlveda Castro colocó a su hermana Laura Margarita Sepúlveda Castro inicialmente como secretaria de juzgado en Guadalajara, pero hasta el cierre de este trabajo ya la había llevado a la posición de jueza de distrito. Ella dirige el Juzgado Segundo de Amparo en Materia Penal en Tepic. También, el magistrado Sepúlveda pudo colocar a una hermana y a un hermano de su esposa, Iris Violeta y Juan Gil Rodríguez Hernández, como secretarios de juzgado. Al cierre de este trabajo, en el registro de la página oficial del Consejo de la Judicatura, solamente aparecía Juan Gil Rodríguez Hernández como secretario del Juzgado Tercero de Distrito en el estado de Baja California Sur. Iris Violeta Rodríguez ya no aparece como funcionaria dentro de los registros del CJF, pero su esposo, Rodrigo Torres Padilla, sí. Él se encuentra adscrito como juez de distrito en el Juzgado Noveno en Materias Administrativa, Civil y de Trabajo en el estado de Jalisco.

La esposa del magistrado Jesús Antonio Sepúlveda Castro, la señora María de Lourdes Rodríguez Hernández, es sobrina del magistrado Enrique Rodríguez Olmedo, quien —también como parte de la red de nepotismo de Sepúlveda Castro— colocó en cargos del Poder Judicial a dos de sus hijos: Sara Elina y Enrique Rodríguez Vázquez, fueron asignados como actuaria y como secretario de juzgado. Sara Elina Rodríguez Vázquez se desempeña como actuaria judicial del Tercer Tribunal Colegiado en Materia Administrativa en Zapopan, Jalisco. Por su parte, Enrique Rodríguez Vázquez ya no aparece registrado como funcionado en la página oficial del Poder Judicial de la Federación.

Otro que ya no aparece en el registro oficial de funcionarios del Poder Judicial es Luis Roberto Ramos González, quien es esposo de Sara Rodríguez y había ingresado al servicio judicial como parte de la red de nepotismo de Jesús Sepúlveda, cuando fue asignado como secretario de juzgado. Pero quien sí aparece es el juez Luis Armando Pérez Topete, actual titular del Juzgado Quinto de Distrito en Materias Administrativa, Civil y de Trabajo en el estado de Jalisco, en Zapopan, quien es esposo de Guadalupe Giselle Rodríguez Olmedo, sobrina del magistrado Rodríguez Olmedo, que ingresó al Poder Judicial en calidad de secretaria, como parte de la red de nepotismo tejida por el magistrado Sepúlveda.

Este caso del que fue informado en forma puntual el entonces ministro presidente de la SCJN, Arturo Zaldívar Lelo de Larrea, igual que todos los de nepotismo, también es celosamente guardado por parte del Consejo de la Judicatura. Ese órgano de gobierno respondió con banalidades y en forma muy ambigua a una solicitud de información[4] sobre la reacción oficial para sancionar el caso; el CJF respondió que el magistrado Jesús Sepúlveda había cumplido en tiempo y forma aportando información al Padrón Electrónico de Relaciones Familiares, como si ello sirviera de algo. También refirió los derechos que le asisten al magistrado, por lo que en el renglón informativo el asunto fue sellado.

Este caso de nepotismo, no en sí el acto cometido por el magistrado Sepúlveda Castro, sino el de la negativa del CJF para darle continuidad y exponer públicamente los hallazgos encontrados en torno a la investigación necesaria de esta conducta atípica, fue lo que hizo que el Senado de la República tomara cartas en el asunto. En julio de 2017 un grupo de legisladores mandó llamar a Felipe Borrego Estrada, entonces consejero de la Judicatura Federal, para que explicara las relaciones de nepotismo que se estaban dando dentro del Poder

---

[4] Consejo de la Judicatura Federal, respuesta a la solicitud de información 0320000043221, Ciudad de México, 10 de marzo de 2021.

Judicial. El llamamiento fue con motivo de la elaboración de un informe intitulado "Estudio sobre redes familiares y clientelares en el Consejo de la Judicatura Federal", de la autoría del mismo Borrego Estrada. Ese documento es uno de los más importes que se han elaborado acerca del nepotismo dentro del Poder Judicial de la Federación. En ese estudio se señala cómo las acciones que fomentan el nepotismo acarrean otros vicios cuando

> minan la legitimidad de las decisiones administrativas y jurisdiccionales. Fomentan el tráfico de influencias. Incentivan la opacidad y repercuten negativamente en la rendición de cuentas. Propician conductas corruptas. Generan el empoderamiento de determinados sectores al interior de los órganos jurisdiccionales. Crean redes de intereses clientelares entre servidores públicos de diversos juzgados y circuitos. Generan discrecionalidad en la toma de decisiones y afectan negativamente la percepción pública del Poder Judicial.[5]

Sin embargo, la comparecencia de Felipe Borrego ante la Primera Comisión de Gobernación, Puntos Constitucionales y Justicia, se llevó a cabo sin mayor esclarecimiento de cómo estaba operando el nepotismo al interior del Poder Judicial. Al menos no se registraron nombres de jueces, ministros o magistrados corruptos. Fue la discrecionalidad del trabajo académico, que no denunciativo, lo que no permitió aportar —para el conocimiento público— los nombres y cargos de los que ya desde entonces eran parte del problema de la gran red de nepotismo que se ha ido entretejiendo en los últimos años dentro del Poder Judicial de la Federación.

Por eso los senadores de Morena, Martha Lucía Mícher Camarena, Martí Batres Guadarrama, Américo Villarreal Anaya, Verónica

---

[5] Felipe Borrego Estrada, "Estudio sobre redes familiares y clientelares en el Consejo de la Judicatura Federal", *Reforma Judicial. Revista Mexicana de Justicia* 1(26), 2018.

Noemí Camino Farjat, María Soledad Luévano Cantú y Gloria Sánchez Hernández; los del PRI, Mario Zamora Gastélum y Eruviel Ávila Villegas; los del PAN, Nadia Navarro Acevedo, Kenia López Rabadán y Roberto Juan Moya Clemente, así como la de MC, Patricia Mercado Castro, como punto resolutivo de la reunión, solo hicieron un llamado a la Auditoría Superior de la Federación para que fuera esa instancia la que llevara a cabo una auditoría respecto a las redes de familias involucradas laboralmente en la impartición de justicia.

Lo que encontró la Auditoría Superior de la Federación en esa única exploración con fines de conocer el problema del nepotismo dentro del Poder Judicial de la Federación, a petición expresa del Senado, fue un dato sorprendente: "se detectaron 317 casos de trabajadores adscritos a diversos órganos jurisdiccionales del Consejo de la Judicatura Federal que tienen vínculos familiares por consanguinidad y afinidad".[6] Fue esta observación hecha al CJF la que dio origen al Plan Integral de Combate al Nepotismo, que fue presentado como una iniciativa del propio Consejo de la Judicatura pero que en realidad es producto de una recomendación hecha desde antes por la Auditoría Superior de la Federación.

Contrario a lo que se podría suponer, que el nepotismo es un vicio moderno de corrupción que tienta solo a los juzgadores que se encuentran en lo bajo de la élite dorada del Poder Judicial, la realidad apunta hacia otro lado. Se trata de un problema añejo del que incluso algunos ministros de la SCJN también han sido parte. De los casos más icónicos que se tienen que recordar se encuentra el del ministro Mariano Azuela Güitrón, quien nunca hubiera llegado a ser presidente de la Suprema Corte de Justicia si no hubiera portado el linaje y las relaciones heredadas de su padre Mariano Azuela Rivera, también en su momento ministro de la SCJN.

---

[6] Auditoría Superior de la Federación, Grupo Funcional Gobierno, Consejo de la Judicatura Federal, gestión financiera, auditoría de cumplimiento 2018-0-03110-19-0005-2019, Ciudad de México, 15 de enero de 2020.

Hallazgos realizados por la Auditoría Superior de la Federación refieren que en el caso del ministro Jorge Mario Pardo Rebolledo, que al igual que Azuela Güitrón también goza de lo que parece ser un derecho de sangre, su ascenso dentro del Poder Judicial no se puede entender sin el peso de su apellido. Pardo Rebolledo es nieto de Guillermo Rebolledo Fernández, también ministro de la scjn. Pero, además, por sus relaciones ha logrado colocar dentro del Poder Judicial a su hija Daniela Pardo Soto-Reyes, quien al cierre de este trabajo se desempeñaba como secretaria técnica A, adscrita al Instituto de la Judicatura Federal, en la Escuela Federal de Formación Judicial. Solo para tratar de dimensionar lo dorado de esta élite, se debe referir que, con base en datos públicos el Portal Nacional de Transparencia, la hija del ministro Pardo Rebolledo —hasta mayo de 2023— tenía un salario asignado de 129 mil 775 pesos mensuales, el cual luego de deducciones le quedaba en 96 mil 225 pesos. A dicha cantidad, por conceptos de aguinaldo, primas, apoyos, estímulos y prestaciones, se le acrecentaban sus ingresos en forma anual, hasta quedar en un millón 744 mil 338 pesos.[7] Un salario que no se podría tener en ninguna otra parte del esquema burocrático federal.

Por su parte, el ministro Luis María Aguilar Morales también cuenta con su propio *orgullo del nepotismo*, materializado en su hija Ana Elena Aguilar Arrangóiz, la que sin ser licenciada en Derecho, contando con el título de cirujano dentista, está asignada a la ponencia del ministro Alfredo Gutiérrez Ortiz Mena, donde —según los registros públicos oficiales del cjf— tiene como labor principal la de "apoyar la función jurisdiccional de su jefe inmediato". Lo que no es nada ambiguo es el salario que por esa asignación percibe la hija del ministro Aguilar Morales, la que obtiene un ingreso anual, según su declaración patrimonial de 2022,[8] de 718 mil 683 pesos.

---

[7] Consejo de la Judicatura Federal, declaración de situación patrimonial, Daniela Pardo Soto-Reyes, Ciudad de México, 27 de junio de 2022.
[8] Consejo de la Judicatura Federal, declaración de situación patrimonial, Ana Elena Aguilar Arrangóiz, Ciudad de México, 6 de junio de 2022.

Otro caso épico de nepotismo, del que aún se resienten sus secuelas y que pudo haber sido ejemplo para que otros magistrados, jueces o ministros continuaran por ahí, es el del clan Luna Ramos, los cuatro hermanos que durante los sexenios de Felipe Calderón y Enrique Peña Nieto tuvieron bajo su control el Poder Judicial de la Federación. De hecho, el mayor de los hermanos Luna Ramos, José Alejandro, fue quien desde el Tribunal Electoral del Poder Judicial de la Federación (TEPJF) validó el robo de la elección presidencial de Felipe Calderón sobre la victoria de Andrés Manuel López Obrador. A eso se podría atribuir el inmenso poder acumulado por el clan de los Luna Ramos durante la cúspide del gobierno neoliberal del PRIAN.

Fue José Alejandro Luna Ramos, el mayor de los hermanos, el que abrió camino al clan dentro del Poder Judicial, pero fue Margarita Beatriz Luna Ramos la que transitó la presencia de su familia de lo meramente judicial a lo político. El crecimiento de los Luna Ramos no se podría entender sin la ultraderecha constitucional: Vicente Fox fue quien llevó a Margarita Luna a ser ministra de la SCJN, y ella —Margarita Luna— se encargó de llevar a su hermano José Alejandro hasta el TEPJF, desde donde, una vez que se validó el robó de la elección presidencial a López Obrador, Felipe Calderón quedaría agradecido de por vida, con la seguridad de poner todo a los pies de esta familia, la que mínimamente reclamó algunas posiciones privilegiadas. Fueron, según el recuento extraoficial, por lo menos 12 cargos de importancia los que aludiendo al derecho de sangre reclamó el clan Luna Ramos dentro del Poder Judicial.

Desde su posición, José Alejandro Luna operó para colocar como magistrado a su hermano Carlos Hugo Luna Ramos, quien sería parte del Séptimo Tribunal Colegiado en Materia Penal de la Ciudad de México, en donde al lado de los también magistrados Ricardo Ojeda Bohórquez y Manuel Bárcena terminaría por avalar el montaje televisivo de Genaro García Luna, secretario de Seguridad Pública en el gobierno de Felipe Calderón, para declarar culpables de secuestro a la ciudadana francesa Florence Cassez e Israel Vallarta. Este montaje informativo que ha sido desmenuzado hasta el cansancio, en un intento de llevar ante la justicia a los que engañaron a la comunidad mediática, no ha tenido ningún efecto legal para los tres magistrados que corruptamente recibieron la instrucción de García Luna para prevaricar y llevar a la cárcel a dos inocentes, uno de ellos —hasta el cierre de este trabajo— todavía en la prisión federal de El Rincón, en el estado de Nayarit.

Alejandro Luna, como jefe del clan, también colocó dentro del Poder Judicial a su hermana María Guadalupe Teresa Luna Ramos, quien desempeñó el cargo como directora de Estadística del CJF. El esposo de María Guadalupe, Jorge Eduardo Espinosa Bermúdez, también recibió una plaza federal por parte de su cuñado, fue hecho juez tercero de distrito en el estado de Veracruz. Y los hijos de Guadalupe Luna y Jorge Espinosa también se beneficiaron con una posición dentro de Poder Judicial de la Federación. Gracias a su tío, Jorge Eduardo Espinosa Luna hoy es magistrado del Segundo Tribunal Colegiado en Materias Penal y Administrativa en el estado de Guerrero. Por su parte, Isela Alejandra Espinosa Luna es directora del Registro Público y Control Inmobiliario del Instituto de Administración y Avalúos de Bienes Nacionales (Indaabin).

El magistrado Alejandro Luna Ramos también colocó en una posición especial a su hermano Francisco Belisario Luna Ramos, quien fue asignado como auxiliar en la oficina del magistrado Pedro Esteban Penagos López, en el Tribunal Electoral del Poder Judicial de la Federación, cuando en ese apéndice judicial dicho magistrado era un alfil de la ministra de la SCJN Olga Sánchez Cordero. Francisco Luna también fue bien cuidado en su carrera por su otra hermana, Margarita Luna, la que en calidad de ministra de la SCJN igual mantuvo una excelente comunicación con otros ministros, especialmente con Olga Sánchez Cordero y Juan N. Silva.

Las atenciones que daba la ministra Margarita Luna a sus compañeros ministros encorazonaban a cualquiera. Luna Ramos fue ganándose a los ministros a través de pequeñas grandes acciones. La protección de los hijos de algunos de ellos fue el sello que la distinguió y que la revaloró en los pasillos de la scjn. A manera de deuda impagable, la ministra Margarita Luna gestionó y dio cobijo laboral a Paula María García Villegas Sánchez Cordero, hija de la ministra Olga Sánchez Cordero, a la que mantuvo como secretaria de estudio y cuenta en su sala de justicia. También cuidó de Guadalupe Margarita y Guillermo Ortiz Blanco, los hijos del ministro en retiro Guillermo Ortiz Mayagoitia, y a Fernando Silva García, un hijo del ministro Juan N. Silva. Con esos favores, en pleno entendimiento del poder, Margarita Luna también estaba pagando la protección a la red de nepotismo que extendió su hermano el magistrado Alejandro Luna, la que nunca fue siquiera señalada por los medios de comunicación, al menos no durante los gobiernos de Felipe Calderón y Vicente Fox.

Solo para acotar, basta señalar que la semilla sembrada por la ministra Margarita Luna sigue germinando dentro del Poder Judicial de la Federación. De sus pupilos que pudo colocar en puestos laborales de juzgador, al cierre de este trabajo la hija de Olga Sánchez Cordero, Paula María García Villegas Sánchez Cordero, se desempeñaba como magistrada del Décimo Primer Tribunal Colegiado en Materia Administrativa de la Ciudad de México, cargo por el que percibía en forma anual la cantidad de 2 millones 917 mil 374 pesos.[9] Por su parte Fernando Silva, hijo del ministro Juan N. Silva, se desempeñaba como magistrado del Quinto Tribunal Colegiado en Materia de Trabajo de la Ciudad de México, cargo por el cual venía percibiendo un salario anual de 2 millones 707 mil 588 pesos.[10] Los hijos del ministro Guillermo Ortiz Mayagoitia, Guadalupe Margarita y Guillermo Ortiz Blanco, con dignidad terminaron por renunciar a los cargos que les fueron regalados.

---

[9] Consejo de la Judicatura Federal, declaración de situación patrimonial, Paula María García Villegas Sánchez Cordero, Ciudad de México, 22 de enero de 2021.

[10] Consejo de la Judicatura Federal, declaración de situación patrimonial, Fernando Silva García, Ciudad de México, 27 de mayo de 2022.

Regresando a la red de nepotismo del clan de los Luna Ramos, también resalta cómo desde su posición el ministro José Alejandro Luna Ramos colocó en un cargo dentro del Poder Judicial a su nueva esposa, Concepción María del Rocío Balderas Fernández. Ella, después de haber sido colocada como secretaria del Noveno Tribunal Colegiado en Materia Administrativa de la Ciudad de México, fue trasladada y muy bien recibida en la oficina de la ministra Sánchez Cordero, quien —bajo los entendimientos de poder con los Luna Ramos— la asignó como secretaria de estudio y cuenta, el mismo cargo que le dio Margarita Luna a la hija de Olga Sánchez Cordero, algo así como *amor con amor se paga.* Desde esa posición, la señora Concepción Balderas ascendió hasta llegar a ser magistrada numeraria del Tribunal Superior Agrario, en donde fue parte de un escándalo cuando, en colaboración con otros magistrados de ese mismo tribunal, entre ellos Luis Ángel López Escutia, Maribel Concepción Méndez de Lara y Carmen Laura López Almaraz, confabularon para negar una indemnización económica a un grupo de vecinos del Ejido San Nicolás, en Nuevo León, por la afectación que les había ocasionado la empresa Servicios de Agua y Drenaje de Monterrey I. P. D., la que había arrebatado el suministro de agua a los ejidatarios. En su resolución, Balderas Fernández y los otros magistrados del Tribunal Superior Agrario establecieron que la empresa que despojó del agua a la gente tenía derecho para ello, sin dar mayor explicación, y que por esa razón no procedía la indemnización a favor de los despojados del agua.

La magistrada Balderas fue denunciada penalmente en 2019 ante la Fiscalía General de la República, a lo que se sumó —un año después— una sanción administrativa de la Secretaría de la Función Pública, por lo que fue dada de baja del Tribunal Superior Agrario, pero ese mismo año fue rescatada por su amiga la ministra Sánchez Cordero cuando esta fue titular de la Secretaría de Gobernación en el gobierno del presidente Andrés Manuel López Obrador. Hasta el cierre de este trabajo la cuestionada exmagistrada se venía desempeñando —sin que nadie cuestione su función pública— como titular de la Unidad General de Asuntos Jurídicos y presidenta del Comité de Transparencia de la Secretaría de Gobernación, como parte de la plantilla de nuevos ciudadanos que ha incorporado el gobierno de la Cuarta Transformación para dejar atrás el proceso de corrupción que otrora atrofió al país.

El magistrado José Alejandro Luna Ramos no solo fue *buen corazón* con su nueva esposa, tampoco se olvidó de su primer núcleo familiar formado con la señora Gloria Esther Fandiño Cárdenas, con quien procreó —entre otros— a Liliana Luna Fandiño, a la que le fue obsequiada la plaza de dictaminadora nivel II en la Oficialía Mayor de la Suprema Corte de Justicia de la Nación, en donde su principal labor tiene que ver con asesorar tecnológica y administrativamente a los empleados y mandos de la scjn. Por esa labor, Liliana Luna tiene asignado un salario anual de un millón 461 mil 457 pesos.[11]

Ya en el retiro, Alejandro Luna no ha querido tirar por la borda los años de relaciones y amistades que trabó dentro del Poder Judicial. Todo sirve de algo. Junto con su exesposa Gloria Fandiño y su hijo Jorge Belisario Luna Fandiño crearon el prestigioso despacho jurídico Luna Abogados, a través del cual se pueden explotar los años de relaciones creados por el clan Luna Ramos dentro del Poder Judicial de la Federación. Entre los clientes más afamados de los que este despacho lleva negocios judiciales se encuentran las poderosas firmas Cemex, la revista *Proceso*, Johnson, S. C., Autos de Calidad Universal, Grupo Elite 10, Pescados Envasados de Sinaloa, Book One, las cuales, entre otras, nunca pierden un amparo.

La red de nepotismo de Alejandro Luna también llevó a proteger a la familia de su hermano Carlos Luna, casado con María Dolores Baraibar Constantino. El hijo de este matrimonio, Carlos Hugo Luna Baraibar, que inicialmente fue colocado como juez del Décimo Distrito en Materia Administrativa de la Ciudad de México, en

---

[11] Consejo de la Judicatura Federal, declaración de situación patrimonial, Gloria Liliana Luna Fandiño, Ciudad de México, 17 de febrero de 2021.

su desempeño de funciones —del 1º de enero de 2011 al 20 de octubre de 2016— fue uno de los jueces que mayor cantidad de demandas desechó (mil 131),[12] porque simplemente no le despertaron ningún tipo de interés o porque no estuvo en su ánimo impartir justicia a quienes se lo solicitaron. Al cierre de este trabajo, Carlos Luna Baraibar ya despachaba como magistrado del Tercer Tribunal Colegiado en Materia Administrativa del estado de Puebla, con residencia en San Andrés Cholula, donde la vida le sonreía con un ingreso salarial anual de 2 millones 931 mil 589 pesos.[13]

Claudia Erika Luna Baraibar es otra de las sobrinas de José Alejandro Luna Ramos que también se ha beneficiado con el nepotismo de su familia. Ella comenzó asignada como secretaria del Cuarto Tribunal Colegiado en Materia Administrativa de la Ciudad de México. Al cierre de este trabajo ella ya había sido removida, también con el cargo de secretaria particular, al Décimo Tribunal Colegiado en Materia Administrativa de la Ciudad de México, en donde despachan los magistrados Óscar Germán Cendejas Gleason, Alfredo Báez López y Ana María Ibarra Olguín. Es un cargo modesto, pero no deja de ser cuestionado el método de su obtención.

Y finalmente otra de las hijas del matrimonio Luna Baraibar que fue colocada en un cargo privilegiado dentro del Poder Judicial de la Federación, como si se tratara de un derecho adquirido por herencia o solo por ser parte del clan Luna Ramos a través de la genética, es Mónica Luna Baraibar, la que inicialmente fue asignada como secretaria del Cuarto Tribunal Colegiado en Materia Penal de la Ciudad de México. Después de pasar como secretaria técnica A en el Consejo de la Judicatura, al momento de la redacción este texto, ella se convirtió en jueza del Cuarto Distrito Especializado en Ejecución de Penas de la Ciudad de México, cargo en el que gozaba del más que

---

[12] Consejo de la Judicatura Federal, respuesta a la solicitud de información 0320000148816, Ciudad de México, 11 de noviembre de 2016.

[13] Consejo de la Judicatura Federal, declaración de situación patrimonial, Carlos Hugo Luna Baraibar, Ciudad de México, 23 de mayo de 2022.

excelente salario de 2 millones 647 mil 412 pesos al año.[14] La designación como jueza de Mónica Luna, quien ocupa ese cargo desde septiembre de 2019, fue por decisión directa del CJF.

Como se puede observar, el nepotismo es uno de los más dulces vicios que se mantienen como una tradición dentro del Poder Judicial de la Federación. No es el privilegio de una sola familia, sino el de un grupo de familias que por décadas se han venido solapando y repartiendo el derecho nacido de la complicidad. Una cosa más, el nepotismo no solo nace en lo más encumbrado del Poder Judicial de la Federación. No solo son aquellos cargos primarios de jueces y magistrados los que se ambicionan. También los cargos mínimos, desde auxiliares administrativos hasta auxiliares de actuario o chofer de funcionario, son muy cotizados para la colocación de familiares dentro de esos espacios laborales.

Apropiándose para sí tanto los cargos laborales más altos como los más mínimos, son muchas las familias que se apoderaron del Poder Judicial desde hace décadas, y que todavía algunos de sus miembros siguen cobrando dentro de la estructura laboral. Son la vergüenza del más corrompido de los poderes de la Unión familias como las de Jesús Albíter Blas (secretario de tribunal), Nicolás Castillo Martínez (magistrado), Nérida Xanat Melchor Cruz (secretaria de tribunal), Carlos Loranca Muñoz (magistrado) y José Manuel Quistián Espericueta (magistrado), por mencionar solo algunas cuyas redes de nepotismo en conjunto integran la ocupación de por lo menos 46 plazas laborales dentro del Poder Judicial.

La red nepótica de Jesús Albíter Blas, quien influyó cuando era secretario del Cuarto Tribunal Colegiado en Materia Penal en el Estado de México, incluye la incorporación a plazas laborales de su hermano Rodrigo Albíter Blas, quien fue colocado como auxiliar de servicios generales; sus hijos, Efraín Albíter Castelán, y Jesús y Xavier

---

[14] Consejo de la Judicatura Federal, declaración de situación patrimonial, Mónica Luna Baraibar, Ciudad de México, 18 de mayo de 2022.

Albíter López, fueron beneficiados con las plazas de oficial administrativo; sus primos Constantino, Geneth, Gloria y María Guadalupe Jaimes Albíter fueron incorporados al Poder Judicial como auxiliar de actuario, secretaria de juzgado, auxiliar de actuario y oficial administrativa, respectivamente. Sus otros primos, Edson Eleazar Villa Jaimes y Rodrigo Albíter Ramos, ambos recibieron la plaza de oficial administrativo.

En la red del magistrado Nicolás Castillo Martínez se encuentran sus hermanos María Candelaria y Gerardo Castillo Martínez; la primera fue colocada como coordinadora técnica administrativa, mientras que el segundo fue asignado como secretario de tribunal. Los sobrinos de este magistrado, Mariana y Erick Castillo Flores, fueron colocados ambos como oficiales administrativos. Luis Alberto Castillo Flores fue nombrado secretario de juzgado, en tanto que Óscar Enrique Castillo Flores fue nombrado asesor jurídico.

Nérida Xanat Melchor Cruz, en su calidad de secretaria de tribunal en Puebla, con residencia en San Andrés Cholula, Puebla, creó su propia red familiar para beneficiarse del dislate oficial que permite el nepotismo. Nérida Xanat Melchor Cruz colocó a su hermano Anuar Helios Melchor Cruz como secretario de un juzgado; a sus primos Ana Laura y David Alejandro Arango Cruz los colocó a ambos como oficiales administrativos. A los primos Genaro y José Luis Cruz Peralta les gestionó el cargo de secretario de juzgado y oficial administrativo, respectivamente. La red del magistrado Carlos Loranca Muñoz se evidencia por la forma en que este colocó, como secretaria de juzgado, a su hija Karla Esther Loranca Ochoa, mientras que a sus sobrinos, Edmundo Armando y Carlos Omar Loranca Covarrubias, los hizo actuarios judiciales. A su sobrina Ana Rosa Jiménez Loranca la convirtió de la noche a la mañana en secretaria de juzgado. A sus otros sobrinos, María Fernanda y Octavio de Jesús Loranca Morales, los hizo oficiales administrativos. A Víctor Andrés y Víctor Hugo Jiménez Loranca les dio plazas laborales como oficial administrativo y coordinador técnico administrativo, respectivamente. A su sobrina Sonia Roxana Loranca Covarrubias la designó como oficial administrativa.

Finalmente, la red de nepotismo del magistrado José Manuel Quistián Espericueta se construyó cuando este colocó a sus hermanos Filiberto, José Mariano y Claudia Esmeralda como oficiales administrativos. En ese mismo cargo también pudo instalar a su hijo, José Manuel Quistián Rocha. A sus primas Blanca Idaly Espericueta e Imelda Pérez Espericueta las hizo sin mayor esfuerzo oficiales administrativas. A su prima, María del Carmen Espericueta Hernández, la colocó en el cargo de analista jurídica del SISE, en tanto que a su sobrina, María Guadalupe Quistián Pérez, también la hizo oficial administrativa sin tener que rendir cuentas a nadie ni pedir autorizaciones para ello. Esta red de corrupción la complementaron sus cuñados, Juan Carlos Maldonado Saldaña y Juan Manuel Moreno Miranda, a quienes el magistrado Quistián les entregó las plazas de oficial administrativo. A un tercer cuñado, Pablo García Viera, le otorgó la plaza de chofer de funcionario.

Se cuentan por centenares los casos en los que no solo jueces y magistrados sino también funcionarios con cierto nivel escalafonario dentro del Poder Judicial han logrado colocar a familiares directos en cargos que no tienen que ver precisamente con la aplicación de justicia, pero que resultan apetitosos por las prestaciones laborales que ofrece ese poder de la República. Solo por citar uno de tantos casos, en donde además del nepotismo resalta la protección que brinda con su opacidad el mando del Poder Judicial, se debe mencionar el de Alejandro Jiménez Loaiza, quien en su calidad de director general de Logística y Protocolo de la SCJN logró colocar a su hermana, Miriam Jiménez Loaiza, como jefa de departamento en la Dirección General de Tecnologías de la Información en el Circuito de la Ciudad de México.

Lo menos relevante de ese caso es que un director general de la SCJN haya colocado a su hermana en una jefatura de departamento dentro de un circuito. Lo verdaderamente escandaloso es lo que hizo la Suprema Corte de Justicia cuando, a través de una solicitud de información, se le pidió que explicara las razones de la contratación de la hermana del funcionario mayor. La scjn respondió con una joya: se clasificó la información como reservada.[15]

Por casos como estos es que se supone que el nepotismo es uno de los principales retos a los que se enfrenta el Poder Judicial de la Federación. No hay duda de que es uno de los principales motores que mueven la corrupción dentro de ese poder de la Unión. Lo que se observa desde afuera podría ser nada si se permitiera una revisión a fondo. Pero no. Todo eso está vedado al conocimiento de la masa. Los altos mandos del Poder Judicial saben el embrollo que significa la sola mención del término *nepotismo*, y por eso mismo ni siquiera se toca el tema, mucho menos se reconoce públicamente. Oficialmente, se sabe que existe el nepotismo porque se ha instalado un programa para su combate,[16] pero no porque se reconozca siquiera uno solo de los cientos de casos de redes familiares coludidas en el reparto y asignación de cargos laborales dentro de la estructura de los juzgados o tribunales del Poder Judicial, incluida la scjn, el Tribunal Electoral del Poder Judicial de la Federación y el mismo cjf.

El único dato oficial que existe sobre el tema del nepotismo dentro del Poder Judicial es un informe que en 2017 elaboró el entonces magistrado Felipe Borrego. Los datos que aporta ese trabajo son oro molido frente al creciente silencio oficial sobre el tema: se revela que por lo menos 407 jueces y magistrados y otros 3 mil 957 funcionarios menores tienen en la nómina del Poder Judicial a entre una y 17 personas de sus familias, las cuales registran parentescos que van desde parejas, hijos, tíos, sobrinos y papás, hasta cuñados, suegras y hermanos, mismos que llegaron a una plaza laboral no por sus capacidades, sino por la sola relación sanguínea o familiar.

---

[15] scjn, respuesta oficial a la solicitud de información 0330000253919, Ciudad de México, 29 de enero de 2020.

[16] *Diario Oficial de la Federación*, "Acuerdo general del pleno del Consejo de la Judicatura Federal, que implementa el Plan Integral de Combate al Nepotismo", Ciudad de México 27 de noviembre de 2020.

El estudio de Felipe Borrego refiere que de entre todos los juzgadores y empleados que han utilizado su posición para colocar a miembros de sus familias en cargos públicos dentro del Poder Judicial[17] destacan 114 jueces y magistrados que colocaron en empleos predilectos a sus esposas o parejas, 176 magistrados o jueces instalaron a sus hijos, otros 133 dieron trabajo a sus hermanos o hermanas, en tanto que por lo menos 25 juzgadores beneficiaron a sus papás. El mismo estudio de Borrego Estrada, que es el único que sobre el problema de falta de ética se ha realizado a manera de autocrítica dentro del Poder Judicial, refiere en síntesis la magnitud del nepotismo que padece el Poder Judicial. Señala un dato demoledor: más de 4 mil servidores públicos del Poder Judicial de la Federación comparten espacios laborales y se dan o acatan órdenes de trabajo con sus propios parientes de sangre o en grado civil. Eso no se puede llamar de otra forma que corrupción. Así lo refiere el propio Felipe Borrego en su "Estudio sobre redes familiares y clientelares en el Consejo de la Judicatura Federal", en donde cita al ministro jubilado de la SCJN José Trinidad Lanz Cárdenas, quien define que "una de las formas más socorridas de corrupción en el servicio público y principalmente en la administración pública lo viene a constituir el nepotismo", dejando en claro que el principal problema del Poder Judicial de la Federación es justamente la corrupción manifiesta en forma de nepotismo.

Para establecer en su justa dimensión el problema del nepotismo dentro del Poder Judicial, hay señalar que al cierre de este trabajo 34% de los 874 magistrados de circuito estaban inmersos en algún conflicto de este tipo, mientras que 14.7% de los 737 jueces de distrito también habían incurrido en nepotismo. Incluso, como ya quedó establecido, algunos de los ministros de la SCJN también han estado envueltos en ese conflicto de probidad.

Fuera de los magistrados de circuito y los jueces de distrito, 13.7% de los otros 28 mil 869 funcionarios que complementan el

---

[17] Borrego Estrada, *op. cit.*

Poder Judicial de la Federación, desde choferes y auxiliares de servicios generales hasta secretarios de juzgado o de tribunal, pasando —entre otros— por oficiales administrativos o actuarios judiciales, también registraban problemas de nepotismo.[18] Estos funcionarios del Poder Judicial de la Federación, que propiamente no tienen atribuciones en la aplicación de la justicia, mantienen bajo su control un total de 3 mil 957 plazas laborales —de diverso nivel escalafonario— que fueron entregadas a uno o más familiares de sangre o grado civil.

Este es un fenómeno que se registra en todos los circuitos judiciales, y a pesar de ello no existe una reacción real por parte del Consejo de la Judicatura para poder frenarlo. Los estados que mayor cantidad de casos de nepotismo registran son Nuevo León, en donde 569 trabajadores están protegidos indistintamente por sus familiares, que son 11 jueces y 43 magistrados; Puebla, en donde 440 trabajadores del Poder Judicial fueron asignados en sus cargos por sus relaciones de familia con siete jueces y 26 magistrados; Coahuila, en donde 220 trabajadores tienen sus cargos dentro del Poder Judicial por parte de sus familiares, que son tres jueces y siete magistrados; Baja California, en donde 209 trabajadores judiciales están protegidos por sus familiares indistintos: dos jueces y 21 magistrados. Y Guanajuato, en donde siete jueces y 17 magistrados lograron acaparar 316 plazas laborales para sus familiares.

Tras una revisión a las relaciones laborales que entre familiares se han establecido dentro del Poder Judicial de la Federación vale la pena resaltar algunos de los principales casos de nepotismo en todos los circuitos judiciales, no sin advertir que estos datos podrían variar a causa de la movilidad interna que se registra dentro del Poder Judicial de la Federación por orden del CJF, el órgano que de esa forma esconde los casos de nepotismo cuando alcanzan el grado de escándalo

---

[18] *Ibid.*, Anexo I; Consejo de la Judicatura Federal, respuesta a la solicitud de información 0320000280217, Ciudad de México, 27 de agosto de 2017.

mediático. Sin embrago, una cosa es inamovible: la relación laboral entre familiares dentro del Poder Judicial es uno de los principales problemas que enfrenta ese poder. Y es una de las razones más poderosas por las que debe llegar una reforma al Poder Judicial.

En el Estado de México se registra un magistrado de circuito, identificado con el expediente AB0337099D, que logró colocar en puestos de trabajo dentro del Poder Judicial de la Federación a dos hermanos, dos primos y una prima; ahí mismo también hay otro magistrado de circuito, con expediente JN0933036O, que dio plazas laborales para un primo, dos hermanos, una hermana y una prima de su esposa; un secretario de tribunal, con número de expediente JB0513552S, logró colocar en cargos laborales a dos primos, dos primas, un hermano, tres hijos y un sobrino. Un magistrado de circuito del Estado de México, con número de expediente JG0046704L, les consiguió plazas laborales a tres de sus hijos y cuatro de sus nueras. Un actuario judicial, del Estado de México, con número de expediente MY2012635O, colocó dentro de cargos laborales del Poder Judicial a su esposa, una hermana, una prima y dos hermanos.

En el estado de Jalisco, entre los casos más abominables de corrupción judicial o nepotismo se encuentra el de un secretario de tribunal, con número de expediente JM2144164O, que colocó laboralmente a una hermana y tres hermanos. Ahí mismo un magistrado de circuito, con número de expediente HM0359506O, les dio empleo a tres de sus sobrinos. También en Jalisco, el magistrado de circuito, con expediente número JN0484026O, designó plazas laborales dentro del Poder Judicial para tres de hermanos y cuatro de sus sobrinos. Otro magistrado de circuito, con el expediente número CN2944755S, acomodó laboralmente a un cuñado, una hija, dos hijos y una prima.

En Sonora un secretario de tribunal, con número de expediente CL1016905E, logró instalar dentro del Poder Judicial de la Federación a su esposa, dos cuñadas y dos hermanas; Ahí mismo, en Sonora, un secretario particular de un magistrado de circuito, con expediente número CG0461172A, instaló dentro de plazas laborales del Poder Judicial de la Federación a su madre y cuatro tías, mientras que un coordinador técnico administrativo, con clave de expediente JU1631457R, instaló laboralmente a un cuñado, a su esposa y dos hermanas. En Puebla un oficial administrativo, con el expediente número EN7462347N, incluyó laboralmente en su área de trabajo a un cuñado, un hermano, un hijo y un primo.

De todos los estados, podrían ser Colima, Campeche, Aguascalientes, Hidalgo y Tlaxcala los que menor número de jueces y magistrados federales registran con problemas de nepotismo. Pero aun así el número de plazas laborales designadas dentro del Poder Judicial de la Federación como producto de esa forma de corrupción es elevado. En Colima solo un juez de distrito y un magistrado de circuito están señalados de nepotismo, pero son 52 plazas laborales las que se reconoce que están manchadas por el nepotismo.

En Campeche son dos magistrados de circuito y un juez de distrito los señalados por nepotismo, pero son 25 plazas las que se reconocen ocupadas como producto de las ventajosas relaciones de familia. En Aguascalientes son seis magistrados de circuito y tres jueces de distrito los que están bajo la observación pública por nepotistas, pero se han detectado 130 personas que ocupan cargos por designación directa de sus familiares dentro del Poder Judicial de la Federación. En Hidalgo son cuatro magistrados y no hay un solo juez de distrito señalado de nepotista; se registran 32 plazas laborales designadas bajo esta modalidad. Mientras que en Tlaxcala por influencia familiar 57 funcionarios ocupan cargos dentro del Poder Judicial de la Federación, aun cuando solo dos magistrados de circuito y cinco jueces de distrito están señalados de nepotismo.

9

Cuando no hay talento, la trampa

Los malvados, en la trampa de sus mentiras; los
buenos triunfan sobre el mal.

PROVERBIOS 12:13

A causa del nepotismo —derivado a su vez de lo jugoso que resulta
ser funcionario o al menos empleado del Poder Judicial de la Federación— se ha generado una disputa por las plazas laborales dentro del
Poder Judicial. Todas las plazas laborales son ambicionadas, no solo
las de ministro, magistrado o juez de distrito, incluso aquellas de mínimos salarios y de más bajo nivel escalafonario. La disputa por dichas
plazas ha generado otro problema: la comisión de trampas de aquellos
que quieren ingresar al Poder Judicial y no tienen familiares que desde adentro los puedan colocar en esa prestigiosa estructura laboral. El
hacer trampa, como es el tráfico de información, venta de respuestas
de los exámenes de oposición y convocatorias públicas amañadas, es la
otra cara de la corrupción que se padece dentro del Poder Judicial de
la Federación cuando se trata de obtener una plaza laboral.

No quiere decir que las únicas dos vías para acceder a un cargo dentro del Poder Judicial tengan que ser la trampa o el nepotismo.
También hay funcionarios honestos y verticales que —aun cuando

son lo menos— han cumplido éticamente, sin trampas y sin "palancas", esgrimiendo sus propios méritos profesionales y capacidad pensante para ganarse un cargo dentro de la estructura del Poder Judicial de la Federación, a través de los llamados concursos de oposición. Son pocos, pero los hay. Dentro del Poder Judicial de la Federación sí existen jueces y magistrados que por sus propios méritos de conocimiento e intelectuales se han ganado honradamente el cargo desde donde imparten justicia. Son muy pocos, y son estos los que salvan la menguada honorabilidad en general del gremio judicial.

Sin embargo, es innegable establecer que la gran mayoría de los jueces y magistrados que hoy están en funciones dentro del Poder Judicial de la Federación llegaron a sus cargos a través de la trampa o el nepotismo. Ese grupo de juzgadores es el que ha manchado la reputación honesta que debería revestir al Poder Judicial por el solo hecho de ser este el verdadero guardián de la justicia. Aunque se debe tomar en cuenta a otro grupo: el de los juzgadores que, sin necesidad de llegar a la trampa o sin valerse del nepotismo, ni tomando en cuenta su formación profesional o sus cualidades intelectuales —cribadas en cualquier concurso de oposición—, han llegado a sus puestos a través del "amiguismo" o de las buenas relaciones que mantienen con funcionarios dentro del CJF.

Esa es la tercera corrupta vía de incrustación en el sistema de juzgadores del Poder Judicial de la Federación: la designación directa por parte de los ministros del Consejo de la Judicatura. Y es que ese organismo se ha reservado tal facultad, a través de una ley diseñada a modo, para cubrir las vacantes de juzgadores sin oposición de nada y sin rendir cuentas a nadie.

Por eso, siendo la designación de plazas laborales dentro del Poder Judicial una de las partes que más apetitosa hacen, en términos de ambición económica, la pertenencia al Poder Judicial de la Federación, es claro que ese proceso no podría dejarse sin control. Para ello se ideó el manejo de la ley. Por increíble que parezca, el CJF se reservó, manipulando la ley mediante la norma a modo, la facultad de ser el órgano que designe a los juzgadores, sin importar que para ello exista la figura del concurso de oposición.

Sí. En lo que parece un gran contrasentido, aun cuando opera la figura del concurso de oposición para designar la ocupación de vacantes en los juzgados de distrito o en los tribunales unitarios o colegiados de circuito, el Consejo de la Judicatura se reserva, por ministerio de ley, la posibilidad de colocar bajo criterios unipersonales a quienes considere idóneos para desempeñar el cargo de juzgadores. Ese privilegio, como capricho de grupo, se plasmó en la ley de 1995. Eso es lo que ha dado verdadero poder a quienes llegan al cargo de ministro y desde el Consejo de la Judicatura, en un grado menos que Dios, comienzan a disponer del manejo de cargos y personas dentro del Poder Judicial, como si este les fuera dado o se les hubiera entregado en concesión o por derecho de casta.

Las disposiciones de control unipersonal del Poder Judicial de la Federación se encuentran establecidas en las fracciones VI, VIII, IX, X, XI, XIV, XV, XX, del artículo 86 de la Ley Orgánica del Poder Judicial de la Federación, en donde se refiere la forma en que, sin rendir cuentas, los ministros del CJF pueden a su antojo nombrar o quitar jueces y magistrados en juzgados y tribunales, que a final de cuentas es lo que viene a darles un poder supremo.

El ordenamiento que les da un poder superior a los que forman parte del órgano colegiado de gobierno del Poder Judicial fue confeccionado el 19 de mayo de 1995, por decreto del entonces presidente de la República, Ernesto Zedillo Ponce de León. Fue rubricado también por su secretario de Gobernación, Esteban Moctezuma Barragán. A través de esta disposición se les brindó la posibilidad del control de todo el Poder Judicial de la Federación a unos cuantos funcionarios de élite, los que sea que lleguen a gobernar el CJF, donde pareciera que no importa el sujeto, sino más bien la pertenencia a una casta privilegiada que se cuida y se protege desde dentro.

No hay que olvidar que fueron el presidente Zedillo y su secretario de Gobernación, Moctezuma Barragán, los que en 1995, a través de la reforma al Poder Judicial, idearon el modelo perfecto de control del aparato judicial por parte de unos cuantos de una casta privilegiada. El instrumento de ese control es el órgano interno de gobierno llamado Consejo de la Judicatura Federal, el que desde un principio se decidió que estaría a cargo de seis ministros y del ministro presidente de la SCJN; este último tendría funciones de presidente del Consejo de la Judicatura. Esos ministros, todos electos por el Senado de entre sendas ternas propuestas por el presidente de la República, son los que tienen a su cargo la vigilancia, administración, disciplina y carrera profesional de todos los integrantes del Poder Judicial de la Federación. A lo anterior se agregó, a través de esa ley de diseño destinada a someter el Poder Judicial a los intereses personales de un grupo reducido de personas, que fueran 11 ministros, y no 26 como antes, los que tuvieran el control de la SCJN. Ahí comenzó la entrega del Poder Judicial a un reducido grupo. Ahí comenzó el asalto al poder.

La confección de la ley a modo para darles a los ministros del CJF todo el control del Poder Judicial, que —entre otras cosas— incluye la designación de jueces y magistrados en juzgados y tribunales, fue también avalada por los representantes de los legisladores que estaban vigentes en 1995, encabezados por los senadores Germán Sierra Sánchez y Ángel Ventura Valle, así como por los diputados Alejandro Zapata Perogordo y Anastacia Guadalupe Flores Valdez, quienes seguramente ni siquiera estuvieron conscientes de la ley que estaban firmando, porque en realidad esta ley fue diseñada por los ministros de la SCJN de entonces. Ellos fueron los que optaron por darle al Consejo de la Judicatura, a través de una ley a modo, la posibilidad de controlar la designación de jueces y magistrados.

La Ley Orgánica del Poder Judicial de la Federación, que es la esencia a través de la cual la letra cobra acción para volverse justicia, es también una de las leyes más manoseadas del régimen político mexicano. Desde que fue creada esta ley, en 1995, hasta el cierre de este trabajo, en septiembre de 2023, fue modificada de manera sustancial en 29 ocasiones. La administración del presidente Zedillo modificó la Ley Orgánica del Poder Judicial en siete ocasiones, firmando para ello el presidente y sus sucesivos secretarios de Gobernación, Emilio Chuayffet, Francisco Labastida y Diódoro Carrasco Altamirano. Durante la administración del presidente Vicente Fox esta misma ley fue modificada en tres ocasiones, firmando sus respectivos secretarios de Gobernación, Santiago Creel Miranda y Carlos Abascal Carranza.

Por su parte, durante el sexenio del presidente Felipe Calderón la Ley Orgánica del Poder Judicial fue modificada en siete ocasiones, contando con la firma indistinta de los sucesivos secretarios de Gobernación, Juan Camilo Mouriño, Fernando Gómez Mont, Francisco Blake Mora y Alejandro Poiré Romero. Después, durante el gobierno del presidente Enrique Peña Nieto, que fue en el periodo que mayor cantidad de veces se ha modificado la ley que rige la operatividad del Poder Judicial, con el aval del secretario de Gobernación, Miguel Ángel Osorio Chong, se lograron 12 modificaciones.

Por lo que hace a la administración del presidente Andrés Manuel López Obrador, ese gobierno es el que pudiendo ha hecho menos modificaciones a la Ley Orgánica del Poder Judicial de la Federación. A pesar de que las quejas y denuncias de corrupción dentro del Poder Judicial, con las que arenga a sus seguidores, son cada vez más intensas y más constantes, solo en dos ocasiones —el 22 de abril de 2021 y el 22 de febrero de 2023— se ha modificado la referida ley. En ambas ocasiones la misma SCJN ha tirado las iniciativas de ley, por considerar que se trata de dos actos considerados ajenos a la naturaleza de la Constitución Política del país.

Las modificaciones que se le hicieron a la Ley Orgánica del Poder Judicial de la Federación, principalmente en los sexenios de Calderón y Peña Nieto, no fueron modificaciones simples, fueron reestructuraciones a fondo que se hicieron con la única intención de acumularles más poder y garantizar a los ministros de la SCJN —y a los que controlan el Consejo de la Judicatura— un pleno dominio no solo de la operatividad del Poder Judicial, sino de todo lo que se mueve dentro de los juzgados federales, incluyendo los presupuestos… y los fideicomisos que entregó a los dueños del Poder Judicial cada uno de los jefes del Ejecutivo, desde la administración de Zedillo hasta la de Peña Nieto, pasando por las de Fox y Calderón.

Pero volviendo al poder unipersonal que por disposición de ley han asumido todos los ministros de la SCJN, principalmente los miembros del CJF, donde el nepotismo pareciera el menor de los vicios, se debe tomar muy en cuenta que el "amiguismo" es el otro problema grave que impide que el Poder Judicial opere con rectitud, bajo el ideal con el que se planeó desde el origen de la República. Y es que este fenómeno, el del "amiguismo", es al día de hoy, después del nepotismo, la principal vía para la ocupación de cargos de juzgadores dentro del Poder Judicial de la Federación. Esta práctica surgió como respuesta natural a la generalización de las trampas en los concursos de oposición para ocupar los cargos en oferta de plazas de juzgadores.

Las estadísticas del CJF no mienten. Hasta el cierre de este trabajo se tenía registro de la incorporación laboral de mil 611 juzgadores federales, entre magistrados y jueces, dentro del Poder Judicial de la Federación. De esos juzgadores, un total de 874 de ellos se desempeñan como magistrados, mientras que otros 737 son jueces. Pero no todos ellos llegaron sus cargos por méritos de sus capacidades intelectuales y conocimientos jurídicos. Ya sabemos que muchos de los juzgadores, principalmente jueces de distrito, están en sus puestos como parte de la cuota de nepotismo a la que parecen tener derecho, y otros más han llegado por "amiguismo", que al cabo así lo permite la Ley Orgánica del Poder Judicial de la Federación.

Sí, por increíble que parezca, los creadores de la ley que rige la vida del Poder Judicial de la Federación previeron la forma de solapar y revestir de legalidad el vicio del "amiguismo", dando a los ministros del CJF la posibilidad de colocar a quienes ellos quisieran en los diversos cargos de juzgadores. La prueba irrefutable de ello es la propia estadística oficial: de los 874 funcionarios del Poder Judicial que hasta el cierre de este trabajo se desempeñaban como magistrados, 255 fueron designados en sus cargos en forma directa por parte de los ministros que integran el Consejo de la Judicatura. Los otros 619 magistrados llegaron a su cargo a través de concursos de oposición. Por lo que hace a los jueces de distrito, de los 737 que estaban vigentes al cierre de este trabajo, solamente 84 de esos jueces de primera instancia llegaron a su cargo a través de un concurso de oposición, los otros 653 juzgadores fueron designados en sus cargos en forma directa por los ministros del Consejo de la Judicatura, sin importar lo que establecen los artículos 20, fracción I, y 29 de la Ley de Carrera Judicial del Poder Judicial de la Federación, que refiere que la designación de jueces y ministros se debe hacer por concursos de oposición, en donde se confronten los saberes de los aspirantes para lograr mejores servidores de la justicia.

La Ley Orgánica del Poder Judicial de la Federación, que permite una desmesurada concentración de poder en los magistrados del CJF, al darles la posibilidad de elegir discrecionalmente a los jueces y magistrados, es una ley que se diseñó a modo durante la administración del presidente Ernesto Zedillo, en donde el cerebro detrás de esa perversión fue el entonces secretario de Gobernación, Esteban Moctezuma, quien trabajó para la elaboración de esa ley en coordinación con el que luego sería ministro y presidente de la SCJN, Mariano Azuela Güitrón, y el entonces secretario particular del presidente Zedillo, Liébano Sáenz, así como con el jefe de la Oficina de la Presidencia, Luis Téllez, y el director general de Asuntos Jurídicos de la Presidencia, Germán Fernández Aguirre, todos con nexos importantes con grandes corporativos comerciales.

Se debe recordar que Azuela Güitrón antes de ser designado ministro de la SCJN, a donde llegó a propuesta de presidente Zedillo, para convertirse después en ministro presidente del máximo órgano colegiado de justicia, ya había desempeñado el cargo de magistrado y presidente del Tribunal Fiscal de la Federación —hoy Tribunal Federal de Justicia Administrativa—, el principal órgano jurídico desde donde se perdona el pago de impuestos a las empresas más acaudaladas. De hecho, el genio de Azuela Güitrón también estuvo detrás de la elaboración del Código Fiscal de la Federación, en el que se legaliza —en sus artículos 39 y 74— el no pago de impuestos, misma disposición que se publicó para su entrada en vigor en el *Diario Oficial de la Federación* del 31 de diciembre de 1981, justo cuando Azuela era el presidente del Tribunal Fiscal de la Federación, y desde ahí secundaba la política oficial de condonación de impuestos que impulsó el presidente Zedillo en favor de los grandes potentados económicos que al día de hoy mantienen el control de la vida política nacional.

No sobra decir que el uso de la justicia para condonar el pago de impuestos es otra de las formas imperfectas con las que se tuerce la ley en México, no por nada muchos de los ministros que han llegado al cargo colegiado de la SCJN o dentro del CJF antes han sido parte importante en el sistema nacional tributario, tanto en lo que corresponde al Poder Judicial como dentro del Poder Ejecutivo. Así, por ejemplo, tenemos —aparte de Mariano Azuela, que fue magistrado y presidente del Tribunal Fiscal de la Federación— a Alfredo Gutiérrez Ortiz Mena, quien antes de ser llevado al cargo de ministro de la SCJN fue jefe del Servicio de Administración Tributaria (SAT); Javier Laynez Potisek, también previo a su cargo de ministro, fue procurador fiscal de la Federación, en un caso muy similar al de la ministra Margarita Ríos Farjat la cual, previo a ser llevada a la SCJN por parte del presidente Andrés Manuel López Obrador, fue la titular del Servicio de Administración Tributaria. De igual forma, la actual ministra presidenta de la SCJN, Norma Lucía Piña Hernández, antes de ser parte del máximo tribunal de justicia fue magistrada de un tribunal colegiado en materia administrativa, como también fue el caso de la ministra Yasmín Esquivel Mossa. Solo así se puede entender la inercia de la SCJN y del CJF, para estar siempre dispuestos, a través de ministros, magistrados y jueces alienados al reclamo de la condonación de impuestos y de la pervivencia de los intereses de los grandes capitales.

Pero regresando a la colocación a modo de los jueces y magistrados, siempre bajo intereses unipersonales de los ministros, es de destacar que al cierre de este trabajo solo uno de cada 10 jueces que están en funciones se encuentra en el cargo por méritos propios, luego de haber resultado electo en un concurso de oposición. Es decir, 90% de los jueces de distrito han llegado a su cargo a través de los vicios del nepotismo, el amiguismo o la trampa. Igualmente, de cada 10 magistrados en funciones, siete son resultado de un concurso de oposición, mientras que tres de cada 10 fueron nombrados directamente por intereses personales de los ministros que conforman el CJF.

Es muy bajo el número de juzgadores, principalmente los de primera instancia, que llegan al cargo avalados por un concurso de oposición que asegure sus habilidades y conocimientos. Pero eso no es lo más grave. Lo peor es que el CJF, aun cuando el procedimiento para la selección a través de concursos de oposición se encuentra claramente establecido en la ley, siempre tiene la posibilidad de argumentar lo que sea para favorecer a quienes son recomendados de los magistrados.

Solo por ilustrar lo anterior, se debe señalar el caso de un aspirante a juez de distrito que en 2021 fue inicialmente descalificado en un concurso de oposición solo porque respondió en forma rápida el cuestionario que le fue entregado para evaluar su conocimiento. De acuerdo con el recurso de revisión que el quejoso interpuso,[1] se tuvo que avalar en una ponencia la lógica de que el quejoso no podía ser separado del concurso por haber terminado antes que los demás el examen de conocimientos, pues además de que no infringió ninguna ley, también su calificación estuvo dentro del promedio de máximos y mínimos que resultaron. La calificación del quejoso fue de 92, cuando la máxima registrada era de 97 y la mínima de 82. Aun así, inicialmente el quejoso fue descalificado en la primera fase del concurso de oposición para la selección de jueces de distrito. Obviamente el quejoso que tuvo que recurrir al recurso de revisión administrativa fue descalificado por decisión de un magistrado que aspiraba a ocupar el espacio que dejaba el quejoso para allanarle el camino a un recomendado.

---

[1] Consejo de la Judicatura Federal, recurso de revisión administrativa 108/2021, Ciudad de México, 25 de mayo de 2022.

Esta práctica, la de descalificar *a priori* a muchos de los que participan en exámenes dentro de los concursos de oposición, es algo recurrente. Es la forma en que algunos ministros facilitan el camino a sus recomendados, aun cuando esos recomendados no tengan las capacidades para desempeñar el cargo. Solo cuando los que son descalificados ilegalmente acuden por su derecho al recurso de revisión administrativa es cuando el CJF, sin mayor salida, se autoenmienda la plana y retorna al camino de la legalidad. Desde que se instituyó el proceso para designar cargos de jueces o magistrados por concursos de oposición se han presentado 169 recursos de revisión administrativa por parte de aspirantes a juzgadores que fueron violentados en sus derechos por los propios organizadores de esos eventos, para quienes simplemente no existe el concepto meritocrático.

La "meritocracia", entendida como la dinámica laboral que permite que cualquier persona —que cumple con los requisitos de formación académica y por méritos propios— puede aspirar a ser juez o magistrado, desde siempre ha estado vedada en el Poder Judicial de la Federación. Ni siquiera con la reforma al Poder Judicial que hizo el presidente Zedillo en 1995 se logró avanzar en la democratización de acceso a los cargos de juzgador. Más bien —como ya se advirtió— la reforma judicial de Zedillo estuvo destinada a darle más poder al poder de un reducido grupo de ministros, a los que se les otorgó, además de mayor control en la designación de plazas laborales, también una mayor participación en el manejo de los recursos económicos destinados a ese roder, renglón este último que aún sigue intocado.

La democratización del acceso a los cargos de jueces y magistrados dentro del Poder Judicial se logró hasta ya entrada en funciones la administración de la Cuarta Transformación del presidente Andrés Manuel López Obrador. La iniciativa de ese proceso, llamado meritocrático, se debe al ministro Arturo Zaldívar Lelo de Larrea, quien —en negociación con la entonces secretaria de Gobernación, la exministra Olga Sánchez Cordero— acordó la modificación a la Constitución Política de México, en su artículo 100, en donde se agregó que la formación y actualización de quienes integran el Poder Judicial de la Federación se debería regir por los principios de excelencia, objetividad, imparcialidad, profesionalismo, independencia y paridad de género. Además, en el decreto del 11 de marzo de 2021 se agregó que correspondía a la Escuela de Formación Judicial, dependiente del CJF, llevar a cabo los concursos de oposición para acceder a diversas plazas laborales dentro de la estructura operativa de impartición de justicia.

Antes de esa modificación a la Constitución, solo por acuerdo del CJF se podían llevar a cabo los concursos de oposición para cubrir las vacantes en las plazas de jueces de distrito o magistrados de circuito. Fue hasta 88 días después de la citada reforma constitucional, el 7 de junio de 2021, cuando se consolidó la democratización del acceso a las plazas laborales del Poder Judicial de la Federación. Fue cuando se creó la Ley de Carrera Judicial del Poder Judicial de la Federación.

Desde entonces, cuando se plasmó en la ley y la designación de juzgadores dejó de ser solo un acuerdo de los ministros del CJF, hasta el cierre de este trabajo, se ha celebrado un total de 75 concursos de oposición para elegir a 696 titulares entre los cargos de juez de distrito y magistrado de circuito. En esos concursos ha participado un total de 3 mil 210 aspirantes a juez de distrito y mil 219 personas que aspiraron transparentemente al cargo de magistrado de circuito. De todos los aspirantes a juez de distrito solo 84 llegaron al cargo sin palancas ni trampas. Es decir, solo 2.6% de los aspirantes pudo cristalizar su deseo por mérito propio de trabajar impartiendo justicia. De los mil 210 aspirantes a magistrado de circuito, 612 pudieron llegar al cargo con base en su esfuerzo. Es decir, 50.5% de los aspirantes a juzgador de alzada logró llegar al cargo sin hacer trampa ni pedir favores.

El que 2.6% de los jueces de distrito y 50.5% de los magistrados de circuito recién asignados hayan llegado a sus cargos por su propio esfuerzo y saberes no significa que todos los que aspiraron dentro de ese mismo proceso de selección lo hicieron de la misma forma. También se han registrado trampas. En los procesos de selección de juzgadores del Poder Judicial de la Federación se han detectado trampas burdas, como la comercialización de las respuestas a los exámenes de selección, lo que además de la falta de probidad de algunos funcionarios judiciales también denota la ambición económica de la que se encuentra revestido el ánimo del Poder Judicial de la Federación.

Aun cuando al cierre de este trabajo todavía se registran diversos testimonios particulares, que señalan como práctica común la corrupción a través de la compraventa de respuestas correctas a las preguntas planteadas en los exámenes de los concursos de oposición para ocupar los cargos de juez de distrito o magistrado de circuito, el caso más vergonzoso de filtración y comercialización de esos reactivos se registró en 2018. En mayo de ese año el magistrado Salvador Mondragón Reyes, titular del Instituto de la Judicatura Federal (IJF), vendió entre 50 mil y 180 mil pesos las respuestas correctas al examen del Vigésimo Octavo Concurso Interno de Oposición para seleccionar a 50 jueces de distrito.

En ese escándalo estuvieron involucrados por lo menos otros 13 funcionarios del Poder Judicial federal y un particular ajeno al poder, los que de una u otra forma participaron en el proceso de venta o compra de las respuestas correctas del examen del concurso de oposición. Pero, a pesar de ello, el Consejo de la Judicatura no quiso llevar a nadie a prisión. A pesar de que había elementos judiciales, nunca se dio vista del caso al agente del Ministerio Público Federal. Como en otros casos, el titular presidente del CJF y los ministros integrantes de ese órgano optaron por ignorar el escándalo mediante la silenciosa impunidad para los infractores de la ley.

Los ministros que decidieron no hacer ruido sobre la evidente corrupción de ese que es el caso de mayor desprestigio sobre la forma de seleccionar a los juzgadores fueron Luis María Aguilar Morales, Felipe Borrego Estrada, Jorge Antonio Cruz Ramos, Rosa Elena González Tirado, Martha María del Carmen Hernández Álvarez, Alfonso Pérez Daza y José Guadalupe Tafoya Hernández. Ellos no solo no quisieron llevar ante la justicia a los que con sus ambiciones de dinero desprestigiaron el sistema de selección de jueces, también hicieron todo lo posible por sepultar toda información al respecto, con el fin de que no quedara evidencia pública del agravio, como si con ello se limpiara la sucia cara del Poder Judicial de la Federación o al menos se borrara el agravio.

Igual que cuando se trata de otras conductas atípicas cometidas por funcionarios del Poder Judicial de la Federación, la evidencia de cómo el CJF logró sepultar ese escándalo se encuentra en una respuesta a una solicitud de información,[2] la cual contestó el Poder Judicial de la Federación; en ella se establece que toda información sobre las sanciones y los nombres de los funcionarios que integraron la red de tráfico y comercialización del examen de selección del citado concurso de oposición para designar plazas de juez de distrito fue declarada en reserva por un periodo de cinco años a partir del 21 de noviembre de 2019. Los nombres, cargos y sanciones de los implicados en ese delito se podrán conocer públicamente a través de un documento oficial solo hasta después del 21 de noviembre de 2025.

Entre los mencionados en la supuesta investigación que internamente llevó a cabo el CJF —solo para simular sancionar a quienes incurrieron en la ilegalidad de vender información confidencial de un examen para un concurso de oposición— se encontraban los funcionaros del Poder Judicial José Alfredo Sánchez López, director de Informática del Instituto de la Judicatura Federal; el magistrado Salvador Mondragón Reyes, y los secretarios de tribunal o juzgado Óscar Esquivel Martínez, Verónica Patiño Olvera, Roberto León Rodríguez, Alejandro Ordóñez Pérez, Felipe Gilberto Vázquez Pedraza, Martín Mayorquín Trejo, Patricia Guadalupe Lee Martínez, Hugo Alberto Carmona Olguín y Paulo César Falcón Gómez, así como Bernardo Velasco Muñoz, coordinador académico del IJF; Marga Xóchitl Cárdenas, secretaria del proceso para el concurso de oposición, y Giovanni Salas, técnico en sistemas.

---

[2] Consejo de la Judicatura Federal, respuesta a la solicitud de información 0320000573719, Ciudad de México, 26 de noviembre de 2019.

Todos los funcionarios del Poder Judicial referidos fueron sancionados mediante el procedimiento disciplinario de oficio número 34/2018 y su acumulado 121/2019,[3] el cual fue resuelto por los magistrados Arturo Zaldívar, Bernardo Bátiz, Eva Verónica de Gyvés, Alejandro González Bernabé, Sergio Molina Martínez y Loretta Ortiz, quienes decidieron que con destituciones o suspensiones del cargo, inhabilitaciones laborales de entre ocho y 10 años o amonestaciones públicas era suficiente para imponer un correctivo. En ningún momento, pese a la gravedad del tema, siguiendo la ruta de impunidad que desde siempre ampara a los infractores de la norma, el CJF quiso dar vista al agente del Ministerio Público de la Federación para que judicializara el caso.

Pese al velo de opacidad que se tiende sobre este caso de corrupción e impunidad, uno de los más graves dentro del Poder Judicial, una cosa resalta: al día del cierre de este trabajo ninguno de los que fueron señalados como responsables dentro de esa investigación siguió trabajando dentro del Poder Judicial de la Federación, todos fueron dados de baja. Esa determinación refiere que el asunto fue considerado como grave dentro del CJF, pues la suspensión del cargo es el máximo extremo al que llegan las sanciones dentro del Poder Judicial. Con eso siempre se solucionan todas las violaciones a la ley cometidas por los propios juzgadores. Por eso no se permitió la aplicación correcta de la justicia sobre los que vendieron la información confidencial del concurso de oposición en donde se ofertarían 50 plazas laborales para jueces de distrito.

Aun cuando en el caso referido, por tráfico de respuestas y exámenes resueltos para un concurso de oposición, solo fueron sancionados 14 funcionarios del Poder Judicial de la Federación y un particular, eso no quiere decir que otros de los 91 concursantes de ese

---

[3] Consejo de la Judicatura Federal, procedimiento disciplinario de oficio 34/2018 y su acumulado 121/2019, dado en la Ciudad de México, 5 de agosto de 2020.

evento[4] no tuvieron acceso a la información privilegiada para lograr una plaza laboral. Se estima, por fuentes dentro del Poder Judicial de la Federación, que fueron por lo menos otros 10 de los 91 aspirantes a juez de distrito en aquel concurso los que hicieron trampa y también tuvieron acceso a las respuestas traficadas para resolver con solvencia el examen del concurso de oposición para las plazas de jueces. Solo por esa razón el Consejo de la Judicatura tuvo que declarar suspendido el desarrollo de dicha oferta laboral.

A pesar de que el Vigésimo Octavo Concurso de Oposición para designar jueces de distrito fue cancelado a causa del tráfico ilegal de información, resulta relevante establecer que por lo menos 40 de los 91 aspirantes en ese evento fallido —es decir, 43% de los que pasaron a la segunda fase del concurso que ya no se completó— lograron posteriormente una plaza de juez de distrito. Sí. Algo huele mal. Los 40 que se hicieron jueces después del concurso cancelado no volvieron a participar en ningún concurso de oposición. Ellos simplemente fueron designados como jueces de distrito por decisión directa del CJF, organismo que por ley no está obligado a rendir cuentas a nadie cuando se trata de entronar a cada uno de los juzgadores federales.

Los participantes en el concurso de oposición para jueces de distrito que no se llevó a cabo y que por ello muchos fueron favorecidos por el CJF con la designación directa, son Alejandro Andrade del Corro, actual juez de lo penal en Tijuana; Alfonso Alexander López Moreno, juez de lo penal en Toluca; Alfredo Silva Juárez, juez de lo penal en la Ciudad de México; Armando Antonio Badillo García, juez de lo laboral en Naucalpan, Estado de México; Benito Flores Bello, juez de lo penal en Ciudad del Carmen, Campeche; César Chávez Souverbielle, juez de lo penal en Iguala, Guerrero; César Humberto Valles Issa, juez de lo laboral en Puebla; Cristina Guzmán

---

[4] *Diario Oficial de la Federación*, "Lista de participantes Vigésimo Octavo Concurso Interno de Oposición para la designación de jueces de distrito", Ciudad de México, 18 de enero de 2018.

Ornelas, jueza de lo penal en Irapuato, Guanajuato; Erick Martín Vega Sierra, juez de distrito en lo laboral, en Monterrey; Erick Juárez Olvera, juez de lo penal en Naucalpan, Estado de México; Esperanza Arias Vázquez, jueza de lo penal en la Ciudad de México; Fidel Abando Sáenz, juez de lo laboral en San Luis Potosí; Francisco Manuel Rubín de Celis Garza, juez de lo administrativo en Monterrey; Francisco René Ramírez Marcial, juez de lo penal en Tepic, Nayarit; Isaí López Triana, juez de lo penal en Sinaloa; Isaías Sánchez García, juez de lo penal en Jalisco; José Alberto Martínez Velázquez, juez de lo laboral en Tamaulipas; Juan Fernando Alvarado López, juez de lo penal en Tamaulipas; Julio César Moreno Fierros, juez de lo penal en Hermosillo; Karime Pérez Guzmán, jueza de lo laboral en la Ciudad de México; Laura Isabel Guerrero Vera, jueza de lo penal en Mexicali; Luis Alfredo Gómez Canchola, juez de lo penal en Guanajuato, y Luis Rafael Bautista Cruz, juez de lo penal en Boca del Río, Veracruz.

El listado de los jueces designados tras el concurso de oposición fallido sigue: María de los Ángeles Sánchez Domínguez, actual jueza de lo mercantil en Cancún; María Elvia Cano Celestino, jueza de lo laboral en Jalisco; María Gabriela Ruiz Márquez, jueza de lo administrativo en Jalisco; María Inés Hernández Compeán, jueza de lo penal en Coahuila; Maribel Camacho Fuentes, jueza de lo penal en Baja California Sur; Mario Alberto Rivera, juez de lo laboral en Chiapas; Miguel Ángel Reynaud Garza, juez de lo laboral en la Ciudad de México; Natalia López Álvarez, jueza de lo laboral en Tabasco; Olga Borja Cárdenas, jueza de lo mercantil en la Ciudad de México; Olga María Arellano Estrada, jueza de lo laboral en la Ciudad de México; Rafael Ibarra Delgado, juez de lo laboral en Coahuila; Rigoberto Almanza Rico, juez de lo penal en Veracruz; Rodolfo Meza Esparza, juez de lo penal en el Estado de México; Salvador Flores Martínez, juez de lo penal en el estado de Morelos; Tatiana Elizondo Piña, jueza de lo administrativo en Jalisco; Ulises Oswaldo Rivera González y Yadira Elizabeth Medina Alcántara, ambos jueces de lo administrativo en la Ciudad de México.

10

La sombra de la duda

Tened cuidado, no sea que haya un corazón
malo que los aparte de Dios.

HEBREOS 3:12

La descomposición dentro del Poder Judicial de la Federación es real. No se trata solo de un eufemismo del que se quiere valer el Poder Ejecutivo para subyugar en términos políticos a los encargados de la aplicación de la justicia. Los niveles de corrupción que se dan en la mayoría de las estructuras de los juzgados y tribunales federales de todo el país son mucho mayores de lo que se observa. Es la opacidad y la falta de rendición de cuentas del Consejo de la Judicatura Federal lo que no deja ver en su plena magnitud los actos ilegales e inmorales que, bajo el signo del dinero o de la incapacidad —porque también es corrupción ejercer un cargo sin estar preparado para ello—, se cometen en forma cotidiana en aras de la consabida aplicación de la justicia.

Ya en la recta final de la administración del presidente Andrés Manuel López Obrador, este inició una confrontación abierta con el Poder Judicial de la Federación. Las razones de ese enfrentamiento, las que se observan a la luz del entendimiento público, se fincan en la supuesta deslealtad de los juzgadores para con los ideales del pueblo mexicano. A los miembros del Poder Judicial se les ha reprochado desde la oficialidad del Ejecutivo federal su falta de cercanía con la gente, la llegada a sus cargos sin regulación ni participación popular, una vida palaciega y llena de dispendios, incluso hasta se les han cuestionado sus altos sueldos.

Es cierto todo eso: la mayoría de los miembros del Poder Judicial de la Federación, principalmente los jueces, magistrados y ministros, viven como una casta social aparte. La mayoría de ellos actúan alejados del sentir y del sufrir colectivo en materia de protección de la justicia, no solo en los actos de aplastamiento del Estado mexicano, sino también en aquellos eventos antijurídicos que trastocan la idílica relación de respeto y armonía entre todos los sectores sociales. Pero eso no es todo.

En realidad el Poder Judicial de la Federación, más que los altos sueldos y la vida de lujo que llevan algunos de sus principales integrantes, tiene mucho más que explicar a la sociedad. Se debe dejar en claro y desvanecer las dudas de corrupción que hoy permean la honorabilidad de ese poder de la República. Ya no basta el desgastado discurso, utilizado como pretexto de la corrupción, que se finca en el respeto a la aplicación del derecho o lo que es lo mismo el mentado debido proceso para torcer la ley a conveniencia. Si bien es cierto que derecho y justicia no es lo mismo, justo esa diferencia —que cualquier persona con dos dedos de frente la entiende— debería ser el eje rector en el comportamiento profesional de los juzgadores que han llevado al descrédito al Poder Judicial de la Federación.

El afán, en la recta final de su gobierno, del presidente Andrés Manuel López Obrador de llevar a cabo una reforma al Poder Judicial de la Federación puede estar fincado en diversas razones, solo él lo sabe: en el encono personal que mantiene con algunos ministros de la Suprema Corte de Justicia de la Nación; en el distanciamiento con el ministro Arturo Zaldívar —que se negó a la propuesta de la reelección en la presidencia de la SCJN—; en la cascada de recursos que, solo entre los meses de enero de 2020 y agosto de 2023, fueron 6 mil 788, que por efectos de amparos, actos de inconstitucionalidad o controversias constitucionales frenaron de tajo las pretensiones del Ejecutivo federal; incluso la propuesta de reforma constitucional para sanear el Poder Judicial de la Federación puede estar fincada en una visión política distinta de país, que confrontó al presidente López Obrador con la presidenta de la SCJN, Norma Lucía Piña Hernández. Pero lo que resulta cierto es que esa propuesta de reforma constitucional al Poder Judicial de la Federación no está motivada en lo verdaderamente central: las dudas de honorabilidad y honestidad en el desempeño de la mayoría de los impartidores de justicia.

Una de las mayores dudas que pesan sobre todo el Poder Judicial de la Federación es la de su supuesta complicidad con grupos del crimen organizado. Ese es un hecho innegable. No se trata solo de un mito urbano ni tampoco es la implantación de una idea en el imaginario colectivo, producto del discurso propagandístico de los actores políticos. Cuando se habla de que dentro del aparato de administración de justica hay jueces que están entendidos con muchos líderes de grupos criminales, a través de sus abogados, se está testereando la realidad.

Desde el interior de cualquiera de las 474 organizaciones del crimen organizado que reconoce oficialmente la Fiscalía General de la República que existen en México, o desde dentro de cualquiera de los 76 cárteles de las drogas que operan en el país, se sabe que algunos de los jueces federales —en función del correspondiente pago— están entendidos en la tarea de liberación como si fuera de oficio de los miembros más importantes de esas agrupaciones delictivas. Este mismo planteamiento comenzó a ser expuesto en forma constante desde la máxima tribuna informativa oficial del país: las conferencias mañaneras. Desde ahí se ha insistido en la existencia de juzgadores relacionados con la delincuencia. Y todo ello tiene fundamento, al menos así lo corroboran diversas fuentes consultadas al interior de organizaciones delictivas como los cárteles de Sinaloa, La Familia Michoacana, Jalisco Nueva Generación, Los Caballeros Templarios, del Golfo, de los hermanos Arellano Félix y de los Beltrán Leyva.

Entre esos casos, en los que al menos quedan las dudas sobre la actuación de los juzgadores, destaca el de Fausto Isidro Meza Flores, *el Chapito Meza* o *el Chapo Isidro*, uno de los brazos activos más importantes del narcotráfico mexicano. Él es el actual jefe en funciones del cártel de los Beltrán Leyva, en sustitución de Héctor Beltrán, *el H*, cargo al que llegó luego de haber fundado la organización Los Mazatlecos, que funcionó como el brazo armado del cártel de los Beltrán Leyva y que a la fecha alcanza niveles de violencia y autonomía como cualquier otro cártel. Su asociación con Rafael Caro Quintero le permitió al Chapo Isidro mantener una guerra abierta contra la fracción del Cártel de Sinaloa que lidera Ismael *el Mayo* Zambada García. Por lo mismo es uno de los principales generadores de violencia en los estados de Morelos, Guerrero, Sonora, Sinaloa y Baja California, según lo reconoce la Secretaría de Seguridad Pública federal.

A pesar de ello, Meza Flores se encuentra en libertad. Con su poder corruptor ha librado su detención por parte del Ejército en al menos cuatro ocasiones, y en otra más fue beneficiado con una resolución del Poder Judicial de la Federación, que le garantiza no ser detenido, al menos no por lo que hace al delito de delincuencia organizada. De acuerdo con documentos filtrados de la Secretaría de la Defensa Nacional —en el escándalo conocido como "Guacamaya Leaks"—, este narcotraficante fue sucesivamente puesto en inmediata libertad tras ser detenido por elementos del Ejército el 4 de mayo de 2011, en Culiacán; el 9 de julio de 2014, en Guasave; el 8 de agosto de 2014, en Ahome, y el 16 de abril de 2016, otra vez en Guasave. Las cuatro detenciones de las que mediante el poder del dinero finalmente salió bien librado Isidro Meza fueron motivadas por las órdenes de aprehensión AP/SIN/CLN/552/2011/M-III, por los delitos contra la salud, privación ilegal de la libertad y delincuencia organizada; AP/PGR/SIEDO/UEIDCS/311/2014, por los delitos de delincuencia organizada y portación de armas de fuego de uso exclusivo de las fuerzas federales; AP/PGR/SIN/MOCH/220/2014/M-III, por el delito de portación de armas de fuego de uso exclusivo de las fuerzas federales, y AP/PGR/SIN/MOCH/140/2015/M-III, por los delitos contra la salud, privación ilegal de la libertad y portación de armas de fuego de uso exclusivo de las fuerzas federales.

La evasión de la justicia del narcotraficante Meza Flores no solo ha sido a través del soborno a los elementos de la Sedena, quienes cuatro veces lo pusieron en libertad luego de ser detenido en tránsito por Sinaloa. El Chapo Isidro también ha sido favorecido con la decisión de un juez federal, el séptimo de distrito en Los Mochis, Sinaloa, quien —a pesar de que el citado narcotraficante ya era buscado por la DEA— en 2018 consideró que no había elementos para que se ejecutara una orden de aprehensión en contra del jefe del cártel de los Beltrán Leyva por el delito de delincuencia organizada. De acuerdo con información oficial entregada para este trabajo por el CJF, el juez José Pérez Mier era el responsable del Juzgado Séptimo de Distrito en Los Mochis en 2018, cuando se emitió el amparo a favor del narcotraficante Isidro Meza.

La decisión del juez Pérez Mier de otorgarle la protección de la justicia al narcotraficante Meza dejó sin efecto la orden de aprehensión dictada por el juez sexto de distrito de Los Mochis, Fernando Alcázar Martínez, quien pudo tener la intención de fincarle al citado narcotraficante todo el peso de la ley, pero la propia estructura operativa del Poder Judicial de la Federación no lo permitió, ni siquiera porque el Chapo Isidro ya era requerido por el gobierno de Estados Unidos.

El juez Alcázar Martínez también tiene sus cuestionamientos públicos, ha sido expuesto en medios de comunicación por su polémica decisión de haber negado inicialmente la extradición a Estados Unidos del narcotraficante Benjamín Arellano Félix, esto en 2008, cuando Alcázar era juez del Cuarto Distrito en Materia de Procesos Penales en el Estado de México. En ese momento el juez Fernando Alcázar consideró que era improcedente la entrega en extradición del jefe del cártel de los Arellano Félix porque, según su consideración, los delitos por los que era reclamado el capo de Tijuana ya habían sido juzgados en México.

Fue tal la vergüenza del Poder Judicial de la Federación frente a la inexplicable e inclinada posición legal del juez Fernando Alcázar, negando la extradición de Benjamín Arellano Félix, jefe del cártel de los Beltrán Leyva, que el mismo CJF tuvo que establecer un posicionamiento público sobre tema. El Consejo de la Judicatura dijo que lo expuesto por el juez Alcázar Martínez era solo una opinión sobre el caso y que eso de ninguna manera "obliga al Poder Ejecutivo federal para conceder o negar la extradición solicitada, pues constituye solo un criterio orientador que no tiene efecto vinculatorio".[1]

Pese a la duda expuesta, en estos dos casos, como en otros más, el Poder Judicial de la Federación no realizó ningún tipo de investigación sobre la probidad de los actos judiciales de los juzgadores José Pérez Mier y Fernando Alcázar Martínez, quienes, de alguna forma, fuera de la lógica jurídica, actuaron en favor de los narcotraficantes Fausto Isidro Meza Flores y Benjamín Arellano Félix. Tampoco se consideró que las resoluciones de los dos juzgadores fueran constitutivas de algún tipo de delito, ni mucho menos se dio parte al agente del Ministerio Público Federal para que condujera algún tipo de averiguación, pese a la ambigüedad de las declaraciones patrimoniales de ambos jueces.

Otro juez que ha despertado sospechas y cuestionamientos por su extraño comportamiento profesional es Eduardo Alberto Osorio Rosado, actualmente juez de distrito en el Centro de Justicia Penal Federal en el estado de Querétaro. Este letrado, que ocupa el cargo de juez desde febrero de 2016, y que llegó a esa posición por designación directa desde el CJF, ha sido señalado desde el Poder Ejecutivo como uno de los casos emblemáticos que desprestigian el Poder

---

[1] Consejo de la Judicatura Federal, comunicado 11, "En extradición, la opinión del juez no vincula la decisión del Ejecutivo", Ciudad de México, 1 de julio de 2008.

Judicial de la Federación a través de decisiones judiciales que favorecen, en la mayoría de los casos, a los delincuentes.

Según la explicación del general Luis Rodríguez Bucio, subsecretario de Seguridad Pública de la Secretaría de Seguridad y Protección Ciudadana del gobierno federal, en el caso más reciente de impunidad que se le atribuye al juez Eduardo Alberto Osorio Rosado se evidencia la práctica de mala aplicación de la justicia, la prevaricación. Y es que este juez federal fue responsable de la inmoral liberación de ocho personas agrupadas en una sociedad de la delincuencia organizada, las cuales fueron detenidas por elementos de la Guardia Nacional durante el cateo practicado a unas bodegas en el municipio de San Juan del Río, Querétaro.

Hasta donde se ha querido informar, elementos de la Guardia Nacional, en coordinación con funcionarios de la Fiscalía General de Justicia de Querétaro, como parte de sus programas de seguridad y combate a la delincuencia, lograron la detención de cinco hombres (Armando Daniel, José Ángel, Jorge Alejandro, Jorge Luis e Ignacio) y tres mujeres (Teresa, Jazmín y Karina), todos ligados al grupo delictivo La Familia Michoacana. A los detenidos se les incautaron drogas naturales y sintéticas, armas de fuego, cartuchos útiles, cargadores y teléfonos celulares. El juez Osorio Rosado, una vez que el agente del Ministerio Público Federal presentó a los detenidos, consideró que el cateo había sido ilegal y ordenó la inmediata liberación de todos los indiciados y la devolución de lo incautado.

El argumento legaloide esgrimido por el juez Eduardo Osorio, por el que se declaró nulo el cateo, fue una supuesta violación de las garantías individuales de los detenidos, quienes —a su propia consideración— fueron privados de la comunicación y se les dieron tratos degradantes y crueles, equiparables a la tortura. Además, en su argumentación, el juez Osorio estimó que "la Guardia Nacional no se encuentra facultada para realizar actos de investigación, ya que estos corresponden solo a la Policía de Investigación". Incluso —como si fuera poco—, también se estableció que la ubicación del sitio en donde fueron decomisadas drogas y armas, y un grupo de más de tres personas se habían reunido para delinquir, que dio origen a la carpeta de investigación, fue localizada con base en una denuncia anónima, ante lo que dijo: "la denuncia anónima no tiene ningún valor probatorio".

Esta no es la primera ocasión en que el juez Osorio emite una polémica determinación judicial. Este juez también fue objeto de señalamientos desde la Secretaría de Seguridad Pública federal en septiembre de 2022, luego de poner en libertad al líder criminal del huachicol Juan Carlos Ovando, *el Bombón*, quien encabeza una red de tráfico de combustible robado, y que a través de ella suministró para operaciones de construcción del Tren Maya. Al juez no le importó ninguna de las pruebas aportadas por la autoridad ministerial y terminó por liberar al indiciado, sin importar el daño patrimonial causado a la nación vía la sustracción ilegal de combustible de los ductos de Pemex, y sin importar tampoco que esta persona encabece una red delictiva.

El juez Osorio Rosado, de acuerdo con la Secretaría de Seguridad Pública federal, solo entre 2022 y 2023 acumuló en su experiencia laboral al menos otras 52 resoluciones judiciales que han resultado adversas a las pretensiones de encarcelamiento de presuntos miembros del crimen organizado, planteadas por los representantes de la Fiscalía General de la República. La mayoría de las resoluciones que en este caso han dejado en libertad a decenas de personas están asociadas a la comisión de delitos federales, principalmente en relación con narcotráfico, portación de armas, delincuencia organizada, lavado de dinero, huachicol y privación ilegal de la libertad.

Tratando de abonar al entendimiento de la práctica del juez Eduardo Osorio, se tiene que decir que las polémicas liberaciones que ha ordenado de personas señaladas en la comisión de delitos graves son parte de una doctrina jurídica, que, si bien es cuestionada en un entorno de hartazgo frente a la violencia como es México, también es parte de una tendencia internacional de respeto a los derechos humanos, que tiene que ver con la erradicación de la prisión preventiva oficiosa. Todo un tema. Pero el juez Osorio es reconocido en el Poder Judicial de la Federación por ser uno de los pocos juzgadores, tal vez el más importante en materia de defensa de los derechos humanos, que cada vez hacen menos uso la prisión preventiva oficiosa, para sostener la prevalencia del principio universal de la presunción de inocencia. Pero también es cierto que una cosa es evitar el uso excesivo de la prisión preventiva oficiosa y otra cosa muy distinta es la no sujeción a proceso penal.

Otra juzgadora cuyas determinaciones judiciales —a la sombra de la duda— han causado polémica en el grueso de la sociedad es Raquel Ivette Duarte Cedillo, la que en su haber cuenta con la decisión de exonerar a Fernando Sánchez Arellano, *el Ingeniero*, líder del cártel de los Arellano Félix, quien de la noche a la mañana, pese a su amplia carrera delictiva conocida desde lo mediático, fue absuelto por la comisión del delito de operaciones con recursos de procedencia ilícita. Esta sentencia apenas fue dada a conocer el 8 de febrero de 2023. A la jueza Duarte Cedillo no le importó, por su estricto apego al derecho, que no a la justicia, que el imputado fuera requerido en extradición por parte del gobierno de Estados Unidos, en donde se le sigue un proceso penal por liderar una empresa criminal que ha trasegado grandes cantidades de drogas y ha generado negocios a través del lavado de dinero y mediante el uso de recursos de procedencia ilícita.

Sánchez Arellano, actual cabeza del cártel de los Arellano Félix, de acuerdo con fuentes de la Agencia Antidrogas de Estados Unidos (DEA), ha continuado con uno de los imperios criminales más poderosos del mundo, heredado de sus tíos Francisco Rafael, Francisco Javier, Benjamín y Ramón Arellano Félix. Al frente de esa organización criminal Fernando Sánchez, en función de las utilidades económicas que le reditúa el trasiego de drogas desde México a Estados Unidos y dentro del territorio nacional mexicano, ha logrado amasar una fortuna estimada por el gobierno estadounidense en más de 15 mil millones de dólares.

Sin embargo, por las limitadas actuaciones legales a que se obligó la jueza Raquel Duarte —en parte orillada por la Fiscalía General de la República, que no incluyó en la querella otros activos y bienes del imputado—, ella no quiso ahondar en la fortuna visible del reconocido jefe del narcotráfico, uno de los más importantes del país. La jueza Duarte solo tomó en consideración el dinero que al momento de su detención portaba Sánchez Arellano. De acuerdo con la versión oficial del caso, el Ingeniero fue detenido en la ciudad de Tijuana, en junio de 2014, y portaba, entre otras pertenencias que le fueron incautadas, la cantidad de 119 mil 200 dólares en efectivo, poco más de 2 millones de pesos al tipo de cambio de aquel entonces. Esa fue la única cantidad de dinero que la jueza Duarte tomó en cuenta para decidir finalmente la absolución de Fernando Sánchez, al que tácitamente se le reconoció que los más de 2 millones de pesos que portaba en efectivo tenían una procedencia legal.

La prevaricación en la que con mucha cotidianidad, más de la que nos podemos imaginar, incurren algunos de los jueces del Poder Judicial de la Federación no se hace por desconocimiento, se hace esperando un efecto. El dictar sentencias torcidas a sabiendas de que con ello se ocasionará un daño social o particular a veces tiene la intención de beneficiar a reconocidos delincuentes, a veces es para dañar a inocentes. Y eso parece no importarles a las cúpulas directrices del Poder Judicial, tanto las que controlan el Consejo de la Judicatura como aquellas que manejan la SCJN.

A los directivos del Poder Judicial de la Federación parece no importarles la conducta atípica en la que incurren sus jueces y magistrados cuando cometen prevaricación. Al final del día todos los juzgadores siguen manteniendo sus prerrogativas sociales y los beneficios de mantener así el *statu quo* de un Poder Judicial de la Federación que los acoge y los solapa. Referir la práctica del prevaricato dentro del Poder Judicial de la Federación no es retórica, es un problema real. Los casos donde los jueces o magistrados causan un daño intencionado e irreversible a personas inocentes se cuentan por miles.

Solo por citar uno de tantos casos de impunidad judicial, donde el juzgador se convierte en el principal transgresor de la justicia, hay que referir el encarcelamiento injusto de Claudia Sánchez Mayorga. Ella estuvo encarcelada durante nueve años, por decisión de la jueza Karla Montes Ortega, quien consideró errónea y neciamente que la imputada era responsable del delito de beneficio de la explotación sexual ajena, y por ello la sentenció a 22 años y seis meses de prisión, de los cuales nueve los tuvo que pasar entre las cárceles federales de Nayarit, Morelos y Santa Martha Acatitla, en la Ciudad de México.

Claudia Sánchez Mayorga solo era trabajadora administrativa del restaurante Solid Gold, en la Zona Rosa de la Ciudad de México. Y por ello la autoridad ministerial de la entonces Procuraduría de Justicia de la Ciudad de México, a cargo de Rodolfo Ríos Garza, en la administración de Miguel Ángel Mancera, en 2013, la relacionó con un caso de explotación sexual en donde las víctimas eran 32 bailarinas que una banda de trata de personas mantenía recluidas laborando sexualmente en el citado restaurante. Nunca hubo el mínimo indicio de una relación entre Claudia Sánchez Mayorga y los eventos de explotación sexual que se cometían más allá del área administrativa del restaurante Solid Gold.

A pesar de ello, el procurador de la Ciudad de México, Rodolfo Ríos Garza, falseó declaraciones, manipuló testigos y realizó un cateo ilegal en la casa de Sánchez Mayorga, en donde no se encontró indicio alguno que la relacionara con el ilícito en comento. Con elementos aislados la Procuraduría de Justicia de la Ciudad de México terminó por presentar a Claudia Sánchez ante la jueza federal Karla Montes Ortega, quien, sin valorar a fondo las supuestas pruebas, solo por actuar en concordancia política con el gobierno de la Ciudad de México, y solo porque pudo, terminó por endilgarle la responsabilidad de la culpa a la indiciada Claudia Sánchez.

El error de la jueza Montes Ortega fue corregido nueve años después. Fue el magistrado Luis Pérez de la Fuente quien revocó la sentencia y le otorgó la libertad irrestricta a Claudia Sánchez. Ella regresó a su casa y todos los días intenta rehacer su vida, aunque sabe que los nueve años que le fueron arrebatados los dejó en las celdas de la prisión. Contra la jueza Montes Ortega no ha habido ni siquiera una llamada de atención. Ella, tal vez por ser parte de los jueces que son designados por acuerdo en las cúpulas del CJF, no fue molestada ni mucho menos llamada a cuentas o para que rindiera, al menos, una explicación sobre dicha sentencia que a todas luces se observa fuera de los parámetros legales y morales.

Tras la sentencia dictada en el caso de Sánchez Mayorga, el CJF, como en muchos otros casos similares, no fue recio con la jueza Karla Montes, más bien pareciera que la consintió: por orden superior, como si se tratara de esconderla o recompensarla, Montes Ortega fue designada jueza de distrito especializada en el sistema de justicia penal acusatorio en el estado de Morelos con residencia en Cuernavaca y posteriormente en Xochitepec.

Esa no es la única ocasión en que la jueza Montes Ortega le falló a la justicia con sus sentencias torcidas. Hay un caso que también es emblemático, no solo por la estupidez delictiva, sino por la actuación judicial que raya en la complicidad. Se trata del caso Melate, en el que un grupo de trabajadores de la Lotería Nacional hicieron fraude y se pudieron embolsar más de 110 millones de pesos de la bolsa de Pronósticos para la Asistencia Pública. En ese caso la jueza Karla Montes determinó que el delito de fraude ya había prescrito, por eso archivó la causa y canceló las órdenes de aprehensión en contra de los implicados, órdenes de captura que nunca se quisieron cumplimentar por parte de la entonces Procuraduría General de la República (PGR) y posteriormente por cuenta de la Fiscalía General de la República (FGR).

El caso es el siguiente: la noche del 22 de enero de 2012 un grupo de funcionarios de Pronósticos para la Asistencia Pública y empleados de la empresa Just Marketing se coludieron para simular el sorteo 2518 de Melate Revancha y Revanchita, y de esa forma quedarse con los premios del sorteo. La acción delictiva consistió en que el sorteo no se transmitió en vivo, como marca la regla. En esa ocasión el sorteo se grabó con varias horas de anticipación. El resultado con los 13 números ganadores fue escrito en una quiniela que se presentó en una sucursal de la Lotería Nacional de la Ciudad de México una hora y media antes del cierre del sistema de captura, y el premio se cobró posteriormente. Las quinielas ganadoras, que fueron cobradas en la Ciudad de México y en Zacatecas por parte de algunos familiares de los implicados, sumaron un premio total por 110 millones 277 mil 926 pesos.

Los implicados en este fraude, sobre los que se simuló ejercer la acción penal, fueron cuatro empleados de Pronósticos para la Asistencia Pública, dos empleados de la firma Just Marketing, la empresa encargada de realizar los sorteos y sus transmisiones en la televisión nacional, y tres personas ajenas a la organización de los juegos de sorteo. Por el delito de fraude fueron señalados José Luis Jiménez Mangas, entonces director de los sorteos Progol, Protouch y Pronósticos Rápidos; Gustavo García Pérez, quien era representante de la subdirección de Concursos y Sorteos; Héctor Hugo López, subdirector de Concursos y Deportes de Pronósticos para la Asistencia Pública; Carlos Alberto López Martínez, responsable del pesaje de las esferas del sorteo; Jorge Ibarra, jefe de edición de Just Marketing; José Ramón Sánchez, representante de la empresa Just Marketing; Leticia Guadalupe Figueroa Castañeda (esposa de José Luis Jiménez Mangas), Olga María Sánchez (hermana de José Ramón Sánchez) y Sara Solórzano, edecán.

De todos los implicados solo fueron detenidos y encarcelados López Martínez y Jiménez Mangas. El resto de grupo delictivo se mantuvo prófugo hasta que las gestiones surtieron efecto; el 12 de junio de 2020 la jueza Montes Ortega dejó sin efecto la acción de la justicia al considerar que el delito ya había prescrito. Antes, los magistrados del Primer Tribunal Colegiado en Materia Penal de la Ciudad de México, Horacio Armando Hernández Orozco, Juan José Olvera

López y Francisco Javier Sarabia Ascencio, también consideraron la prescripción de la aplicación de la justicia: literalmente perdonaron el fraude cometido pese a que la mayoría de los responsables nunca pisaron la cárcel, tal vez porque alguien abogó por ellos.

No sobra decir que el proceso de investigación ministerial sobre el fraude contra Pronósticos para la Asistencia Pública fue interferido por la directora de Sistemas de la Gerencia de Administración de la Lotería Nacional, Esperanza García Luna, quien a través de su hermano, el entonces temible secretario de Seguridad Pública, Genaro García Luna, frenó la acción de la Procuraduría General de la República para que no se cumplimentaran las acciones de investigación sobre los responsables del millonario fraude. La razón de la intervención de Esperanza García para que ese caso no llegara al extremo de la detención y la sentencia de los responsables fue porque personal técnico de la dirección de Sistemas de la Lotería Nacional, a cargo de Esperanza García, habría estado implicado también en el fraude, o al menos intentaban hacer lo propio en la Lotería Nacional.

Con ese antecedente no es difícil entender la obediencia del Poder Judicial de la Federación para favorecer a Genaro García Luna con la devolución de sus cuentas bancarias, justo el mero día en que, en una corte de Estados Unidos, fue declarado culpable por cargos de narcotráfico y de pertenecer a un cártel de las drogas. La operadora para que las cuentas que desde el 9 de diciembre de 2019 les habían sido congeladas a Genaro García Luna y su esposa Linda Cristina Pereyra Gálvez fue Esperanza García Luna, quien gestionó sus relaciones dentro del CJF para que dichas cuentas les fueran devueltas antes de que causara cualquier ejecutoria del gobierno estadounidense que terminara con la incautación de su dinero.

Las cuentas que fueron devueltas a la familia García-Pereyra por decisión de los integrantes del Décimo Séptimo Tribunal Colegiado en Materia Administrativa de la Ciudad de México habían sido congeladas por instrucción oficial, luego de que la Unidad de Inteligencia Financiera (UIF) encontró que dichas cuentas bancarias contenían todavía más de una tercera parte de los fondos que logró acumular Genaro García Luna mediante una serie de contratos fraudulentos que realizó con diversas dependencias del gobierno mexicano, durante las administraciones de los presidentes Enrique Peña Nieto y Felipe Calderón. El monto de los recursos sustraídos en actos de corrupción, sobornos y contratos ilegales o inmorales de obras y servicios acordados con el gobierno federal fue de 939 millones 614 mil 955 pesos y 197 millones 982 mil 341 dólares.

Los responsables de descongelar y devolver las cuentas a García Luna y su esposa fueron los magistrados Rolando González Licona, Eduardo Baltazar Robles y Amanda Roberta García González. A estos juzgadores no les interesó, por su estricto apego al derecho, que Linda Pereyra —al momento de la devolución de las millonarias cuentas— estaba también enfrentando un litigio contra el gobierno mexicano en una corte de Estados Unidos, en donde el centro de la disputa era la cantidad de 745 millones 800 mil dólares,[2] recursos que eran producto de algunas de las actividades ilícitas de García Luna, y que gran parte de ese dinero se encontraba incluido en los fondos de las referidas cuentas bancarias.

De los tres magistrados que liberaron las cuentas de García Luna, Amanda Roberta García González es la que más dudas despierta sobre su honorabilidad. Ella ha sido señalada de estar incorporada a una empresa agropecuaria denominada Corporación Rancho San José S. de P. R. de C. V., ubicada en San José de Iturbide, Guanajuato, empresa de la que es cabeza visible Alberto Limón Lasón González, quien es señalado de defraudar a por lo menos una docena de inversionistas que le aportaron casi 70 millones de pesos, y que actualmente se desempeña como secretario del Décimo Séptimo Tribunal Colegiado en Materia Administrativa de la Ciudad de México, donde precisamente Amanda García es su jefa.

---

[2] Secretaría de Hacienda y Crédito Público, Unidad de Inteligencia Financiera, tarjeta informativa, Ciudad de México, 21 de febrero de 2023.

De acuerdo con varios testimonios de los afectados en esta empresa fraudulenta, el representante de la Corporación Rancho San José, Lasón González, protegido de Amanda García, se dedica a la búsqueda de capitales con la intención del fraude. A todos los que logra engañar les propone contratos muy rentables de inversiones, en donde se les garantizan rendimientos mensuales de entre 5 y 9 y hasta 10% en caso de mora, pero una vez que le aportan el dinero los defraudados no vuelven a saber de rendimientos ni mucho menos de la devolución de sus capitales. Las aportaciones hechas por los defraudados van desde los 500 mil hasta los 10 millones de pesos, en donde se presume también la participación de la magistrada García González.

Es de destacar que, aun cuando Alberto Lasón se dice dueño de la Corporación Rancho San José, en realidad solo es el socio mayoritario de la empresa, en donde la magistrada Amanda García aparece como tesorera.[3] Sin embargo, esta empresa no está manifestada en la declaración patrimonial de 2023 de Lasón González;[4] tampoco aparece en la declaración patrimonial de la magistrada García González. De hecho, la declaración patrimonial de Lasón se nota pobre: no manifiesta ningún tipo de propiedad, no tiene casa, ni auto, ni cuentas bancarias, ni siquiera tarjetas de crédito, ni ha tenido mayores ingresos que los de su salario, un millón 347 mil 597 pesos con 23 centavos al año. Es como si quisiera esconder algo detrás de su falsa pobreza.

Por su parte, en la declaración patrimonial de 2023 presentada por la magistrada García González, sí se nota que hay abundancia, aunque tampoco se registra su participación dentro de la empresa agropecuaria Corporación Rancho San José, en la que ella fue registrada como tesorera. De acuerdo con su declaración patrimonial, la magistrada Amanda García es propietaria de un edificio y seis casas;

---

[3] Secretaría de Economía, Registro Público de Comercio, Registro Mercantil, Corporación Rancho San José S. de P. R. de C. V., numero único de documento 202110020976800X3, San José Iturbide, Guanajuato, 27 de octubre de 2022.

[4] Consejo de la Judicatura Federal, declaración de situación patrimonial, Alberto Limón Lasón González, Ciudad de México, 30 de mayo de 2023.

la mayoría de esas propiedades fueron compradas de contado, en transacciones que poco se explican en la citada declaración patrimonial, y que suman una inversión total de 24 millones 198 mil pesos. Es necesario precisar que la mayoría de las operaciones de compra del peculio inmobiliario de la magistrada García González fueron hechas luego de que asumió el cargo como magistrada de circuito, el 16 de agosto de 2000, cuando resultó electa en el Quinto Concurso Interno de Oposición.

Según se observa en la versión pública de la declaración patrimonial de la magistrada Amanda García,[5] el edificio lo recibió en donación en 1985 y tiene un precio de mercado de 600 mil pesos. De las casas que tiene, dos de ellas las compró a crédito: una en 2008 por un millón 038 mil pesos y la otra en 2017 con un costo de 10 millones 300 mil pesos. Las otras cuatro casas que compró de contado, una la adquirió en 2006 a un precio de 2 millones 230 mil pesos; otra la compró en 2013 en 2 millones 750 mil pesos; otra casa la compró en 2008 a razón de 6 millones 300 mil pesos, y una más en 1994, por la que pagó 980 mil pesos. Esta fortuna ha salido a base de su sueldo, el último registrado públicamente por 2 millones 934 mil 802 pesos con 87 centavos al año.

Otro juez con prácticas cuestionadas y que —a diferencia de algunos de los jueces anteriores— sí cuenta con quejas ante el CJF por parte de la Fiscalía General de la República, por haber prevaricado para dejar en libertad a responsables de conductas antisociales, es Álvaro Niño Cruz. Este juez, entre otros casos, en noviembre de 2022 dejó en libertad y exoneró de toda responsabilidad a un policía estatal de Oaxaca que, el 19 de junio de 2016, participó en los hechos de violencia registrados en Asunción Nochixtlán, Oaxaca, en donde el gobierno federal y el estatal de Oaxaca reprimieron una manifestación social que hacía reclamos de mejoras a la educación, en la que

---

[5] Consejo de la Judicatura Federal, declaración de situación patrimonial, Amanda Roberta García González, Ciudad de México, 26 de mayo de 2023.

perdieron la vida ocho personas y otras 27 resultaron heridas por disparos de arma de fuego de las fuerzas del orden.

El caso es que el juez Niño Cruz consideró, bajo un razonamiento lógico jurídico un tanto extraño, que el policía acusado de homicidio que él mismo dejó en libertad, de nombre Ismael Mendoza Díaz, no podía ser el asesino de dos personas que cayeron abatidas por las balas de su arma en aquellos hechos. De acuerdo con el razonamiento del juez, el que una bala corresponda a una determinada arma no es razón suficiente para acreditar un asesinato. Por eso el imputado por el asesinato de dos maestros de la sección 22 de la Coordinadora Nacional de Trabajadores de la Educación (CNTE) quedó en libertad el 9 de junio de 2023, luego de casi siete años de prisión.

Álvaro Niño, también en su calidad de juez federal en San Bartolo Coyotepec, se ganó otra queja por parte de la FGR —ante el CJF— por haber puesto en libertad a cuatro personas, tres de nacionalidad mexicana y otra de origen guatemalteco, que fueron detenidas en altamar mientras trasegaban 600 kilogramos de cocaína. Los narcotraficantes fueron detenidos a 237 millas náuticas (438 kilómetros) al sur de Huatulco. La detención fue realizada por elementos de la Marina. Los detenidos, las cuatro armas y la cocaína incautada fueron puestos a disposición y presentados ante el juez referido.

Una vez que el juez Niño Cruz conoció del caso, en forma inmediata ordenó la libertad de los indiciados al considerar como ilegal la detención, esto bajo el argumento de que en altamar, en donde se dieron los hechos, la Secretaría de Marina no tiene facultades para llevar a cabo eventos de captura y combate al narcotráfico, contraponiendo su criterio con el establecido en la Convención de las Naciones Unidas que indica de manera precisa los derechos de las naciones en altamar. Eso no es lo más sorprendente. Resulta más extraño que el criterio ilógico del juez Álvaro Niño haya sido avalado por los magistrados Tereso Ramos Hernández, Fabricio Fabio Villegas Estudillo y Mario Alberto Gómez Rétiz, miembros del Tribunal Colegiado de

Apelaciones del estado de Oaxaca, en donde tras revisar la sentencia de primera instancia se estableció esta como bien fundada y motivada.

Con la misma lógica, de negar funciones de seguridad pública a elementos de la Secretaría de Marina, también actuó el juez federal Marco Alberto Vera Aguilar, quien dejó en libertad a seis personas que transportaban combustible robado en altamar, cinco de ellas llevaban el huachicol en el buque *Jacob*, mientras que otra persona transportaban el combustible sin acreditar su legal procedencia a bordo de la embarcación de nombre *Cimarrón*. Los seis detenidos por la Marina, en hechos distintos que ocurrieron frente a Dos Bocas, en Tabasco, fueron puestos en libertad. El juez del caso argumentó que —como en el caso del juez Álvaro Niño— los elementos de la Marina no contaban con facultades en materia de seguridad pública para poner a disposición a personas ante el Ministerio Público. Tras esa decisión, el juez Marco Alberto Vera Aguilar ordenó no solo la liberación de los detenidos, sino la devolución del combustible de cuya procedencia no se tenía registro.

La lista de jueces dejando en libertad a seguros responsables de la comisión de delitos es larga: solo entre enero de 2022 y agosto de 2023, en forma mediática se han conocido por lo menos 682 casos en donde juzgadores federales, sean jueces de distrito o magistrados de circuito, pese al peso de la evidencia, han dejado en libertad a personas relacionadas con la criminalidad, algunas de renombre y otras de poca monta dentro del mundo delictivo, pero a final de cuentas todas contribuyendo al México de la impunidad al que parece aspirar el Poder Judicial de la Federación.

En la larga lista de los jueces que por su decisión o beneficio personal han contribuido a incrementar las cifras de impunidad en México se encuentra el juez Arturo Medel Casquera, quien a pesar de las evidencias decretó el no ejercicio de la acción penal contra un grupo de personas que mantenían en operación un centro clandestino en donde se hacía acopio de huachicol. La decisión del juzgador de no ejercer acción penal fue porque la bodega de combustible robado se encontraba en el número 100 de la calle Lago Garden, de la colonia Anáhuac, en la Ciudad de México, pero en la carpeta de investigación se refería al número 100-bis, que aun así es el mismo predio.

Un caso similar, en donde prevalecieron los argumentos legaloides de una juzgadora para dejar en libertad al responsable de un delito, es el que protagonizó la jueza Gabriela Capetillo Piña, quien ordenó la liberación irrestricta de un detenido que en su propiedad mantenía activa una toma clandestina de extracción de combustible de un ducto de Pemex. El liberado es Ernesto Tinajero, a quien el canino de nombre Bono le descubrió una toma clandestina de combustible, esto en el municipio de Cuautepec, Hidalgo. Sin embargo, la jueza Capetillo consideró que no era válido el hecho de que un perro, adiestrado para ello, haya encontrado la evidencia del delito.

Tras desestimar el método de investigación y luego de establecer que en el caso de Tinajero no se acreditaban los elementos del tipo penal, fue la jueza Verónica Gutiérrez Fuentes quien dictó el auto de no vinculación a proceso penal del responsable de tener una toma clandestina de combustible en su casa. Por increíble que parezca, la decisión de la jueza Gutiérrez fue avalada, en la resolución de la apelación interpuesta por la FGR, por los magistrados Federico Jorge Martínez Franco, José Manuel Torres Pérez y la secretaria del tribunal en funciones de magistrada Loreto Mejía Lucero, quienes consideraron que los agravios de la FGR eran infundados e inoperantes.

Otro caso que es necesario resaltar, para tratar de entender la historia de ignominia que se fragua todos los días al interior del Poder Judicial de la Federación, es el protagonizado por el juez Édgar Alonso Ambriz Tovar, quien conoció el proceso penal de una persona dedicada al huachicol, que fue detenida en Atlacomulco por elementos de la Guardia Nacional, pero que finalmente el juzgador decidió que no había elementos constitutivos del delito. La persona que intentó ser sujeta a proceso, pero que el juez determinó que no, fue sorprendida en flagrancia mientras sepultaba una toma clandestina que había sido utilizada para extraer combustible en forma ilegal de un ducto de Pemex.

Al ser judicializado el caso, el juez Ambriz Tovar consideró que los hechos sucedidos sobre el poliducto Salamanca-Guadalajara no cumplían los extremos del delito, toda vez que la persona detenida —aun cuando fue sorprendida con una pala enterrando la toma ilegal de un ducto y se le encontró en posesión de un tubo con rosca en las puntas (niple)— no tenía, según dijo el juez, la posibilidad de haber cometido el delito porque esas herramientas no eran suficientes para llevar a cabo, aun cuando hubiese existido la intención, la extracción de combustible en forma ilegal. Por eso el acusado fue puesto en libertad en forma inmediata, pese al reconocimiento social de su pertenencia a un grupo delictivo dedicado al huachicol.

Para cerrar, no puede quedar afuera el caso de la jueza Beatriz Eugenia Álvarez Rodríguez, el que en sí es uno de los más vergonzosos de los que se han podido documentar dentro del Poder Judicial de la Federación, por el solo hecho de que los propios juzgadores han dejado al más desprotegido sin la mínima posibilidad de acceder a la justicia. En este caso la víctima es José Francisco Espinoza Huerta, quien fue atropellado, secuestrado y desaparecido en la ciudad de Aguascalientes. Esto sucedió el 6 de diciembre de 2018, y hasta el cierre de este trabajo no había rastro ni del desaparecido ni de la justicia.

Todo indica que José Francisco Espinoza, quien a veces se desempeñaba como pepenador, cometió un hurto en la casa del exgobernador de Aguascalientes, Martín Orozco. No se sabe qué fue lo que se extrajo del lugar, pero al parecer eso molestó al exgobernador. Días después del robo dos de los escoltas del exgobernador panista Martín Orozco fueron tras el presunto ladrón José Francisco Espinoza, quien fue atropellado por la camioneta que ya lo perseguía cuando circulaba en su bicicleta. Los dos escoltas, cuyas acciones quedaron registradas en un video, golpearon a José Francisco Espinoza y posteriormente lo privaron de su libertad. Esa fue la última vez que se supo del pepenador.

María Rojas Gamón, esposa de la víctima, denunció la desaparición forzada, por lo que se abrió una carpeta de investigación en la

Fiscalía federal para el esclarecimiento de los hechos. En las investigaciones se encontró que José Francisco Espinoza fue secuestrado por instrucción de Jaime Tejada Ponce, *el Comandante Rojo*, quien era comandante de la Policía Ministerial de Aguascalientes y se valió de tres elementos de la policía y un agente del Ministerio Público, los que en su momento estuvieron bajo su cargo, para cometer la desaparición de la víctima. Los cómplices del Comandante Rojo fueron Pablo Alejandro Tenorio Mosqueda, *el Pantera*; René Alejandro Carrillo Durán, *el Puma*; Víctor Alejandro Escobedo Gutiérrez y Gerardo Omar Reyes Amador.

Aunque hubo intentos en la Fiscalía General de Justicia de Aguascalientes para que el caso no se judicializara, finalmente la FGR presentó resultados y logró que el caso fuera atendido por la jueza Beatriz Eugenia Álvarez Rodríguez, pese que el principal de los sospechosos, el comandante Jaime Tejada Ponce, se suicidó al interior de una celda en el Cereso de Aguascalientes. Sin embargo, esta jueza —según se lee en una de las dos quejas presentadas contra ella ante el CJF— "entorpeció el desahogo de los medios de prueba, con una clara predisposición negativa a los fiscales y en beneficio de la defensa; así como por no estar presente de manera física en el desahogo de la audiencia".

Las quejas presentadas contra la jueza Álvarez Rodríguez no causaron ningún efecto porque fueron desechadas por instrucción de la presidenta de la SCJN, la ministra Norma Piña Hernández, quien en su calidad de presidenta del CJF acordó con la ministra María Gabriela Rolón Montaño, secretaria ejecutiva de disciplina del CJF, no ejercer ningún tipo de sanción en contra de la jueza que podría dejar en la impunidad el delito de desaparición forzada cometido por policías en agravio de José Francisco Espinoza Huerta.

De tal suerte y tan cuestionable ha sido la actuación profesional de algunos juzgadores del Poder Judicial de la Federación, que sus pifias judiciales —traducidas como sentencias que han beneficiados a delincuentes de todos los calibres— fueron utilizadas políticamente por el presidente Andrés Manuel López Obrador, y todo su equipo de seguridad nacional, para desprestigiar más al Poder Judicial. Por ello, en honor a la prevaricación cometida desde dentro de todos los órganos jurisdiccionales de aplicación de justicia se comenzó a fusilar lentamente a todo el Poder Judicial desde la conferencia mañanera, en donde se creó una subsección especial, dentro de la sección Cero Impunidad, desde donde se señaló y se exhibió —a manera de justicia mediática— el mal comportamiento judicial de la nación.

Se cuentan por varias decenas los casos en donde jueces y magistrados, incluidos algunos ministros, han sido exhibidos al menos bajo el manto de la duda por lo errado de sus sentencias, que al menos escapan a la lógica de los hechos sancionados. Uno de los más abominables es el caso del juez que sancionó el secuestro, tortura y asesinato de Juan Francisco Sicilia Ortega de 24 años de edad, hijo del poeta y periodista Javier Sicilia. En este caso el juez Ernesto Vladimir Tavera Villegas, titular del Juzgado Segundo Distrito de Procesos Penales Federales, en el estado de Tamaulipas, decidió que no había elementos para mantener en prisión a seis de los implicados en el crimen, por lo que decretó la libertad absoluta a favor de José Mario, Feliciano, Manuel, José, Mario Omar y Javier, quienes, a pesar de las imputaciones y las pruebas que referían su participación en el multihomicidio, hoy son oficialmente inocentes de ese cargo.

Fue el 28 de marzo de 2011, en plena guerra contra el narco de Felipe Calderón, cuando el hijo del poeta y periodista Javier Sicilia fue encontrado asesinado con visibles huellas de tortura, junto con otras seis víctimas, esto en el interior de un auto, en las inmediaciones de Temixco, Morelos. De acuerdo con las investigaciones, el joven Juan Francisco Sicilia Ortega y las otras víctimas fueron secuestrados en el bar Obsesión, de Temixco, Morelos, por un grupo delictivo asociado al Cártel del Pacífico Sur, liderado en esa región por Julio de Jesús Hernández Radilla. A pesar de la evidencia presentada, en este caso el juez Tavera Villegas consideró que algunos de aquellos a los que se les ordenó la comisión de los eventos que concluyeron en el multihomicidio no eran responsables en su totalidad de esos hechos, por lo que se les decretó su absoluta libertad respecto del delito de privación ilegal de la libertad en su modalidad de secuestro.

Por casos como los anteriores la Fiscalía General de República ha tenido que recurrir con denuncias penales o quejas ante el CJF en contra de algunos jueces y magistrados, los que de manera más que evidente han decidido ponerse del lado de la delincuencia al momento de ejercer su labor de impartición de justicia. De acuerdo con fuentes extraoficiales al interior del CJF, al cierre de este trabajo, solo en los últimos 12 meses se habían presentado por lo menos 25 quejas contra igual número de jueces, siete en contra de magistrados y 74 quejas en contra de secretarios de juzgado de distrito o tribunal unitario o colegiado de circuito.

Oficialmente el CJF ha evadido su responsabilidad de informar sobre el número de quejas que la FGR, el Poder Ejecutivo federal o particulares han presentado por la mala aplicación de justicia en la que han incurrido decenas de juzgadores federales y que se ha convertido en práctica recurrente. Ni siquiera a través de la Plataforma Nacional de Transparencia (PNT) el Consejo de la Judicatura ha querido informar cuántas y cuáles son las quejas que se han presentado contra jueces y magistrados corruptos.[6] Informar de ello es un tema tabú.

Sin embargo, para que no se note la opacidad del Poder Judicial en la rendición de cuentas —cuando se trata de sanciones aplicadas a los juzgadores—, el CJF hace una especie de *mea culpa* y juega a ser transparente, exhibe algunos casos de funcionarios menores, incluso algunos jueces de distrito, que fueron reconvenidos con sanciones de algún tipo por faltas administrativas o por conductas contrarias al comportamiento moral.

Los datos que se exponen en la página oficial del CJF, dentro del Portal Nacional de Transparencia, refieren que en 2021 fueron 356

---

[6] Consejo de la Judicatura Federal, respuesta a la solicitud de información 330030423001803, Ciudad de México, 23 de marzo de 2023.

funcionarios —con cargos menores— los sancionados por su mal comportamiento administrativo, incluso sexual; en 2022 fueron solo 31 los funcionarios —donde los hay también con el cargo de jueces de distrito— que recibieron algún tipo de amonestación a causa de su deshonestidad, y de enero a septiembre de 2023 el número de funcionarios sancionados llegó a 51. Todos los sancionados del Poder Judicial de la Federación que se exhiben en la página oficial del CJF, que solo de 2021 al cierre de este trabajo, en septiembre de 2023, eran 438, fueron reconvenidos por todo tipo de actos, excepto por el de mala aplicación de la justicia.

La mala aplicación de la justicia es un acto que el CJF se niega a reconocer como una práctica que se comete a diario en los diversos órganos jurisdiccionales del Poder Judicial de la Federación. El no sancionar dicha práctica y —peor aún— permitir que siga ocurriendo en forma discrecional resulta un acto de alcahuetería por parte del Consejo de la Judicatura, eso sin tomar en cuenta el daño social que significa tener un Poder Judicial de la Federación podrido en sus entrañas.

La exhibición de esa corrupción, en una especie de justicia mediática, parece que es la única alternativa que se vislumbra desde el Poder Ejecutivo federal, para tratar de frenar la corrupción de jueces, magistrados y ministros que piensan que no tienen que rendir cuentas a nadie sobre las inclinaciones de sus fallos, y se observan cada vez más proclives a deslizarse hacia el lado de la criminalidad, permitiendo sentencias sesgadas y a modo, que benefician a quienes pueden comprar la justicia. Una justicia que parece estar en oferta, solo para los que tienen forma de pagarla.

De acuerdo con la denuncia pública emitida por el Poder Ejecutivo federal sobre la venta de justicia al mejor postor, se ha ido integrando un catálogo de jueces y magistrados que, por la inclinación de sus sentencias, pareciera que sirven a grupos delictivos y no a la aplicación de la correcta justicia. Públicamente el Ejecutivo federal ha denunciado al menos cinco casos de jueces que cuentan con denuncias penales o quejas ante el CJF. También se ha denunciado mediáticamente a otros ocho jueces cuyas resoluciones fueron impugnadas y algunas resueltas a la inversa por tribunales de alzada, y otros ocho casos de magistrados y jueces que —ante la comisión de delitos graves— se han venido oponiendo a la aplicación de la prisión preventiva oficiosa como medida cautelar por considerarla un atentado a las garantías individuales de los indiciados.

Entre los casos que se han expuesto por parte del Ejecutivo federal se encuentra el —ya referido líneas arriba— del juez Eduardo Alberto Osorio Rosado, quien, de 52 sentencias emitidas, en 29 casos terminó por no vincular a proceso penal a los imputados; en 11 ocasiones ordenó el cambio de la medida cautelar, sustituyendo la prisión preventiva oficiosa por otras medidas; en otras seis ocasiones puso en libertad al o los inculpados por calificar de ilegal la detención; en cuatro casos declaró sentencia absolutoria y en dos ordenó la reclasificación del delito. Todos los beneficiados con las decisiones de este juez estaban relacionados con la comisión de delitos graves como posesión de armas de fuego, tráfico de personas, robo de hidrocarburos, delitos contra la salud y robo al autotransporte.

Por su parte, el juez José Luis Hernández, de Coahuila, quien fue denunciado penalmente por la FGR y cuenta con dos quejas ante el CJF, está señalado de una práctica profesional totalmente dudosa. Este juez fue el que decidió no vincular a proceso penal a los dueños de la mina ilegal de carbón El Pinabete, en donde —tras un derrumbe por las pésimas condiciones físicas del área de trabajo— quedaron sepultados 10 mineros. Como si la no vinculación a proceso penal a dos de los dueños de esa mina fuera poco, también decretó el sobreseimiento de vinculación del caso a favor de un tercer imputado que también es propietario de la mina.

José de Jesús Rodríguez Hernández es otro juez que genera sospechas: él es un juez de control en Guanajuato que de 80 resoluciones emitidas en los últimos meses en 39 casos decidió no vincular a proceso al o los imputados; en 34 ocasiones calificó como ilegal la detención y en siete declaró sentencias de libertad por supuesta falta de elementos. Todos los casos de los que estamos hablando tienen que ver con delitos como acopio de armas, contra la salud o delincuencia organizada. Además, este juez mantiene una confrontación francamente abierta contra los agentes del Ministerio Público Federal, porque considera que los reclamos de penas elevadas para los infractores no se encuentran justificadas. Por esas razones el juez Rodríguez Hernández "enfrenta" dos quejas archivadas en su contra en el CJF.

Ahí mismo, en Guanajuato, también se encuentra el caso del juez de control Jesús Alejandro Jiménez Álvarez, quien cuenta en su haber reciente con por lo menos 34 resoluciones que dejaron un velo de duda. En 15 de esos casos el juez Jiménez Álvarez determinó no vincular a proceso a los imputados; en 14 resoluciones calificó como ilegal la detención de los procesados; y en cinco sentencias declaró en libertad a los acusados de delitos graves como posesión de cartuchos y armas de fuego exclusivos de las fuerzas federales, narcotráfico y huachicol.

Otro juez que enfrenta dos quejas dentro del Consejo de la Judicatura es Daniel Ramírez Peña, del Estado de México. Este juez fue el que absolvió de responsabilidades al magistrado Isidro Avelar Gutiérrez, el que en 2011 recibió depósitos injustificados por hasta 12 millones luego de haber dictado sentencias a favor de miembros del Cártel Jalisco Nueva Generación y a principios de 2023 se le destituyó como magistrado. Además, el juez Daniel Ramírez Peña también ha despertado dudas sobre la honorabilidad de su trabajo al establecer en sus más recientes sentencias —la mayoría de ellas relacionadas con huachicol— la no vinculación a proceso penal al o los acusados; en dos calificó como ilegal la detención de los imputados y en un caso, sin elementos para ello, declaró sentencia de libertad para el imputado.

Otro juez que también desacredita lo poco que le queda de honorabilidad al Poder Judicial de la Federación es Óscar Antonio Madero González; este juez de control en Michoacán cuenta con una denuncia penal por parte de la FGR debido a la marcada inclinación a favorecer a personas que no dejaron duda razonable en la comisión de delitos graves, principalmente que tienen que ver con delincuencia organizada, secuestro y narcotráfico. De 15 resoluciones que en los últimos dos años ha emitido este juez, en casos determinó no vincular a proceso al o los indiciados, en dos ocasiones calificó de ilegal la detención y en otras dos otorgó la libertad a los detenidos, pese a la evidencia de su responsabilidad.

También en Michoacán destaca por su cuestionado comportamiento profesional el juez Marco Antonio Torres Reyes, quien bajo el sello de la duda ha emitido recientemente 22 sentencias que solo terminaron por exhibir el laxo sistema de justicia que existe en México, luego de que en nueve de esos casos se determinó no vincular a proceso penal a los imputados, en 10 ocasiones se calificó como ilegal la detención y en tres procesos se dictó sentencia de libertad para los imputados.

Con un comportamiento profesional similar también se ha identificado al juez José Avelino Orozco Córdova en el estado de Chihuahua. Este juzgador ha emitido recientemente siete resoluciones judiciales, de las que cuatro han sido de no vinculación a los imputados a un proceso penal, y en otras tres ocasiones ha otorgado la libertad a los detenidos por considerar como ilegal la detención. Es un caso similar al del juez Ricardo Ignacio Rivera Pacheco, en Tamaulipas, quien de 24 resoluciones hechas en los últimos meses, en 20 casos decidió no vincular a proceso penal, en tres calificó como ilegal la detención, dejando en libertad a los inculpados, y en un caso más simplemente dictó sentencia de libertad contra un detenido con evidente carga de prueba en su contra.

Y qué decir del juez Enrique Hernández Miranda, en Sonora, quien en los últimos meses ha emitido 13 resoluciones muy cuestionables ante la evidencia de la prueba: en nueve casos decidió no vincular a proceso penal, en uno más calificó como ilegal la detención del imputado, mientras que en otros tres casos simplemente se decantó por la libertad de los detenidos, ello sin tener elementos de prueba para decretar la inocencia de los señalados. El caso más evidente de torcimiento de la ley de este juzgador fue el de un hombre que tras ser investigado por tráfico de personas, luego de que a bordo de un autobús trasladó a 116 personas de Centroamérica, entre ellas 37 niños, niñas y adolescentes, finalmente fue puesto en libertad en julio de 2023.

La lista de los jueces de dudoso comportamiento profesional sigue. En Puebla el juez Jorge Eduardo Ramírez Téllez es el mejor ejemplo de por qué se tiene que dudar de las resoluciones del Poder Judicial de la Federación. Este juez ha dejado un velo de duda en por lo menos seis de sus más recientes determinaciones judiciales; en dos de esos casos decidió no vincular a proceso, en uno calificó de ilegal la detención y en otros tres casos dictó sentencias de libertad en contra de los imputados a quienes incriminaban las pruebas.

En la misma tesitura se encuentra también el juez Pedro Jara Venegas, de Sinaloa, quien está siendo observado por la FGR debido a que recientemente, por decisión personal sin fundamento ni motivo, devolvió un inmueble asegurado por haberse encontrado ahí un laboratorio de fabricación de drogas sintéticas. También el que sin fundamento devolvió bienes muebles a seguros miembros del crimen organizado es el juez de Nayarit Francisco René Ramírez Marcial. Este juzgador, sin fundamento ni motivo, decidió regresar a su propietario una avioneta en cuyo interior se localizó e incautó droga y dinero.

Otros que han cometido conductas que ya no son tan atípicas y que afectan a la honorabilidad del Poder Judicial de la Federación son los integrantes del Primer Tribunal Colegiado en Materia Penal de Veracruz, los magistrados Martín Soto Ortiz y Rafael Remes Ojeda, así como el secretario en funciones de magistrado Ricardo Reyes González, quienes han sido cuestionados por el Ejecutivo federal debido a su decisión de haber negado la prisión preventiva a un acusado de pederastia agravada, del que aseguraron que dejarlo en prisión preventiva violentaba su derecho a la libertad, ello sin tomar en cuenta los derechos de la víctima. Estos mismos magistrados, también bajo el mismo argumento de no afectar el derecho a la libertad de un indiciado, negaron la prisión preventiva de un acusado de homicidio calificado.

Entre otros juzgadores que sistemáticamente han venido negando la prisión preventiva oficiosa, aun cuando —o será que por eso— con esa determinación se beneficia a los infractores, se encuentra Rafael Bautista Cruz, juez tercero de distrito en Veracruz, y Rafael González Castillo, juez segundo de distrito en Veracruz, en cuyos casos más recientes ambos negaron la prisión preventiva a sendos acusados de homicidio doloso, los que contaban con suficiencia de elementos de prueba. Un caso similar al anterior es el que también se pudo documentar en relación con la actuación de los magistrados María Elena Leguízamo Ferrer, José Saturnino Suero Alba y Antonio Soto Martínez, quienes conforman el Segundo Tribunal Colegiado Penal en Veracruz, los cuales aprobaron un amparo que evitó la prisión preventiva para un presunto homicida y pederasta. Entre otros casos, estos mismos magistrados también dejaron en libertad a cinco presuntos secuestradores en tres acusaciones distintas.

Más allá de los datos oficiales, en un recuento periodístico realizado para esta investigación, con base en señalamientos de familiares y abogados de las víctimas, versiones de agentes del Ministerio Público, autoridades locales y federales (entre ellos alcaldes, senadores, diputados y senadores), incluso por versiones públicas expuestas en medios de comunicación por parte de familiares de las víctimas, se puede establecer que por lo menos ocho de cada 10 jueces y magistrados, solo de la materia penal, de manera frecuente dictan fallos a favor de los infractores de la ley y con ello causan una doble victimización a quienes buscan la protección de la justicia.

11

La perdición del dinero

De todo hombre se espera lealtad. Más vale ser
pobre que mentiroso.

PROVERBIOS 19:22

Es innegable la corrupción dentro del Poder Judicial de la Federación. Ese vicio social, revestido de diversas formas y movido siempre por la sustancia del beneficio personal, ahí ni siquiera es el "aspiracionismo" del que ha hecho referencia el presidente Andrés Manuel López Obrador cuando habla del deseo de algunos de medrar o ascender socialmente, a menudo con un dejo despectivo, y que puede ser la máxima expresión de la avaricia. La corrupción dentro del Poder Judicial tampoco es solo la pretensión y el cuidado de altos sueldos de los juzgadores, a los que muchos de ellos tienen el derecho natural por el aporte de su trabajo social. Más bien, el ánimo que bulle a la corrupción del Poder Judicial de la Federación es la desmedida ambición del dinero, siempre el dinero *per se*.

Sí. En síntesis, el problema de corrupción dentro del Poder Judicial de la Federación se limita al simple y vulgar deseo de acumular dinero. Crematomanía es como le llaman a ese desorden del pensamiento en el argot psiquiátrico, y uno de sus principales rasgos lo pueden manifestar muchos de los que se desempeñan como juzgadores: son capaces de transgredir normas sociales, familiares, judiciales, éticas o morales en aras de obtener más dinero, sin poder tener control de sus conductas y sin importar las consecuencias de ellas.

Por dinero muchos de los juzgadores del Poder Judicial de la Federación incurren en la prevaricación, protegen a delincuentes, se ponen al servicio de los grandes empresarios, medran con la aplicación de la justicia, hacen trampas, caminan de la mano del nepotismo, simplemente hacen del manejo de la ley el arma con la que someten a todos y a todo régimen de gobierno. Por dinero, muchos juzgadores han convertido en un bodrio el sagrado recinto de la procuración de justicia. Eso no se puede negar.

Uno de los mejores ejemplos para sostener el señalamiento de cómo el imperio de la ambición desmedida por el dinero es el que gesta y alimenta la corrupción dentro del Poder Judicial de la Federación son las redes de préstamo de dinero, con excesivos cobros de intereses, que se extiende a diversos juzgados y tribunales en todo el país, en donde camarillas de empleados del Poder Judicial de la Federación, con la protección o al menos con la suave discreción de jueces y magistrados, utilizan el dinero público del presupuesto de cada uno de los órganos jurisdiccionales para prestarlo con altos rendimientos.

Las redes de usura que operan al interior del Poder Judicial de la Federación son conocidas por el Consejo de la Judicatura Federal desde hace por lo menos una década, y a pesar de ello no existe una sola disposición oficial para frenar ese acto que pasa de lo inmoral a lo ilegal. La propia Suprema Corte de Justicia de la Nación ha reconocido la usura como un acto antisocial, al referirla como "una forma de explotación del hombre por el hombre, es decir, como fenómeno contrario al derecho humano de propiedad previsto en la Convención Americana sobre Derechos Humanos, [que] consiste en que ocurra que una persona obtenga en provecho propio y de modo abusivo sobre la propiedad de otro, un interés excesivo derivado de un préstamo".[1] Pero a pesar de ello, el CJF permite esa práctica dentro de las instalaciones del Poder Judicial de la Federación.

Lo más grave no es el problema que en sí ya representa la operación de redes de usura al interior del Poder Judicial de la Federación, tampoco es la complicidad que en ello manifiestan algunos jueces o magistrados; el verdadero problema es que esas redes de usura, que funcionan a manera de asociaciones delictivas, trabajan con el dinero presupuestal que el propio Poder Judicial de la Federación destina a los tribunales o juzgados para su operación cotidiana, dinero oficial que pocas veces se aplica en forma correcta y que en algunos casos se maneja como si fuera un fondo particular destinado al préstamo individual con la sola intención de generar intereses —a través de la usura— que se quedan en las manos de algunos funcionarios deshonestos.

Oficialmente no existe un solo documento dentro del CJF que reconozca la existencia de alguna red de usura al interior de cualquiera de los órganos jurisdiccionales del Poder Judicial de la Federación, pero tampoco hay un solo documento que reconozca la prevaricación o el tráfico de influencias dentro de ese poder de la República, y eso no significa que no existan esos dos grandes vicios. Las redes de usura dentro del Poder Judicial resultan graves no solo por lo que en sí representa la usura, sino porque se trata de un negocio de particulares con base en el uso de recursos públicos, propiedad de la nación, tan cuestionable como el negocio de la venta de amparos y sentencias que algunos jueces y magistrados ofrecen al mejor postor.

Como estudio de caso de las redes de usura que operan dentro de algunos órganos jurisdiccionales, tomemos lo que sucede —desde hace una década— dentro del Noveno Tribunal Colegiado en Materia Civil de la Ciudad de México, en donde los magistrados Mario Gerardo Avante Juárez, Ana María Serrano Oseguera y Gonzalo Hernández Cervantes hacen como que no ven la forma en que un grupo

---

[1] Norma Lucía Piña Hernández, amparo directo en revisión 2708/2019, Ciudad de México, 24 de julio de 2021.

de sus subordinados se aprovechan de la necesidad de otros compañeros de trabajo, los que por sus bajos salarios son víctimas fáciles de las oferta de préstamo de dinero a cambio de intereses leoninos.

Las víctimas de las redes de usura, que operan dentro del Poder Judicial de la Federación en la Ciudad de México, casi siempre son los empleados del más bajo nivel escalafonario, los que perciben entre 30 mil y 35 mil pesos mensuales, mismos que a causa de los altos intereses a pagar han perdido parte de su patrimonio, entre casas, autos o predios, y los hay quienes han enajenado sus salarios hasta por décadas. Y es que los usureros, y también funcionarios del Poder Judicial de la Federación, conociendo la ley y el derecho, pero principalmente a los jueces y magistrados que imparten justicia a modo, no les es difícil llevar y ganar en juicio mayores utilidades al dinero prestado.

Es imposible que de la operación de las redes de usura no se enteren los ministros de la SCJN o los que integran el CJF, instancias de mando del Poder Judicial de la Federación que al menos por decoro profesional o para evitar el escándalo deberían frenar esa forma de corrupción, pero no es así. Los ministros simplemente guardan silencio sobre este problema, lo que solo refleja su incapacidad para mantener el control disciplinario de algunos de sus subalternos o —lo que sería peor— cuidan sus intereses alineados con la corrupción.

La forma en que mediante juicios mercantiles amañados algunos de los trabajadores con bajos salarios dentro del Poder Judicial de la Federación, que por necesidad, descuido o engaño cayeron en la red de usura, llegan a perder sus patrimonios es porque de la noche a la mañana llegan a pagar hasta 300% de intereses, esto como producto de triquiñuelas y modificaciones a los pagarés.

De esta red de usura que opera dentro del Noveno Tribunal Colegiado en Materia Civil de la Ciudad de México fue advertido en su momento —por parte de un grupo de empleados afectados de ese mismo tribunal— el anterior presidente de la SCJN y también presidente del CJF, el ministro Arturo Zaldívar Lelo de Larrea, igual que ya fue informada la sucesora en ambos cargos, la ministra Norma Lucía Piña Hernández, pero en ninguno de los casos ha derivado alguna reacción. Ni siquiera ha habido un extrañamiento en contra de los magistrados titulares del tribunal, quienes siguen permitiendo esa forma de corrupción poder y dominio que raya en lo delictivo.

Tampoco se ha emitido ningún tipo de sanción, ni siquiera una llamada de atención, en contra de los funcionarios que encabezan la red de préstamos ilegales. Al frente de la organización dedicada al préstamo de dinero con altos intereses, en donde después se utilizan los juicios mercantiles para —con la ayuda de un juez o magistrado— cometer el despojo, se encuentra el secretario del Noveno Tribunal Colegiado en Materia Civil de la Ciudad de México, Javier Espíndola Morquecho, quien se apoya con una trabajadora de ese mismo órgano jurisdiccional, de nombre Rosario Judit Zárate López. A su vez Zárate López cuenta con la ayuda de dos personas ajenas al tribunal: una de ellas es su hija, Andrea Vanesa Colín Zárate, y la otra es una persona identificada como Felisa Cisneros Vargas.

Según el decir de fuentes consultadas para esta investigación, como parte de la red de usura tanto Andrea Colín como Felisa Cisneros prestan sus nombres y sus números de cuentas bancarias para que los prestatarios hagan los depósitos de los intereses que se cobran por los créditos otorgados. A veces esos depósitos van a dar a las cuentas de los abogados Juan Felipe Rea Ramírez, Mauricio Pérez Domínguez y Alberto Quiroz Corona. De todo esto tienen conocimiento los ministros Avante Juárez, Serrano Oseguera y Hernández Cervantes, quienes no hacen nada para limitar las operaciones comerciales inmorales que se registran dentro de ese tribunal.

Esa situación es la que hace que cobre relevancia lo señalado por el propio Espíndola Morquecho, quien se ufana de su poder ante sus compañeros de trabajo con los que se ha confrontado por los cobros elevados de intereses, a quienes les ha referido que él cuenta con el respaldo de los magistrados de ese tribunal colegiado para llevar a cabo su ilícita actividad.

En relación con los abogados que son parte de la red de usura que opera dentro de este tribunal del Poder Judicial de la Federación, cabe señalar que son parte del Despacho Rea, y es la litigante Zárate López quien les otorga poderes amplios de cobranza para llevar a juicio —a través de la vía mercantil— a los prestatarios que caen en la imposibilidad del pago, los cuales la mayoría de las veces son amenazados para firmar acuerdos de pago por la vía extrajudicial, según refieren algunos testimonios de las personas que han sido víctimas de esta red, en donde Rosario Zárate es la que oferta los préstamos personales a las y los trabajadores que detecta con dificultades económicas.

El trato de los créditos se pacta con intereses promedio a los que marca la banca comercial, que oscilan entre 4 y 5% sobre el monto de lo prestado. Solo cuando el prestatario es quien se acerca en busca del crédito, este se ofrece con una tasa de interés que va de 7 a 8%. Pese a que el trato del crédito se dice legal, nunca se establece un acuerdo por escrito a manera de contrato, en donde se especifiquen formalmente las cláusulas de cobro o pago de intereses del capital. Siempre, todos los acuerdos en relación con el trato de los créditos se llevan en forma verbal y supuestamente en buenos términos al tratarse de compañeros de trabajo que se conocen.

Posteriormente, el dolo se hace presente cuando al prestatario, luego de haber pactado el acuerdo del préstamo, se le pide firmar uno o más pagarés en blanco, siempre bajo el argumento de la premura; después, esos pagarés son llenados con cifras impagables, tanto en montos de intereses como del capital prestado. Los cobros siempre se fincan en cifras por encima de lo acordado. Así, de la noche a la mañana la víctima de la red de usura se encuentra endeudada por encima de su capacidad de pago. Los pagarés firmados y sellados con huella digital son después la base de cobros de montos exorbitantes, en los que —a pesar de ser ilegales— los intereses se van sumando al capital.

Hay testimonios de que las deudas ascienden a medio millón de pesos, cuando el crédito solicitado fue de solo 50 mil pesos. Otros afectados por esta red de usura refieren que su deuda pasó de un crédito de 70 mil pesos para convertirse en un empréstito de más de 800 mil pesos, esto en un periodo de no más de dos años. Hay otros casos en donde se refiere que prestatarios están siendo afectados porque sus deudas de 200 mil pesos pasaron a ser de 12 millones de pesos, o que de 120 mil pesos se convirtieron en adeudos por más de 2 millones de pesos. Los afectados por esta irregular situación todos son empleados de mandos medios y bajos del Poder Judicial, con los salarios más bajos, que a causa de ello han perdido sus casas, autos y otras propiedades inmobiliarias.

De acuerdo con un grupo de víctimas de esta red de usura, que hablaron para esta investigación reprochando la ominosa complicidad de los magistrados del citado tribunal y los ministros del Consejo de la Judicatura, cuando las deudas se vuelven impagables, es la propia Rosario Zárate quien conmina a los prestatarios para llegar a un acuerdo extrajudicial. Esos acuerdos casi siempre se hacen por la vía de la amenaza y la presión, asegurando que de llevar el caso a instancias legales los prestatarios pueden perder no solo sus propiedades, sino hasta ver enajenados sus sueldos por décadas.

Lo peor de esas amenazas es que son ciertas; cuando un prestatario decide ir a juicio y sujetarse a lo que disponga el juez, por lo general siempre termina enajenando su sueldo por años, porque el juez siempre les da la razón a las cabezas de la red de usura. Al día de hoy se estima que por lo menos una veintena de empleados del Poder Judicial, solo en el Noveno Tribunal Colegiado en Materia Civil de la Ciudad de México, están afectados en sus sueldos por las quitas ordenadas por algún juez al término del litigio.[2] Las quitas de sueldos llegan a ser desde 12 hasta 30% de los salarios percibidos. La retención de una parte del salario de los trabajadores endeudados con la red de usura del Poder Judicial de la Federación, como si se tratara de una bonificación instruccional, siempre aparecen en los recibos

---

[2] Poder Judicial de la Federación, recibo [testado] de nómina con quitas por "Resoluciones civiles y mercantiles", Ciudad de México, 14 de mayo de 2021.

de nómina bajo la clave 210, dentro del concepto de "Resoluciones civiles y mercantiles".

La corrupción de la red de usura del Noveno Tribunal de lo Civil en la Ciudad de México ha llegado a tal grado que hasta han logrado una forma de que los juicios mercantiles iniciados en contra de algunos de sus prestatarios o deudores queden mañosamente bajo su control, al hacer que dichos litigios los lleven a cabo jueces conocidos o con relaciones laborales con personas que trabajan dentro del Noveno Tribunal. Así han sido los casos de los juicios orales mercantiles y procesos civiles administrativos ventilados dentro de los juzgados Cuarto, Quinto, Sexto, Séptimo, Octavo, Noveno, Décimo Primero, Décimo Tercero y Décimo Cuarto, todos de Distrito en Materia Civil de la Ciudad de México, los que se encuentran respectivamente a cargo de los jueces Eduardo Hernández Sánchez, Alejandro Dzib Sotelo, Mercedes Méndez Guerrero, María Concepción Elisa Martín Argumosa, Luis Alberto Ibarra Navarrete, Guillermo Campos Osorio, Horacio Nicolás Ruiz Palma, Linda Verónica Guerrero Quezada y Virginia Gutiérrez Cisneros, en donde casi siempre las sentencias son favorables para la demandante.

En una revisión a los datos que aporta el Sistema Integral de Seguimiento de Expedientes (SISE) del CJF, se observa a Rosario Judith Zárate López, trabajadora del Poder Judicial de la Federación, como la cabeza visible de la red de usura, y que ella misma registra al menos 59 procesos administrativos o juicios orales mercantiles,[3] en los —arriba mencionados— diversos juzgados de distrito en materia civil de la Ciudad de México, ante los que ha reclamado con mucho éxito el pago de los préstamos realizados en forma alevosa.[4] Por lo que hace a los abogados que asesoran y apoyan legalmente a la referida red

---

[3] Consejo de la Judicatura Federal, Sistema Integral de Seguimiento de Expedientes, consulta del proceso de Rosario Judith Zárate López, Ciudad de México, 13 de noviembre de 2020.

[4] Buró de Investigaciones Legales, reporte de búsqueda de juicios iniciados por Rosario Judith Zárate López, Ciudad de México, 22 de abril de 2021.

de usura que opera dentro del referido Noveno Tribunal del Poder Judicial de la Federación, Juan Felipe Rea Ramírez,[5] Alberto Quiroz Corona[6] y Mauricio Pérez Domínguez[7] registran —en el récord de los mismos juzgados consultados— un total de 73 procesos civiles o administrativos iniciados en contra de quienes no han podido pagar los leoninos préstamos.

Sobre este caso, igual que otras redes menores que operan en otros órganos jurisdiccionales, se sabe que algunos jueces y magistrados reciben una participación de las utilidades económicas que deja la usura casi institucionalizada. De acuerdo con versiones de algunos de los trabajadores del Poder Judicial que han sido despojados en los litigios civiles o mercantiles, se estima que por lo menos una docena de jueces y magistrados podrían estar coludidos con los promoventes de los préstamos usureros en órganos jurisdiccionales solo de la Ciudad de México. De eso ya ha sido informado el Consejo de la Judicatura, en forma oficial y hasta extraoficial, pero —como en casi todos los problemas que implican corrupción— ese órgano rector no ha querido hacer nada al respecto.

El desmedido deseo de dinero —manifiesto no solo en la acumulación, sino también en el dispendio— que rige la vida de muchos de los que operan el Poder Judicial de la Federación, se observa más que ofensivo para el grueso de la sociedad. Ese es un agravio que se manifiesta no solo al momento de la desmedida persecución del dinero para su acumulación personal, sino también al momento de diseñar y ejercer el gasto oficial con dispendio. En un país en donde seis de cada 10 personas viven en la pobreza —de moderada a extrema— y además cuatro de cada seis pobres no tienen siquiera la posibilidad

---

[5] Buró de Investigaciones Legales, reporte de búsqueda de juicios iniciados por Juan Felipe Rea Ramírez, Ciudad de México, 22 de abril de 2021.

[6] Buró de Investigaciones Legales, reporte de búsqueda de juicios iniciados por Alberto Quiroz Corona, Ciudad de México, 22 de abril de 2021.

[7] Buró de Investigaciones Legales, reporte de búsqueda de juicios iniciados por Mauricio Pérez Domínguez, Ciudad de México, 22 de abril de 2021.

de comer tres veces al día, resulta más que ofensivo un presupuesto anual de gastos como el que tiene el Poder Judicial de la Federación, el cual en los últimos 23 años ha crecido más de 900%, pasando de 8 mil 075 millones de pesos en el año 2000 a 77 mil 544 millones pesos en 2023.

El crecimiento presupuestal que se observa en el Poder Judicial de la Federación de ninguna manera es directamente proporcional a la eficiencia en los servicios y sistemas de aplicación de justicia; frente a las carretadas de dinero que reciben los juzgadores, la deficiencia es el signo que impera en la mayoría de los juzgados y tribunales federales del país. Hay juzgados de distrito —como en Tamaulipas, Puebla, Veracruz, Nayarit o Oaxaca— en donde, en los últimos dos años, sus notificadores, actuarios o personal operativo en general han tenido que posponer audiencias o retrasar procesos por falta de papelería o por deficiencias en el sistema de fotocopiado, incluso por cortes a la electricidad, esto solo en agravio de las personas procesadas o en espera de una resolución judicial.

El dispendio de recursos que impera en el Poder Judicial es más que evidente. No se puede negar. Eso se puede atribuir a dos razones: la primera, una cuestión intrínseca de la clase social en la que se han convertido la mayoría de los juzgadores. Y la segunda, a la oportunidad causada por la opacidad solapada y reinante dentro del Poder Judicial, esa opacidad discrecional que tanto gusta en el CJF. Es menester resaltar que la falta de transparencia en el manejo de los fondos oficiales del Poder Judicial de la Federación se ha reconocido ya como la principal causa en la comisión de actos deshonestos que se da en dos formas dentro del Poder Judicial de la Federación: el manejo discrecional con fines de dispendio y el manejo discrecional con fines de robo. En ambos casos el Consejo de la Judicatura, a través de sus órganos administrativos, mantiene vedados al conocimiento de la gente todos los detalles de cómo se dan esas formas de pillaje.

Sobre el desvío de dinero dentro del Poder Judicial de la Federación no hay desgloses públicos detallados; se permite el acceso a informes en términos generales que hablan de un supuesto manejo pulcro de los recursos financieros, aunque la realidad sea otra y, aun cuando el CJF lo niegue, sí hay desvío de fondos dentro del Poder Judicial. La prueba es que hay sancionados por ello, aunque ninguno jamás ha sido denunciado ante el Ministerio Público Federal o sometido a proceso penal, como casi siempre sucede cuando se trata de ocultar delitos al interior de poder encargado de la aplicación de la justicia.

De acuerdo con una respuesta emitida por el CJF, se reconoce que solo entre el 3 de enero de 2019 y el 31 de diciembre de 2022 "fueron recibidas y tramitadas 2 mil 156 quejas o denuncias formuladas en contra de servidores públicos adscritos a las áreas administrativas del Consejo de la Judicatura Federal";[8] ahí mismo se refiere que a causa de esas quejas o denuncias se integraron mil 549 procedimientos de responsabilidades administrativas. Muchos de esos sancionados administrativamente están relacionados con el desaseo y desvíos en el manejo de los fondos económicos.

Más indignación que la que causan los funcionarios que manosean los fondos económicos destinados a la operación puntual del Poder Judicial de la Federación es la que motivan aquellos que diseñan el gasto oficial de los fondos institucionales, en donde el dispendio es la principal falta social y moral que se comete. Para indignarse solo hay que revisar cualquiera de los presupuestos anuales aprobados en los últimos años. Ahí se observa la indolencia de la supremacía social convertida en deshonestidad por parte de los ministros al momento de autoasignarse millonarios presupuestos para sostener un modo de vida que no corresponde a ninguna realidad.

Por ejemplo, en el presupuesto ejercido durante 2022, los ministros que planearon el gasto del Poder Judicial de la Federación consideraron una partida de 29 millones 959 mil 416 pesos para aplicarse en

---

[8] Consejo de la Judicatura Federal, respuesta a la solicitud de información 3300304230002076, Ciudad de México, 29 de marzo de 2023.

la compra de vestuario, blancos, prendas de protección personal y artículos deportivos. De esa partida, todos los jueces, magistrados o ministros que lo solicitaron, todos recibieron ayuda económica no solo para la adquisición de togas, como es el caso de los ministros, sino también para la compra de vestidos y trajes de lujo; incluso se pagaron compras de corbatas, mascadas y sombreros, cuyos montos oscilaron desde los 15 mil a los 45 mil pesos por prenda de adorno o de vestir.

En ese mismo presupuesto, que no varía porcentualmente con otras cuentas públicas autorizadas y ejercidas por el Poder Judicial de la Federación en los últimos 23 años, destaca el gasto destinado para alimentos. En 2022 se destinó un presupuesto anual de 473 millones 703 mil 933 pesos para gastos de comida de los ministros de la SCJN, del CJF y del Tribunal Electoral del Poder Judicial de la Federación, incluidos también todos los titulares de tribunales colegiados y unitarios de circuito, así como de juzgados de distrito y personal operativo de esos órganos. Pero no se vaya a creer que la distribución del millonario presupuesto para alimentos ha sido equitativo para todos los que laboran dentro del Poder Judicial. No. Los de arriba comen mejor que los de abajo.

Es de tal nivel el elitismo que prevalece dentro del Poder Judicial de la Federación que hasta en el presupuesto se manifiesta. Durante el último trimestre de 2022 se gastó en comida para los ministros y "personal superior" la cantidad 203 mil 644 pesos con 94 centavos, mientras que para el personal raso se destinó solo un gasto de 35 mil 792 pesos con 50 centavos. Esa disparidad de gastos en alimentación, de por sí ya cuestionada por su propio fin, fue diseñada desde el presupuesto. Como si no fueran iguales, al menos como personas, no se quiso mezclar el gasto de alimentos de los ministros, magistrados y jueces con el gasto de alimentos de los trabajadores que aún son pueblo. Por eso se creó la partida "productos alimenticios para servidores públicos superiores", para los mandos, y la de "productos alimenticios para el personal derivado de actividades extraordinarias", para el resto de los trabajadores del Poder Judicial de la Federación.

Con esa categorización —por ejemplo— el gasto de alimentos del último semestre de 2022, para los "servidores públicos superiores" de la Secretaría Ejecutiva del Pleno de la SCJN fue de 61 mil 425 pesos con 62 centavos, mientras que al resto de los trabadores de base —de esa misma área— se les autorizó un gasto de 2 mil 300 pesos. En el mismo periodo referido, para los "servidores públicos superiores" de la Secretaría General de la Presidencia del Consejo de la Judicatura Federal, se pagaron gastos por alimentos por el orden de los 81 mil 902 pesos con 48 centavos, mientras que a los trabajadores de base, los que no tienen beneficios, se les autorizó un gasto de mil 877 pesos.

La misma desproporción sucede en todos los órganos jurisdiccionales de todo el país. En tribunales y juzgados del Estado de México, por ejemplo, también durante el cuarto trimestre de 2022, se erogó un total de 3 millones 231 mil 977 pesos por concepto de gastos de alimentación para magistrados y jueces, pero a los trabajadores de base, sin privilegios, solo se les autorizó una partida de 409 mil 911 pesos para alimentos. Lo mismo se observa en Jalisco, otra de las entidades con mayor cantidad de juzgadores desplegados. Ahí, en el último trimestre de 2022, se autorizó un gasto de alimentación por el orden de los 7 millones 579 mil 378 pesos para los magistrados y jueces, pero para la base trabajadora de todos los tribunales y juzgados de esa entidad solamente se autorizó un gasto de 698 mil 276 pesos.

De acuerdo con las cifras oficiales que emite el Poder Judicial de la Federación a través del Portal Nacional de Transparencia, otro de los gastos onerosos que se le cargan al contribuyente por parte de muchos juzgadores es el que tiene que ver con la lavandería, limpieza e higiene. Por ejemplo, en los últimos tres meses de 2022 los jueces y magistrados de Nuevo León facturaron a la Federación por esa prestación especial la cantidad de 2 millones 194 mil 843 pesos; los jueces de Sonora gastaron 2 millones 043 mil 354 pesos, mientras que los juzgadores de Puebla erogaron 2 millones 046 mil 864 pesos por ese mismo concepto de gastos.

Oficialmente no hay manoseo al presupuesto del Poder Judicial de la Federación, pero se sabe que existe: una de las principales fugas de recursos, que se encuentra bien ensayada en las oficinas centrales de administración, es a través de la renta de inmuebles. Y es que a pesar de que el CJF cuenta —entre otros— con un millonario fideicomiso llamado "Desarrollo de Infraestructura que Implementa las Reformas Constitucionales en Materia de Justicia Federal", con el que sin mayor problema se podrían construir instalaciones propias para todos los órganos jurisdiccionales en todo el país, aun así se prefiere rentar inmuebles.

Es millonario el costo de la renta y mantenimiento de los inmuebles que a nivel nacional utilizan todos los tribunales, juzgados y oficinas administrativas o de archivo del Poder Judicial de la Federación. Solo pongamos dos ejemplos: en Veracruz se destina trimestralmente la cantidad de 4 millones 820 mil 876 pesos para el arrendamiento de edificios y locales, y se aplican otros 7 millones mil 590 pesos para el mantenimiento de esos inmuebles. Por su parte, en Durango, el costo trimestral de rentas de edificios para juzgados, tribunales y otras oficinas administrativas es de 4 millones 059 mil 658 pesos, y su mantenimiento trimestral tiene un costo de 6 millones 288 mil 899 pesos. En pocas palabras, anualmente en rentas de edificios, en Durango se gastan 10 millones 348 mil 557 pesos, mientras que en Veracruz se tiene una erogación de 47 millones 289 mil 864 pesos al año.

En 2022, solo por citar un ejemplo, el Poder Judicial de la Federación terminó por destinar un total mil 475 millones 654 mil 603 pesos por concepto de renta de inmuebles para el funcionamiento de sus órganos jurisdiccionales en todo el país. A esa cantidad se deben sumar otros mil 003 millones 390 mil 493 pesos, que es el costo anual de mantenimiento de esos mismos inmuebles. En pocas palabras, con una erogación anual total de 2 mil 479 millones 045 mil 096 pesos, si gran parte de esos recursos no se fueran por el caño del saqueo, sin duda sería posible la construcción paulatina de instalaciones propias para el Poder Judicial de la Federación.

Si el saqueo y la corrupción dentro del Poder Judicial de la Federación se evidencian en los manejos del presupuesto corriente, cuanto más se puede en aquellos fondos cuyo dinero se maneja más herméticamente y a discreción, como es el caso de los fideicomisos, los que operan y se administran como si se tratara de un secreto de Estado. Al cierre de este trabajo, el Poder Judicial de la Federación, de acuerdo con su página oficial, hizo del conocimiento público que administraba solo cuatro fideicomisos.[9] Sin embargo, desde la conferencia mañanera del presidente Andrés Manuel López Obrador se estableció que son al menos 13 fideicomisos los que tiene a su cargo el Poder Judicial; seis bajo la tutela de la SCJN y otros seis bajo el manejo directo del CJF, mientras que en el Tribunal Electoral del Poder Judicial de la Federación se maneja solo un fideicomiso, que no por ello deja de ser oscuro al momento de rendir cuentas.

De acuerdo con la versión emitida por el jefe del Ejecutivo en su conferencia mañanera del 8 de marzo de 2023, los 13 fideicomisos que discrecionalmente opera el Poder Judicial de la Federación administran fondos por el orden de los 20 mil 516 millones 842 mil 210 pesos. Esa es una cantidad superior al presupuesto de gastos que fue destinado en 2023 a la Fiscalía General de la República o dos veces el presupuesto otorgado en ese mismo año al Instituto Nacional de Estadística y Geografía; es también más de dos veces el presupuesto destinado en 2023 a la Secretaría de Gobernación.

De todos esos recursos contenidos dentro de los fideicomisos —según se explicó públicamente en la citada conferencia—, la SCJN controla a discreción un monto de 6 mil 099 millones 504 mil 193 pesos; el CJF tiene plena administración sobre 14 mil 402 millones 204 mil 138 pesos, mientras que el Tribunal Electoral del Poder Judicial de la Federación maneja en sus fideicomisos recursos por la cantidad

---

[9] *Diario Oficial de la Federación*, "Información relativa a ingresos y egresos de los fideicomisos del Consejo de la Judicatura Federal", Ciudad de México, 24 de junio de 2023.

de apenas 15 millones 133 mil 885 pesos, y de todo eso nadie —que no sea parte de la cúpula del Poder Judicial de la Federación— sabe cómo se manejan los fondos, ni tampoco sabe a qué bolsillo van a parar los dividendos de ese dinero.

Los fideicomisos que, como una prerrogativa o un derecho de casta de quienes dirigen el Poder Judicial de la Federación, sin ningún tipo de rendición de cuentas venían funcionando al cierre de 2023 eran los denominados de "Pensiones Complementarias para Ministros", con un fondo entonces de 789 millones 397 mil 493 pesos; "Pensiones Alimentarias para Ministros", con un fondo de 2 mil 815 millones 256 mil 192 pesos; "Prestaciones Médicas", con un fondo de 137 millones 366 mil 147 pesos; "Manejo del Producto de la Venta de Publicaciones", con un total de 357 millones 620 mil 336 pesos; "Fondo de Remanentes Presupuestales", que concentraba mil 311 millones 431 mil 358 pesos; "Fondo Nacional para el Fortalecimiento y Modernización de la Impartición de Justicia", con recursos contables por 688 millones 432 mil 669 pesos; "Pensiones Complementarias de Magistrados y Jueces Jubilados", con activos por 4 mil 504 millones 734 mil 299 pesos; "Mantenimiento de Casas Habitación de Magistrados y Jueces", por 68 millones 596 mil 882 pesos y 33 centavos; "Apoyos Médicos Complementarios y de Apoyo Económico Extraordinario para los Servidores del Poder Judicial de la Federación", por la cantidad de 66 millones 180 mil 059 pesos; "Para el Desarrollo de Infraestructura que Implementa las Reformas Constitucionales en Materia de Justicia Federal", con fondos por 4 mil 197 millones 949 mil 524 pesos; "Para la Administración de Justicia", con un monto por 5 mil 564 millones 743 mil 379 pesos; "Fondo para la Administración de los Recursos Provenientes de Sentencias que Deriven en Acciones Colectivas Difusas", que ya lo dejaron con solo un peso, y el llamado "Fideicomiso de Apoyos Médicos Complementarios y de Apoyo Económico Extraordinario", que al cierre de este trabajo tenía una fondo de 15 millones 133 mil 885 pesos.

De los cuatro fideicomisos que en su página pública reconoce tener el Poder Judicial, solo uno, el denominado "Para el Desarrollo de Infraestructura que Complementa las Reformas Constitucionales en Materia de Justicia Federal", es con la supuesta intención de mejorar el servicio público. Los otros tres fideicomisos, los denominados "Pensiones Complementarias de Magistrados y Jueces Jubilados", "Para el Mantenimiento de Casas Habitación de Magistrados y Jueces" y "Apoyos Médicos Complementarios y de Apoyo Económico Extraordinario para los Servidores Públicos del Poder Judicial de la Federación", son para beneficio exclusivo de la selecta clase social en que se han convertido muchos de los que forman parte del Poder Judicial de la Federación.

Con corte al 30 de junio de 2023, el fideicomiso que con menos recursos contaba era el de "Apoyos Médicos Complementarios y de Apoyo Económico Extraordinario para los Servidores Públicos del Poder Judicial de la Federación"; en este fondo se tenía un monto de 69 millones 075 mil 827 pesos. En el fideicomiso "Para el Mantenimiento de Casas Habitación de Magistrados y Jueces" se tenía en reserva la cantidad de 76 millones 572 mil 294 pesos. En el fondo de "Pensiones Complementarias de Magistrados y Jueces Jubilados" se contaba con la cantidad disponible de 3 mil 722 millones 319 mil 850 pesos. Y finalmente en el fideicomiso "Para el Desarrollo de Infraestructura que Complementa las Reformas Constitucionales en Materia de Justicia Federal" se tenía un total de 4 mil 308 millones 993 mil 045 pesos.

En suma, el Poder Judicial de la Federación, hasta mediados de 2023, contaba con un fondo económico —de manejo discrecional— de 9 mil 176 millones 961 mil 016 pesos, equivalente a dos veces el presupuesto ejercido en 2023 por la Cámara de Senadores, también más de cuatro veces el presupuesto ejercido por la Auditoría Superior de la Federación, ocho veces el presupuesto ejercido por la Comisión Nacional de los Derechos Humanos, nueve veces el gasto de la Oficina de la Presidencia de la República o similar al presupuesto ejercido en 2023 por la Secretaría de Relaciones Exteriores.

En resumidas cuentas, en los fideicomisos es donde se concentra el mayor saqueo a la nación por parte de los directivos del Poder Judicial de la Federación. Nadie que no sea el grupo de élite de los ministros tiene acceso a la información de cómo se manejan esos fondos, y —lo más importante— nadie que no sea parte de la cúpula de ministros que controlan la SCJN y el CJF puede disponer el manejo de los recursos comprendidos dentro de los fideicomisos, los cuales se manejan con carácter secreto de seguridad nacional.

No es fácil sintetizar el problema de corrupción que se vive dentro del Poder Judicial de la Federación. Es algo mucho más complejo que el vulgar saqueo de dinero público o el inmoral cobro de salarios por encima de los estándares que deben regir a los servidores públicos. El problema de la corrupción dentro del Poder Judicial de la Federación tampoco se constriñe a la maniquea visión de un grupo de jueces perversos *per se* aglutinados en torno a la idea de trastocar un proyecto político con el que no empatan. Tampoco es el resultado del devenir genético de cientos de generaciones emanadas de la mezcla de dos culturas y razas que confluyeron siglos atrás. La corrupción dentro del Poder Judicial solo es una manifestación del caduco régimen político que ya no se puede tolerar más en la primavera democrática a la que ha entrado el pueblo mexicano.

Si fuera menester alcanzar una definición de lo que es la corrupción dentro del Poder Judicial de la Federación, solo para efectos de tratar de entender el problema al que nos referimos, se tendría que decir que ese fenómeno solo es la permisión institucionalizada de conductas atípicas de las que se tiene que valer una élite gremial para alcanzar y sostener un mejor posicionamiento social y económico, a través del cual se garantiza una serie de privilegios a los que no podrían llegar con su propio esfuerzo profesional y personal.

A pesar de que la corrupción existe dentro del Poder Judicial de la Federación, y que de ella se valen muchos juzgadores para autoconvencerse de que son parte de un sector social ajeno a los sentimientos y necesidades del vulgo, esta corrupción es negada sistemática y oficialmente, lo que consecuentemente demuestra su existencia. En los últimos 30 años, tiempo en el que se ha arraigado la corrupción como una de las principales manifestaciones públicas del Poder Judicial, todos los titulares de la SCJN han salido a decir públicamente que no hay corrupción tolerada, que ese vicio no está institucionalizado, que ya no hay corrupción auspiciada o avalada desde arriba. Pero, a pesar de esos dichos o por esos mismos dichos, la corrupción sigue. Pareciera que nadie puede o quiere frenar ese proceso degenerativo que obliga a solo una salida: una reforma a profundidad para renovar a todo el Poder Judicial de la Federación.

Pero no se debe pensar en la cómoda salida, como ya ocurrió en 1994-1995, de una reforma judicial que tenga como finalidad solo atender las necesidades del jefe del Ejecutivo en turno. Que no se haga una reforma al Poder Judicial de la Federación solo porque las acciones de los juzgadores no empatan a plenitud con el objeto del deseo político del presidente de la República en funciones, porque eso sería volver a tomar como rehén de intereses políticos a la justicia, y la justicia debe ser un fin superior.

Es cierto que en México urge una reforma al Poder Judicial, pero no tiene que ser solo para complacer un proyecto de nación diseñado desde la ideología. La justicia no tiene ideologías. Por eso la reforma al Poder Judicial que se requiere en México tiene que poner como columna vertebral no un proyecto político de nación, sino un proyecto de servicio para todos los mexicanos, con el fin de que se cumpla el apotegma del generalísimo José María Morelos y Pavón: "que todo el que se queje con justicia tenga un tribunal que lo escuche, lo ampare y lo proteja contra el fuerte y el arbitrario"; esto como principio para proteger los tres valores que nos constituyen como sociedad: la vida, la libertad y la propiedad.

Pero, al parecer, justamente eso es lo que algunos ministros no quieren que suceda dentro del Poder Judicial de la Federación. Ahí, los principales actores de mando dentro de la SCJN y del CJF pareciera que son los primeros que se niegan a la posibilidad de una reforma constitucional. Y es que una reforma al Poder Judicial inequívocamente terminaría por afectar el poder y el control que ejercen los que se consideran dueños de la justicia. Una reforma en los términos que hoy se reclama sin duda limitaría o cancelaría las prerrogativas de toda clase social.

Por eso la negación a una reforma. Qué importa que en esa reforma judicial se pretenda la transformación urgente de un modelo consolidado para una mejor carrera judicial, que se ponga freno a la discrecionalidad para nombrar a jueces y magistrados, que se respeten las competencias para acceder a cargos a través de concursos abiertos de oposición, que se refuercen las políticas internas de combate a la corrupción y al nepotismo, que se fortalezca la escuela de formación judicial, que se fortalezca el Instituto Federal de Defensoría Pública, que las resoluciones emitidas en todos los órganos jurisdiccionales sean de calidad y con apego a la ley, que se respete más la ley que el derecho. Qué importa eso. Eso, a final de cuentas, es lo que muchos jueces, magistrados, pero principalmente ministros se niegan a poner en práctica, porque vendría a trastocar el *statu quo*.

Sin duda alguna urge una transformación dentro del Poder Judicial de la Federación, y si bien es cierto que no es suficiente con que los juzgadores tengan que ser electos popularmente, ese tiene que ser un requisito fundamental para humanizar a los juzgadores. A final de cuentas solo el miedo a la sanción y a la destitución del cargo es lo que puede hacer que un funcionario público se aplique con diligencia y honestidad al desempeño de su cargo. Solo el voto popular es el que puede sancionar y destituir. Además, dentro de la primavera democrática en la que se encuentra México, nada puede escapar a la influencia del voto ciudadano.

12

La injusticia en primera persona

> Hay un oráculo en los labios del rey: él no se
> equivoca cuando dicta sentencia.
>
> PROVERBIOS 16:10

Yo conocí la injusticia de primera mano. Vi al monstruo abrir sus fauces frente a mí. Amenazó con tragarme. Me revolcó. Me pisoteó hasta el cansancio. No tuvo compasión. Sus ojos rojos y brillosos se me clavaron en el alma durante mil 100 días y sus respectivas noches. Por eso pienso que tengo el derecho de hablar de la carente impartición de justicia y de todos los vicios que prevalecen dentro del Poder Judicial de la Federación. No es un derecho de sangre, es un derecho ganado al amparo del metálico encierro dentro de una celda de seis metros cuadrados en donde injustamente un juez federal —solo porque pudo— hizo que pasara los peores días de mi vida.

A manera de explicación, debo decir que a lo largo de la hechura de este libro tuve una lucha interna. A veces intentó salir el yo común y corriente que con justicia pidió contar la corrupción judicial desde la óptica del particular inocente preso, ello para vengarse de todo lo que le hizo el Poder Judicial de la Federación. Sin embargo, el que prevaleció, el que llevó la redacción del texto, la voz narrativa de la investigación, fue el yo periodista sereno, el que está comprometido con la información veraz y que no puede —ni por distracción— trastocarla, que solo está obligado a contar la verdad con suficientes elementos de prueba en las manos y a la vista.

Al término de la cocción surgió este texto que tienes en tus manos, amable lector, y que solo es una aproximación al enjambre de corrupción que prevalece en el Poder Judicial de la Federación. Una corrupción que no se limita al señalamiento simple, hecho desde otros poderes de la República, que atribuye toda la putrefacción del Poder Judicial de la Federación a los altos sueldos de jueces, ministros y magistrados, que, en efecto, son mayores por mucho al también mayúsculo sueldo del presidente de la República. Reducir a sueldos el problema de la corrupción judicial es restarle dimensiones al asunto, es utilizar perversamente una lectura distorsionada de la realidad para el beneficio faccioso.

Como sea, para contar y entender el problema de la falta de honestidad en la que muchos juzgadores del Poder Judicial de la Federación se encuentran inmersos, y que ha llegado a su clímax, es necesario partir de lo particular a lo general, como se hace en el periodismo. Y para eso es necesario contar mi historia y de cómo el sistema judicial de la Federación actuó peor que el crimen organizado y me deshizo la vida, pues un juez de distrito se comportó como si fuera el capo de una agrupación criminal a la que, como ya dijimos, bien le embonaría el nombre de Cártel Judicial, no solo por lo facineroso, sino porque podía hacer lo que hizo.

Fue el 26 de enero de 2011 cuando sentí la muerte súbita, se me doblaron las corvas al escuchar la increíble sentencia a la que me condenó el juez Roberto Suárez Muñoz. Porque pudo y porque así se lo permitió el sistema, sin una pizca de ética el juzgador me sentenció a 20 años de prisión. Él consideró que no era necesario ajustarse a las reglas del derecho, menos aplicar la justicia. Después de todo nada ni nadie se lo impedía. Por eso terminó actuando como cualquier delincuente, movido por sus intereses y su beneficio personal, por eso el juez decretó que yo debería pasar 20 años en prisión, a pesar de que no había una sola prueba incriminatoria. En mi expediente nunca hubo una prueba que me relacionara con la delincuencia organizada, ni nada que se aproximara a que yo no era periodista, sino un delincuente. Aun así, el juez Roberto Suárez Muñoz dijo ante la sociedad —a través de la sentencia— que yo era un criminal. Un criminal aun peor que él y todos los que desde lo más alto del poder político en México habían organizado mi encarcelamiento y mi enjuiciamiento. Eran los tiempos del presidente Felipe Calderón y del poderoso secretario de Seguridad Pública Genaro García Luna.

El día que recibí la sentencia fue como morir de pie, con todos los sentimientos más vivos que nunca; escuché latir mi corazón. Las rodillas amenazaron con no soportar mi peso. La respiración agitada rozaba fuerte en los tímpanos. Un zumbido inundó el aire y todo lo volvió en blanco y negro como una escena en el cine mudo. La sudoración en las manos y la frente era lo único que me decía que todavía estaba vivo. El sudor salado tocando mis labios era la más clara muestra de que aún no terminaba de morir. Sentí que algo se me clavó en el pecho y no me dejaba respirar. Tuve que sostenerme de la barra de concreto —que sirve como escritorio en los locutorios del penal federal de Puente Grande— para no caer de bruces.

Ni la peor de las golpizas, como la que me propinó la madrugada del 8 de mayo de 2008 un grupo de cinco policías encabezados por el hoy fiscal de Guanajuato, Carlos Zamarripa Aguirre, quienes insistían en que me autoincriminara por un delito que no había cometido, me dolió tanto como cuando la tarde del 26 de enero de 2011 escuché que el juez, el hombre encargado del sistema para dictar justicia, se había decantado por declararme culpable a pesar de que no había ni la más mínima evidencia de responsabilidad en los delitos de delincuencia organizada y narcotráfico, que falsamente se me imputaron. El dolor de una sentencia a modo es indescriptible. No hay palabras para expresar esa vergüenza, el dolor, la humillación y la desesperanza de ser oficialmente un criminal, solo porque así lo dice un delincuente peor que el mismo acusado.

Antes de explicar el dolor de verme envuelto en el engranaje de la injusticia, de donde nace este texto que pretende exponer el alto grado de corrupción que persiste dentro del Poder Judicial de la Federación, quiero narrar por qué de la noche a la mañana me vi ante un juez, que en mi apreciación siempre me pareció, por el solo hecho de hacer daño en forma premeditada, más delincuente que muchos de los que me tocó conocer y con los que conviví dentro del penal federal de Puente Grande, a donde ese mismo juez me envió como si se tratara de que yo no volviera a ver la luz de la libertad.

Soy J. Jesús Lemus y soy periodista. Fui acusado por el régimen de Felipe Calderón de ser narcotraficante, jefe de La Familia Michoacana, y fui llevado a prisión. Estuve oficialmente encarcelado desde el 10 de mayo de 2008 hasta el 11 de mayo de 2011. Pero fui privado de mi libertad tres días antes de ser presentado ante el agente del Ministerio Público y ser ingresado a la cárcel. Fui secuestrado por la Policía Ministerial del entonces gobernador de Guanajuato, Juan Manuel Oliva Ramírez. La instrucción de mi anulación provino desde lo más alto de la esfera del poder. El presidente Felipe Calderón ordenó mi desaparición luego de que yo denunciara los nexos de colaboración existentes entre su hermana Luisa María Calderón Hinojosa y el narcotraficante Servando Gómez Martínez, la Tuta, entonces jefe del cártel de Los Caballeros Templarios. Dichos nexos salieron a relucir en una investigación periodística que yo estaba realizando como parte de un reportaje sobre las nuevas rutas del narcotráfico, que me había solicitado la agencia española de noticias EFE.

Esa publicación, que escribí en forma de columna en el periódico local de mi propiedad El Tiempo, nunca fue aceptada como una prueba del libre periodismo por el régimen conservador de Calderón. Él ordenó a un grupo de empresarios de La Piedad, Michoacán —lugar en donde radicaba mi publicación periódica—, que buscaran la forma de aniquilarme. Esa instrucción fue asumida a pie juntillas por el entonces presidente municipal de La Piedad, Ricardo Guzmán Romero, y Arturo Torres Santos, representante en aquel tiempo de la iniciativa privada, quien sería recompensado con una diputación federal por el V Distrito de Michoacán. Ellos confabularon con el gobernador de Guanajuato, Juan Manuel Oliva Ramírez, para que un comando de la Policía Ministerial de Guanajuato me secuestrara.

El secuestro ocurrió la mañana del 7 de mayo de 2008. A mi teléfono llegó una llamada de mi fuente informativa: el comandante Ángel Ruiz Carrillo de la Policía Ministerial de Guanajuato, en el municipio de Cuerámaro, dentro de la zona limítrofe con Michoacán. Me estaba buscando para reunirnos porque tenía cierta información que proporcionarme. El comandante Ruiz Carrillo, a cambio de 300 pesos a la semana, era una de mis fuentes más confiables. Me filtraba toda la información de los temas policiacos que se generaban en la región. Por eso no tuve empacho en reunirme con él.

Nos encontramos en la comunidad de Santa Ana Pacueco, del municipio de Pénjamo, en la zona colindante con La Piedad. Eran las 9:30 de la mañana. Yo tenía hambre y lo invité a desayunar. El comandante Ángel Ruiz me había dicho por teléfono que tenía información muy importante que me iba a servir. Me habló de unas personas ejecutadas a la orilla de la carretera Irapuato-La Piedad, de las que me garantizó fotografías y la historia completa. Por eso fui al encuentro. Desayunamos en un puesto de tacos que se ubica en Santa Ana Pacueco, apenas cruzando el puente Cavadas que une —o divide, según se quiera ver— los municipios de Pénjamo, Guanajuato, y La Piedad, en el cauce del río Lerma.

Yo pedí tres tacos de tripa y dos de longaniza. El comandante Ángel Ruiz Carrillo apenas pidió dos de tripa, algo inusual en él. A él le gustaba la tripa y en otras ocasiones lo había visto engullirse hasta siete tacos al hilo. Esa fue mi primera sospecha de que las cosas no iban bien. Pedí una Coca-Cola y mi informante no pidió nada para tomar. Otra señal de alerta. En ocasiones anteriores lo había visto colgarse literalmente de la botella de refresco. El tercer signo de alerta llegó cuando, sin que Ruiz Carrillo siquiera tocara sus tacos, él mismo pidió la cuenta. Invariablemente, las veces que nos reuníamos para desayunar en la calle —que fueron muchas en los siete meses anteriores a ese encuentro— mi fuente nunca había pagado la cuenta de los tacos. Por eso mi sorpresa.

En el breve almuerzo que compartimos, parados frente al carrito de tacos, Ángel Ruiz Carrillo y yo conversamos entre cuchicheos de todo. Hablamos del clima, de los sobornos que en aquella región estaba dando el cártel de La Familia Michoacana, de política; hasta platicamos de futbol. Me sorprendió que Ruiz Carrillo estuviera pensativo y como forzado a la plática. Siempre hablaba hasta por los codos.

Pero la mayor de mis sorpresas llegó cuando, luego de terminar mis tacos, como si por cortesía Ruiz Carrillo hubiese querido que yo desayunara bien, se acercó como esperando que nadie en el puesto de tacos, que sumaban unos siete comensales, se enterara de sus intenciones. Se acercó despacio hasta invadir mi espacio proxémico. Sin mirarme a los ojos cumplió con aquella encomienda que evidentemente le costaba mucho trabajo ejecutar. Rehuyendo la mirada, acercó su rostro lo más cerca que pudo de mi cara, solo para decirme: "¡Valiste verga! Te quieren en Guanajuato... Me mandaron a buscarte...".

Apenas intenté entender aquellas palabras cuando unas manos me sujetaron. Otras manos me tomaron por los hombros y el cuello para inmovilizarme, mientras otro par de manos buscaba las mías para sujetarme por las muñecas con esposas. Fui replegado contra el cofre de mi auto mientras era asegurado. Luego alguien puso una chamarra negra sobre mi cabeza y fui subido a empujones a la batea de la camioneta *pick up* color blanco en la que había llegado a la cita Ángel Ruiz Carrillo. Ahí me tendieron sobre el piso. Me cambiaron la chamarra negra con la que me habían cubierto la cabeza por una capucha también de color negro. La capucha tenía olor a muerte.

La camioneta en la que me llevaban secuestrado hizo una escala; se detuvo en un tramo de la carretera Irapuato–Silao. Me subieron a empujones a otra camioneta, posiblemente una Suburban. Me sentaron en medio de dos oficiales. Al pie del vehículo, desde la ventanilla, un policía comenzó a interrogarme. Era el coordinador de la Policía Ministerial de Guanajuato, Carlos Zamarripa. Me preguntó quién me ordenaba investigar sobre el narco en Guanajuato. Quién quería saber acerca de la corrupción en la policía de Guanajuato. También me preguntó cuánto llevaba investigado para mi reportaje sobre las nuevas rutas del narcotráfico y que cómo supe de Luisa María Calderón y su relación con la Tuta. Terminó preguntándome si yo era "gente de la Barbie".

Recuerdo que le respondí que yo era periodista. Insistí en eso. Le dije que no estaba investigando otra cosa más que las nuevas rutas que los cárteles estaban utilizando para llevar la droga desde Michoacán hasta Estados Unidos. Le recalqué que no pertenecía a ningún cártel y que Ángel Ruiz Carrillo podía corroborar que yo era periodista, porque desde hacía casi un año me estaba pasando información sobre temas policiales. A cada respuesta que le daba, sin importar lo que dijera, siempre venía un golpe en seco en las costillas. Los policías que estaban sentados a mis costados se turnaban.

No sé si Zamarripa les dio instrucción a los policías (yo tenía una capucha en la cabeza que no me dejaba ver nada), pero mientras uno de esos valientes ministeriales me asfixiaba haciendo una tenaza con sus manos sobre mi cuello, otro me pegaba en el rostro con la palma de la mano. En ese momento Zamarripa me preguntó por el entonces gobernador de Michoacán, Leonel Godoy Rangel, y diversos alcaldes de esa entidad. Quería que yo les dijera la relación que los políticos michoacanos guardaban con miembros del crimen organizado. Las personas por las que me preguntaron en ese interrogatorio fueron las mismas que posteriormente fueron involucradas en el escandaloso evento conocido como "el Michoacanazo", el operativo fallido de Felipe Calderón y Genaro García Luna para tratar de incriminar a una treintena de funcionarios del gobierno de Michoacán con células del crimen organizado, principalmente con el cártel de Los Caballeros Templarios. Después de eso, Carlos Zamarripa se fue del lugar. Dio la instrucción para que me llevaran "a una fiesta", así le dijo a Ruiz Carrillo cuando se despidió.

A continuación, me bajaron de la camioneta y me volvieron a aventar a la batea de la *pick up*. Después dijeron que no, que me subieran a otra camioneta, y así lo hicieron. Me tiraron recostado en un asiento y mi cabeza fue terciada sobre las piernas de un policía que refunfuñaba por eso. Desde ahí escuché cuando Ángel Ruiz preparaba mi ejecución: "Háblale al Yuca —le ordenó a uno de sus subalternos—, dile que lo vemos allá, que necesito que me haga un jale".

En la camioneta, el policía sobre cuyas piernas me obligaron a apoyar la cabeza no dejaba de maldecir. Lanzaba improperios contra todos, en especial contra mí. Después se dedicó a martirizarme con la cacha de una pistola. A la menor provocación la dejaba caer con violenta fuerza sobre mi oreja izquierda.

No recuerdo cuánto duró el trayecto desde que me subieron a la batea de la camioneta hasta que llegamos a una casa de seguridad en las inmediaciones de la capital de Guanajuato. Esos eran mis caminos desde hacía muchos años, por eso, aunque todo el tiempo estuve cubierto de la cabeza con la hedionda capucha, nunca perdí el sentido de la ubicación. Siempre supe por cuál carretera estábamos circulando. Mi sentido de la ubicación se agudizó, no sé si fue porque iba tendido con el pie de un policía ministerial sobre mi cuello o porque sabía que aquel día podría ser el último de mi vida.

Los cenitales rayos del sol ya pegaban fuerte cuando la camioneta frenó bruscamente a la orilla de un polvoriento camino. Sería tal vez el mediodía. En vilo, jalándome del pantalón, por lo menos tres pares de manos me bajaron de la camioneta e hicieron que me pusiera de pie. Escuché la voz del comandante Ángel Ruiz Carrillo, que hablaba con alguien que le respondía a lo lejos desde el interior de una casa. Este preguntó por un tal Z-21 y pensé que blofeaba.

Todavía algo dentro de mí decía que todo era solo un juego. Que en cualquier momento escucharía al comandante morirse de la risa cuando me quitara la venda y me dijera que era una broma. Pensé que efectivamente alguien de la Procuraduría de Guanajuato me estaba solicitando para alguna entrevista, y que el mismo Ruiz Carrillo me habría jugado una broma, simulando una violenta detención.

El dolor en las muñecas por la presión de las esposas, la mitad del dorso quemado por la lámina caliente de la batea de la camioneta en la que estuve recostado el tiempo que duró el trayecto y el sabor a hierro en la boca por la sangre que me había salido de la nariz cuando me aseguraron me volvieron a centrar en la realidad: aquello era la antesala de mi asesinato. Así lo confirmó Ruiz Carrillo cuando escuché que le decía a un anónimo interlocutor:

—Ese mi Yuca, aquí le dejo a este muerto... le dice al jefe [el Z-21] que se lo encargo mucho. Que le dé piso rápido y que lo tire en el río.

—Como siempre —le respondió aquel que supongo era el Yuca, cuya voz me hacía suponer que era delgado y muy tímido—, ya sabe que sus deseos son órdenes, mi patrón.

—Me avisa cuando esté el jale, para avisarle a la prensa... no se le olvide el letrero en la panza, que diga que era de La Familia [Michoacana].

Los dos festejaron con simuladas risas, que nadie creyó que fueran ciertas.

Seguramente la voz al interior de la casa atendió bien la instrucción, porque no hubo más diálogo. Acto seguido fui llevado por dos pares de manos que me sujetaron de los brazos esposados hasta el interior de la casa. Después supe, era una casa de interés social. Estaba en una comunidad cercana a la cabecera municipal de Guanajuato, en la zona rural del municipio. Algunos mugidos y rebuznos a lo lejos así lo confirmaban. En el aire, a pesar de la sensación a muerte que contenía la capucha, se podía sentir el olor a estiércol y rastrojo. Por un segundo mi mente voló al dulce recuerdo de la pasiva y tranquila vida en el municipio de La Piedad, donde pasé mi infancia y donde la gente es tan feliz como olorosas a estiércol son las noches. Un empujón que me colocó contra la pared me volvió a la realidad. Pude escuchar el sonido hueco de mi cabeza rebotando contra la pared. Empecé a reparar en el dolor cuando ya me estaban quitando las esposas y la capucha.

Antes de que me colocaran una venda en los ojos, en suplencia de la hedionda capucha, pude ver que estaba en una casa de seguridad de algún grupo del narco —seguro Los Zetas— que operaba en Guanajuato al amparo del gobierno estatal de Juan Manuel Oliva Ramírez, uno de los amigos consentidos de Felipe Calderón y Genaro García Luna. Las paredes de aquella casa, que originalmente serían de un amarillo tenue, casi tirándole a blanco, estaban salpicadas de sangre, escupitajos y manchas negras que indicaban que fueron la última voluntad de muchos que han de haber pasado por ahí. El olor de aquella casa era indecible. No hay palabras que puedan describir cómo flotaba el olor a muerte, sangre y abandono. La memoria del olfato todavía recuerda aquella sensación acre de cuerpo descompuesto, el olor fecal de vísceras expuestas, el agrio tinte de orina y excremento calando en los ojos.

En los breves segundos en que me quedé sin capucha y mientras estaba a la espera de una venda que me tapara de nuevo los ojos, a pesar del destello de luz que me dejaba ciego, pude —como si la vista fuera necesaria para el olfato y el oído— escuchar a lo lejos una jauría de perros que se acompañaba de un concierto de mugidos. Traté de ubicarme en dónde estaba, por la sola guía de los olores y los sonidos. Fue en vano. En el aire también se escuchaba el chillido magnético de dos radios. Fue en ese momento cuando un cachazo en la nuca hizo que me pusiera de rodillas. Dos pares de brazos me levantaron. Alguien me colocó una venda sobre los ojos, pero tuvo la delicadeza de pedirme que los cerrara para que la venda no me lastimara. Con la venda puesta, otra vez los dos pares de manos me llevaron por el interior de la casa, como si fuera un laberinto.

A medida que caminaba tropezando por la casa me pude dar cuenta de que aquel sitio era un matadero. Todo estaba impregnado de excremento y sangre. Olía igual que un rastro. Hasta pude imaginar, igual que se ven los cuerpos de vacas y cerdos colgados en los mataderos, a muchos inocentes que, al igual que yo, tuvieron el infortunio de haber pasado por aquel lugar. Yo estaba seguro de que pronto iba a ser uno de esos desafortunados que terminaron ejecutados dentro de aquella casa operada por narcos y protegida por el gobierno de Juan Manuel Oliva Ramírez.

Apenas me colocaron la venda me quitaron la ropa. Quedé solo en calzones. Como si fuera un tropel que al sonido de la corneta marcaba retirada, los cinco o seis elementos de la Policía Ministerial que estaban bajo el mando de Ángel Ruiz Carrillo abandonaron aquella casa. Escuché la marcha de la camioneta en la que había llegado y a Ruiz Carrillo dando órdenes de avanzada. Oí cómo el ruido del motor de la camioneta se fue apagando poco a poco para dar paso al suave susurro campirano de las vacas retozando, los burros rebuznando y los puercos chillando de felicidad. Muy cerca de mí escuché el rechinido de una silla, como si llorara por el peso de alguien que se disponía a vigilarme.

Las circunstancias en las que estaba dentro de aquella casa de seguridad sin duda alguna no eran las mejores, pero aun así pude sentir un descanso. Sentí tranquilidad conforme se fue apagando el ruido de la camioneta de la Policía Ministerial. Mi cuerpo comenzó a reaccionar. Vendado, casi totalmente desnudo, sentí dos necesidades primarias: tuve sed y ganas de orinar.

—Ey, compa —le hablé a ciegas a quien yo supuse que estaba vigilándome—, deme chance de ir al baño.

—Guarde silencio —fue lo único que me contestó.

Pasaron unos minutos y volví a insistir en mi necesidad de mear. Agregué otra petición:

—¿Me puedes dar agua? Me estoy muriendo de sed.

—Yo te aseguro que de sed no te vas a morir —dijo socarronamente, como si estuviera seguro de mi suerte—. Yo te aseguro que de sed no te vas a morir.

Me ordenó que me orinara en donde estaba sentado. En ese momento entendí el olor a amoniaco que privaba en el aire. Ya no insistí en pedir agua. Aun así, un momento después me acercó una botella de plástico que él mismo colocó en mi boca. Hasta el agua sabía a muerte y tristeza. Bebí dos tragos, pero el cuerpo no lo pudo soportar. La deposición fue inmediata. Supongo que manché los pies de mi vigilante, ya que me mentó la madre. Vana fue la espera de un golpe sobre mi cabeza como reacción a mi vómito, pues solo refunfuñó. No me tocó un solo pelo, pese a su molestia. En ese momento de manera más que clara entendí que estaba a la espera de mi muerte, por el solo hecho de que aquel sicario no me hubiera tundido a golpes. Es ley entre los grupos de sicarios de cualquier organización criminal que cuando una persona ya está destinada a la muerte no se le golpea ni le infligen más dolor, después de todo, el ejecutable todo lo pagará con la muerte. Por eso aquella mañana del 7 de mayo de 2008 supuse que yo ya estaba destinado a la muerte.

De la misma forma seguramente pensaba mi vigilante. Por eso no quiso cruzar palabra conmigo. Yo insistí en sacarle plática, al menos algunas palabras mientras estábamos ahí solos, él y yo, esperando no sabía qué. Le pregunté qué era lo que esperábamos. Él se rehusó a responder en repetidas ocasiones. Por agotamiento, tras mi insistencia, aquel sicario de Los Zetas me dejó helado con su respuesta:

—Estamos esperando al jefe... ya cállate. Ya quédate tranquilo. Va a ser rápido.

Lo siguiente que pasó por mi cabeza, como si fuera un cliché de película, fueron escenas de mi vida en cámara rápida y tonos color sepia: me vi de niño corriendo por las calles de mi natal Moroleón. Me vi jugando con mi hermano Arturo en la plaza del pueblo, en donde éramos felices comiendo cacahuates. Abracé otra vez a mi padre, como cada tarde cuando regresaba del trabajo. Sentí el cálido aliento de mi madre besando mi frente antes de dormir. Desde lo alto, como si flotara, me vi atado y abandonado en aquella casa. Las imágenes de mi hija recorriendo vertiginosamente su infancia y adolescencia me acribillaron lentamente.

No sé si perdí el conocimiento en algún momento de la espera, pero me sacudió el motor de una camioneta que se aproximaba. Temblé cuando escuché portazos, voces y un tropel que entraba directo a la casa. Supuse que mi hora había llegado. De mi cabeza no podía, ni he podido aún, borrar la condena a la que el comandante Ángel Ruiz me había sentenciado: "Que le dé piso rápido y que lo tire en el río". Durante una fracción de segundo me vi sin vida flotando en las aguas de algún río. Me vi con una cartulina pegada al cuerpo con algún narcomensaje para crear un falso positivo. Me vino a la cabeza el río Lerma o el río Grande. "¿Cuál de ellos será mi destino final?", pensé.

Aún no llegaba la respuesta a mi cabeza cuando la voz del comandante me volvió a sacudir. Lo escuché preguntando por mí. Lo sentí temeroso. No era el mismo policía que se envalentonaba cuando estaba con sus muchachos; hablaba quedito. Creo que hasta descansó cuando mi vigilante le dijo que yo aún estaba ahí amarrado. Que no había llegado el jefe de la célula y aún no se cumplía la orden de ejecución. Sentí que Ruiz Carrillo descansó. Otra vez valiente dio la orden a dos de sus hombres, uno de nombre Omar y otro de apellido López, para que me subieran a la camioneta. Como perros fieles, Omar y López me levantaron en vilo. Me quitaron el plástico con el que me tenían sujetas las manos y los pies, y me llevaron hacia la calle. Pude sentir el fresco viento de la noche que estaba por caer. Otra vez el olor a estiércol me pegaba en la nariz. Los pies no me pudieron soportar.

Dos pares de manos me volvieron a poner en pie. Escuché una voz soplando muy cerca de mi oído derecho. Me levantó la venda que me cubría el rostro solo para dejar libre la oreja, como si quisiera estar seguro de que yo estaba escuchando lo que me quería decir:

303

—Esto va a ser rápido —anunció como para tranquilizarme—. ¡Corre!

No pude moverme. Sentí que algo me sujetaba al piso. Mis pies eran un par de estacas clavadas en el suelo. Me derrumbé al saberme en la antesala de la muerte. Luego otra vez dos pares de brazos me pusieron en pie. Todo estaba en silencio. Lo único que se escuchaba era el temblor de mi quijada. Sabía que en cualquier momento un balazo habría de terminar con aquel silencio. Quedé a la espera del impacto durante unos segundos, que fueron millones de años en agonía. El balazo nunca llegó.

Se escucharon cuchicheos. Se oía que alguien regañaba a los otros. Se escuchaban mentadas de madre por lo bajo. La voz que me había asegurado que mi muerte iba a ser rápida se acercó y me sopló al oído:

—Te salvaste por un pelo de rata calva, gordo hijo de tu puta madre —me lo dijo con una furia, cuya razón hasta el día de hoy no puedo comprender—. ¡De veras que tienes suerte! —remató.

Después escuché cómo se amartillaba una pistola, como cortando cartucho, a unos cuantos centímetros de mi oreja. Pienso que fueron cinco detonaciones las que siguieron después. No puedo estar seguro de si hubo más. A menos de cinco centímetros de mi oreja derecha sentí la flama ardiente de la pistola. Luego todo se oscureció. Perdí el conocimiento. Me fui desvaneciendo poco a poco hasta quedar hincado. En ese momento no sabía si seguía vivo o ya estaba muerto. Por unos segundos sentí una inmensa paz. Me recosté suavemente sobre lo que parecía parte de una parcela recién escardada y me abracé a la dulce sensación de la muerte.

Unas patadas sobre mi espalda y costillar me volvieron a la realidad. Sentí un tirón de ropa cuando me volví a ver secuestrado por elementos de la Policía Ministerial, que, después supe, actuaban bajo instrucción del coordinador Carlos Zamarripa, el que horas después encabezaría la ceremonia de tortura bajo la que el gobierno de Felipe Calderón intentaba hacerme pasar como un gran delincuente, solo para anularme de mi condición de periodista. Al tiempo Zamarripa llegaría a ser el fiscal general del estado de Guanajuato, luego de una carrera de protección por parte de Genaro García Luna.

—Aquí tiene, comandante —escuché otra voz que hablaba mientras el barullo en mi entorno se silenciaba y yo era empujado suavemente como pasándome de un propietario a otro—, está completito como me lo entregó.

Escuché risitas mientras alguien me conducía con severidad para alejarme de aquel lugar. Supe que era un agente de la Policía Ministerial porque comenzó a golpearme. Me esposó y hasta que estuve amarrado de nuevo se envalentonó: se hartó de golpearme. Seguramente era un sujeto más gordo que yo porque bufaba, halando la respiración, cada vez que me plantaba un golpe. No sé si el jadeo de mi golpeador era más extenuante que el mío. Solo estaba seguro de que con cada golpe que me daba aquel policía se acercaba más al infarto cardiaco.

Después fui trepado a otra camioneta. Ya no estaba en custodia de la célula criminal de Los Zetas a la que me había entregado el comandante Ruiz. Él mismo fue a sacarme de aquella casa. No fue porque mi captor hubiera cambiado de parecer sobre mi asesinato. Fue —lo supe después— más bien un efecto del boletín que emitió la representante de la organización Reporteros sin Fronteras (RSF), Balbina Flores, denunciando que yo había sido secuestrado por la Policía Ministerial de Guanajuato. En dicho boletín —una especie de alerta temprana— la organización Reporteros sin Fronteras le exigía al gobernador Juan Manuel Oliva Ramírez que me presentara con vida. Solo así se entiende la premura de Ángel Ruiz para acudir de regreso a la casa de seguridad a donde me había entregado. Esa vez la suerte estuvo del lado de todos: yo pude salir con vida de aquella casa y Ángel Ruiz, por el momento, no tuvo que afrontar un proceso penal por mi desaparición.

En menos de 15 minutos, apenas fui sacado de la casa de seguridad de Los Zetas, fui ingresado a otra casa de seguridad igualmente olorosa a muerte y sangre, solo que esta última era operada por otra mafia igual de peligrosa y sanguinaria que el cártel de Los Zetas, la Procuraduría General de Justicia del Estado de Guanajuato, que en aquel tiempo era encabezada por un gris funcionario de nombre Daniel Federico Chowell Arenas, quien a la postre llegaría a ser, por dos periodos sucesivos, magistrado del Supremo Tribunal de Justicia del Estado de Guanajuato.

En las instalaciones de la casa de seguridad de la entonces Procuraduría de Guanajuato iniciaron los tres días más sangrantes de mi vida. Fui sometido a un proceso de tortura que, de no ser porque lo viví en carne propia, jamás hubiera imaginado; cuántas formas existen para que un ser humano le inflija dolor a otro, por el solo hecho de poder hacerlo. Pero eso no es lo aberrante, lo peor es que esas técnicas de dolor son a la fecha las "herramientas" de las que se valen todos los cuerpos de investigación, tanto policías del orden local como federal, para llevar a cabo sus supuestos combates a la delincuencia.

Igual que en decenas de casos que he documentado sobre tortura a manos de policías de cualquier nivel, aquella noche del 7 de mayo de 2008 me tocó escuchar la Balada del Diablo, ese zumbido que queda en los oídos en forma permanente luego de la primera sesión de tortura que, casi siempre —como lo indica el manual de tortura de la Agencia Central de Inteligencia (CIA), que desde 1975 se enseña en México—, inicia con el aturdimiento del oído, al golpear las orejas con las palmas de las manos. Esa primera noche en manos de la Policía Ministerial de Guanajuato también di cuenta de la Máscara del Diablo, la bolsa de plástico que, de acuerdo con dicho manual, se coloca en la cabeza hasta causar ahogamiento. Igual supe que existen métodos tan sutiles de tortura como el que causa ahogamiento cuando se coloca una toalla sobre el rostro bocarriba y se comienza a empapar de agua en forma lenta y constante desde una botella.

La tortura cesaba de vez en cuando. El desmayo por sofocación era lo que me salvaba más frecuentemente. Los golpes con las culatas de los rifles, en cualquier parte del cuerpo, después de dos rondas ya no duelen. Al contrario, son golpes adormecedores de la piel y eso garantiza una mayor resistencia del cuerpo. A veces por eso mismo se inicia la ronda de tortura con golpes de culatas, para garantizar que la víctima no se desmaye muy rápido, principalmente cuando se tiene contemplada una ronda larga de golpes. La Balada del Diablo también tiene un efecto de resistencia: tras el aturdimiento y el zumbido en los oídos, desaparece la posibilidad de mareos o pérdida de equilibrio de la víctima, lo cual es favorable sobre todo cuando se le somete a asfixia. Eso lo aprendí aquella primera noche de tortura.

Los siguientes dos días que estuve bajo tortura en manos de la Policía Ministerial de Guanajuato, en cuyas sesiones nunca dejó de estar presente Carlos Zamarripa, también fueron atestiguados por una mujer, que algún tipo de trauma debió haber tenido en su vida personal, porque su fijación por los toques eléctricos en los testículos era tal que la hacían reír siniestramente. La risa de aquella que acercaba los electrodos a mis partes, mezclada con el chillido de la electricidad sobre la carne, era lo que me hacía volver en cada desmayo que llegaba. Después venía un descanso y era cuando me acercaban unas hojas para que las firmara. A cambio de esa firma, siempre me lo ofrecían amablemente, la tortura terminaría.

El legajo que los agentes de la Procuraduría estatal de Guanajuato querían que firmara no era otra cosa que mi declaración de culpabilidad. En dicha autoincriminación —que no firmé, no por valentía ni decoro, sino porque ya no podía mover las manos ni para levantar la pluma— quería la Procuraduría que me reconociera como miembro del Cártel del Golfo, estableciendo que era subalterno de Osiel Cárdenas Guillén. En otras ocasiones me acercaban otras hojas que contenían una supuesta declaración en donde me reconocía también como parte del cártel de La Familia Michoacana. Tras negarme a la firma siempre venía una nueva andanada de golpes. A veces los golpes eran más dolorosos cuando la bolsa de plástico orillaba a la asfixia. Y después otra vez los toques eléctricos, a veces con electrodos, a veces con una chicharra eléctrica, pero siempre, sin dudarlo, sobre los testículos. Eran descargas de lava ardiendo que se anidaban en la cabeza. A veces la chicharra se descargaba sobre las axilas o las plantas de los pies. Con el agua escurriendo y sentado sobre una silla metálica, aquello se convertía en una verdadera silla eléctrica.

Tras 72 horas de estar bajo tortura y con la convicción de que bajo ninguna circunstancia firmaría una declaración de autoincriminación, desde alguna parte del gobierno llegó la instrucción de que se me presentara ante un agente del Ministerio Público del fuero común. Ese agente me informó que yo estaba siendo acusado de delitos graves, como delincuencia organizada y fomento al narcotráfico. ¿Cuál era el origen de la acusación? Una declaración falsa del comandante Ángel Ruiz Carrillo, que en un inicio fincaba todo su señalamiento en la mera suposición de que yo pertenecía al grupo criminal de La Familia Michoacana, de la que supuestamente yo era jefe y líder, porque, según su declaración, él había visto que yo me reunía "con gente extraña y sospechosa".

Previo a esto no hubo una investigación, como corresponde a la integración de cualquier carpeta que se judicializa. Todo fue de la noche a la mañana, literalmente. Por decisión judicial yo dejé de ser periodista el 7 de mayo, y solo tres días después, el 10 de mayo de 2008, ya era yo, desde la visión de la autoridad, un "peligroso narcotraficante". Nunca hubo una indagatoria que sustentara mi detención. Vamos, ni siquiera mi detención fue oficial. Aunque después, dentro del expediente, se dijo que yo había sido detenido dentro de las instalaciones de la comandancia regional de la Policía Ministerial de Guanajuato, en el municipio de Cuerámaro. Todo el expediente criminal que se me integró fue con base en una declaración del comandante que me secuestró.

Ángel Ruiz Carrillo refirió que yo era narcotraficante porque supuestamente me reunía con mucha gente extraña. El lugar en el que según él yo me encontraba con esa "gente", que para el policía

Ruiz Carrillo "eran del cártel de La Familia Michoacana", era el local en donde operaba mi periódico *El Tiempo*, en una casa ubicada al sur del municipio de La Piedad, Michoacán. En ese lugar, sobra decir, efectivamente había mucho movimiento de personas, porque éramos varios los trabajadores que hacíamos el esfuerzo para la publicación del periódico. También argumentó que yo, de manera frecuente —lo sabía porque yo se lo conté—, estaba recorriendo otros municipios de Guanajuato y Michoacán. En efecto, ese era mi trabajo como reportero, ir a buscar la información. Pero, según él, "esos viajes a otros municipios eran para cometer actos de tráfico de drogas o para organizar actividades delictivas con los miembros del cártel de La Familia Michoacana", como era mi costumbre, según dijo en su declaración.

A esas declaraciones de Ángel Ruiz Carrillo se sumó una historia fantasiosa que el agente del Ministerio Público del fuero común de Guanajuato agregó al expediente. De hecho, esa historia agregada fue la que se consideró como investigación por parte del juez Roberto Suárez Muñoz. Esa historia agregada fue la que se envió a la Procuraduría de Guanajuato desde la Secretaría de Seguridad Pública (SSP) federal, entonces dirigida por Genaro García Luna. La historia de mi supuesta criminalidad fue integrada en más de 7 mil hojas. Ahí se hablaba de mí como si fuera un supernarcotraficante que el mismo día estaba presente en diversas partes del país llevando a cabo actos delictivos. Se me creó una fantástica historia que hablaba de mi supuesta presencia en diversos grupos criminales. A veces se me asociaba con Los Zetas y en otras ocasiones era parte del Cártel del Golfo; lo mismo aparecía como miembro preponderante de La Familia Michoacana que como contacto permanente de La Familia Michoacana y el Cártel de Sinaloa. En la versión de García Luna sobre mi criminalidad se me relacionaba con eventos de terrorismo en Moroleón, Guanajuato, en donde supuestamente yo era parte de una célula que había ordenado el lanzamiento de granadas de fragmentación contra la policía estatal de Guanajuato. Asimismo se me vinculaba con actos violentos que cobraron la vida de por lo menos 20 miembros de las fuerzas federales, principalmente elementos de la Policía Federal, la Marina y la Secretaría de la Defensa Nacional (Sedena).

Fue la tarde del 10 de mayo de 2008, cuando estaba frente al agente del Ministerio Público del fuero común, que me enteré de todo lo que se me acusaba, sin que hubiera un solo argumento lógico para imputarme los delitos de delincuencia organizada y fomento al narcotráfico, en la modalidad de cooperación con miembros de las principales organizaciones delictivas que entonces operaban en todo el territorio nacional.

Yo fui presentado ante el agente del Ministerio Público todavía con las huellas de tortura por donde se me viera. Aun así el representante social no preguntó las razones de mi maltrecho estado físico. Ni siquiera preguntó por qué tenía las manos —con las que no pude firmar mi declaración ministerial— hinchadas y amoratadas. Con gusto le hubiera dicho que ese fue el resultado de negarme a firmar el acta de autoincriminación. Que un agente de la Policía Ministerial me sujetaba de las muñecas mientras otro valiente policía me daba de culatazos en la zona metacarpiana.

También, si me hubiera preguntado, le habría dicho que si no podía leer el acta que recién había integrado con mi declaración ministerial se debía a que solo estaba viendo con un ojo, el izquierdo, porque el derecho, como bien se pudo haber dado cuenta, estaba totalmente cerrado por la hinchazón del párpado. Que dicha hinchazón era el efecto de los puñetazos que recibí mientras estaba amarrado a una silla, los que además me costaron la caída de dos muelas.

De igual manera, si el agente que me estaba tomando mi declaración ministerial hubiese tenido dos dedos de frente y me hubiera preguntado, le habría dicho que las escoriaciones en ambos costados del cuerpo, así como los moretones en piernas y manos, o la hinchazón testicular y la orina con sangre eran producto de la tortura a la que fui sometido durante casi tres días, en los que evidentemente no me deshidraté porque me dieron agua a Dios dar. Pero no, el agente no reparó en mi maltrecho estado físico. No preguntó nada. No se interesó en la seguridad física del detenido, como si estuviera acostumbrado a tomar declaraciones ministeriales a detenidos convertidos en piltrafa o, tal vez, como si fuera habitual observar las huellas de tortura que dejaban los eventuales trabajos de investigación de la Policía Ministerial.

Como quiera que sea, el agente no quiso tomar conocimiento de mi estado físico. Le pedí que dejara asentadas las condiciones físicas en las que estaba declarando y le solicité —porque consideré que era mi derecho— que se me hiciera una evaluación médica por parte de un perito en medicina, para en lo sucesivo establecer que fui secuestrado y torturado por elementos de la Policía Ministerial. Pero a pesar de esa petición el representante social me explicó que esa no era su función.

—Pero tú eres el agente del Ministerio Público que está constituido para conocer ilícitos —le intenté explicar, por si acaso no lo sabía.

—Eso corresponde a la Comisión de los Derechos Humanos —fue todo lo que me dijo, antes de pedir que me retiraran.

Mi comparecencia ante el agente del Ministerio Público fue un tanto accidentada, no solo por las dos veces que me tropecé por mi dificultad de caminar debido al dolor que no sabía bien en dónde comenzaba ni mucho menos en dónde terminaba, sino por la decisión del agente de tomar mi declaración sin la asistencia de un abogado. Después de tres o cuatro horas llegó mi abogado —un abogado de oficio—, pero parecía más bien mi inquisidor. Me insistió en por lo menos tres ocasiones que me declarara responsable de todos los actos de los que se me acusaba. En ese momento yo no sabía a ciencia cierta qué era de lo que se me estaba acusando. De haberle hecho caso al abogado de oficio, un litigante de nombre Andrés Rubio, seguramente hoy no podría estar escribiendo esta historia. Estaría refundido en cualquier cárcel federal, como el peor de los delincuentes, porque los cargos eran muchos y muy graves.

Se me quiso relacionar muy tramposamente con decenas de asesinatos de agentes de seguridad del Estado mexicano y se me acusaba de haber participado con grupos delictivos de diversas agrupaciones de los principales cárteles de las drogas que operan en todo el territorio nacional.

Después de mi declaración ministerial, acaso pasaron unos cuantos minutos cuando fui trasladado a la cárcel estatal de Puentecillas, en la ciudad de Guanajuato. Ingresé antes de que cayera la noche del 10 de mayo de 2008. Hasta el lugar me escoltaron dos elementos de la Policía Ministerial de Guanajuato. Al parecer, en ese momento ya había pasado mi nivel de peligrosidad. Por eso no necesité mayor escolta que me trasladara. Me abrieron las puertas de la cárcel al filo de las 19:00 horas. Un solitario custodio me dio la bienvenida. Con el entusiasmo de quien recibe un paquete no esperado, aquel custodio firmó de recibido unas hojas que entregó a los policías ministeriales que me llevaron hasta la puerta del penal estatal. De un solo paso crucé el umbral. El custodio que me recibió cerró la pesada puerta de metal. Me pidió que le ayudara a empujar.

—Todos me dicen don Nico —dijo el custodio al tiempo que extendía la mano en señal de bienvenida.

Don Nico era un hombre entrado en años, unos 60 por lo menos. Su abultado abdomen casi iba de la mano con su imagen bonachona. Su sonrisa no se apagaba. Más que un custodio de la cárcel, don Nico me pareció un guía de turistas. Así me lo hizo sentir. Yo era un reo que estaba ingresando a la cárcel, pero aun así no me revisó, ni me preguntó nada. Como que ya sabía qué era lo que tenía que hacer: se adelantó en mi camino. Me pidió que lo siguiera y me llevó por los intrincados vericuetos de la cárcel estatal de Guanajuato. Como un buen guía de turistas, comenzó a decirme por dónde estábamos caminando: "Aquí tenemos el área de ingreso... acá está el área de locutorios... por aquí se recibe a las visitas familiares... allá está la oficina del director... por allá nunca vayas porque es la salida... más allá es donde están los perros...".

Me recluyeron en una celda del área de ingresos. Era una de las cuatro mazmorras apenas iluminadas por un amarillento foco al fondo del pasillo. La Jaula, como le decían a aquel espacio de no más de tres metros cuadrados, la compartí con otros ocho presos en los siguientes 10 días. Escuché voces de protesta cuando se abrió la reja para darme el ingreso. Cuando mi vista se acostumbró a la oscuridad, vi todas las expresiones faciales posibles dentro de aquella celda. Algunos rostros sonrientes, otros enfadados, enojados, en duermevela, pensativos, tristes o atribulados, pero todos me veían como si yo fuera el único preso. Algunos se dolieron de mí. Llegué molido por los golpes de la tortura, por eso, aunque aquello era la cárcel, la Jaula fue para mí la gloria. Ahí me sentí a salvo de mis captores. Me ovillé y dormí plácidamente. Solo me despertaban mis propios quejidos por el dolor de los músculos magullados que estaban resintiendo la golpiza. En esa celda, donde el hoyo del excusado era sorteado en turnos, apenas un día después de haber llegado recibí mi primera mala noticia: un garboso oficial llegó apenas después del pase de lista de las ocho de la mañana. Dijo mi nombre. Pidió que me abrieran la reja para salir. Me estaba revisando cuando el mismo oficial de custodia me informó que íbamos a los locutorios del juzgado. Yo estaba pensando en la posibilidad de que aquello sería el principio para que se aclarara todo aquel embrollo y estaba listo para mi declaración preparatoria cuando el mismo oficial me adelantó la mala noticia:

—Te van a dictar el auto de formal prisión —me dijo muy seguro mientras avanzábamos por los pasillos del penal.

No quise entrar en diálogo con el custodio. "¿Será cierto? Solo blofea", pensé y seguí caminando al tiempo que el custodio volvió a insistir:

—El juez que te tocó te va a chingar —agregó mientras yo trataba de poner oídos sordos. Yo pensaba solo en mi declaración preparatoria—. Es el juez Roberto Suárez Muñoz el que te tocó —insistió—, ese güey es de consigna. Está al servicio del procurador

Eduardo Medina Mora. Y si eres el periodista que viene recomendado, ya valiste madre...

Aquellas palabras me sacudieron. Me llamó la atención que el custodio conociera mi caso. Quise frenarme en seco, pero un suave empujón evitó que me detuviera. Me dijo en forma discreta que caminara. Que las cámaras nos estaban vigilando. Que no me quería castigar más de lo que ya venía golpeado. Con discreción le pregunté cómo era que conocía mi caso.

—Todo el mundo lo sabe —me contestó—. Si estás en el mundo de la delincuencia y no sabes quién ingresa a la cárcel, entonces sí estás jodido.

—¿Cómo sabes mi caso? —volví a preguntar casi como si fuera un susurro.

Me dijo que apenas dos días antes yo había sido noticia entre las corporaciones policiacas del estado de Guanajuato. Que se corrió la voz de que un periodista había sido secuestrado por un comandante de la Policía Ministerial, que ese comandante había entregado al periodista a un grupo de Los Zetas para que lo mataran, porque la orden había provenido desde la misma presidencia de la República, de parte de Felipe Calderón. Después me contó que no lo sabía bien a bien, pero que también estaban involucrados el gobernador Juan Manuel Oliva Ramírez y el procurador del estado, Daniel Federico Chowell, y el mismo coordinador de la Policía Ministerial, Carlos Zamarripa.

—Por eso —razonó el custodio, mientras seguíamos caminando por los pasillos de la cárcel— te van a joder duro. Y la muestra de eso es que tu caso lo va a llevar el juez Roberto Suárez Muñoz.

En menos de un minuto me puso al tanto de quién era —desde su punto de vista— el juez segundo de lo penal, Roberto Suárez Muñoz, que llevaría mi caso.

—Es de los más consentidos de la PGR [Procuraduría General de la República] —dijo como si estuviera leyendo su currículum vitae—. Es de los que les gusta dictar sentencias, pero con la

314

aprobación del gobernador. No avanza ningún caso sin que lo esté informando a la PGR, y solo acepta las pruebas que son autorizadas por el [entonces] secretario de Seguridad Pública, Genaro García Luna. De hecho, toda su carrera profesional —desde que comenzó como chofer hasta ese momento en que era juez de distrito— ha estado marcada por sus relaciones políticas con el poder, y no tanto por su desempeño como empleado del Poder Judicial de la Federación.

Aquella breve explicación me dio cuenta clara de la pesadilla que estaba por presentarse ante mí. Por formación profesional entiendo lo que es la comunicación no verbal y sus principales implicaciones psicológicas. Cuando conocí a mi juzgador me di cuenta del verdadero problema en el que me encontraba: sus manifestaciones psicológicas por su comunicación gestual me dejaron en claro que estaba frente a una persona que miente, que manipula, que tiene que actuar en ambientes controlados. Cuando una situación se le escapa de su control opta por el alejamiento de ello, pero sin abandono.

Durante todo mi proceso penal —que duró tres años y 15 días, de los cuales los primeros 10 días estuve preso en la cárcel estatal de Puentecillas, en la ciudad de Guanajuato, y los otros tres años y cinco días los pasé encerrado dentro de la prisión federal de Puente Grande, en el estado de Jalisco— acudí en 18 ocasiones ante el juzgado para atender asuntos relacionados con mi causa penal. De todas esas veces, solo una pude ver de frente a mi juzgador y hablarle, aunque él no habló conmigo. Esa ocasión fue cuando me dictó el auto de formal prisión.

La sentencia me llegó de manera abrupta. Yo estaba a la espera de poder hacer mi declaración preparatoria para, en una vana ilusión de que se me juzgara imparcialmente, decirle al juez cómo había sido mi secuestro, mi entrega a un grupo de Los Zetas para que me asesinara, las tres noches de tortura a manos de la Procuraduría de Justicia de Guanajuato para que me autodeclarara responsable de los delitos graves de fomento al narcotráfico y delincuencia organizada, y hasta poder decirle la forma en que se había integrado a mi expediente una historia fantasiosa de delincuencia. Tenía la necesidad de decir en mi declaración ante el juez lo que el agente del Ministerio Público se negó a escribir en mi declaración ministerial: los nombres de los agentes que me habían secuestrado y que en ese momento se presentaban como declarantes en mi contra.

Para mí era fundamental mi declaración preparatoria frente al juez de la causa para decirle que previo a mi secuestro ni siquiera había un oficio ni mucho menos una carpeta de investigación sobre mi persona —cosa que sería anormal si yo fuera el "gran delincuente" de que se estaba hablando ya en el expediente—. Necesitaba decirle al juez que mi declaración ministerial fue ante un agente del Ministerio Público del fuero común, incompetente de origen para tomar declaración por supuestos delitos del fuero federal. Me urgía hablar con el juez para decirle que fui secuestrado, que no fui detenido en flagrancia de ningún delito, mucho menos del orden federal. Pero sobre todo para explicarle las huellas visibles de mi tortura. En pocas palabras, yo pensaba que en México sí había rectitud y honestidad en los jueces federales.

A mi llegada al juzgado me estrellé con la realidad. Cuando me tocó estar delante del juez, este me ignoró. El juzgador ni siquiera me vio a los ojos porque estaba atento respondiendo lo que supuse eran mensajes de texto a través de su teléfono celular. Le pedí la palabra una vez, y "no me escuchó", pensé. Volví a insistir. Otra vez en su mundo. Iba a pedirle por tercera vez la palabra cuando el actuario —que me veía de reojo mientras arreglaba un legajo— por pena o por decoro me dijo que en un momento me daban —así, en plural— la palabra, para que yo pudiera exponer lo que en derecho fuera.

Por instrucción del juez, el actuario dio lectura al auto de formal prisión. Me declaró formalmente preso por la probable comisión de los delitos de fomento al narcotráfico y delincuencia organizada.

Al término de la lectura le volví a pedir la palabra al juez para exponerle todos mis argumentos, al menos los que tenían que ver con la falta de mi declaración preparatoria, pero el juez me pidió que guardara silencio. Dijo que la toma de mi declaración se haría en el deshago del proceso, en un momento aún por definir. En seguida le solicité que a través de él se le diera cuenta a la entonces Fiscalía Especial para la Atención de Delitos Cometidos contra Periodistas —el primer antecedente del Mecanismo Federal de Protección de Periodistas—, y el juez me respondió que ese juzgado no estaba facultado para ello.

Le insistí al juez que se tomara en cuenta el proceso de tortura que sufrí. Que antes de que desaparecieran diera vista de mis lesiones físicas, pero el juez me refirió —pese a lo evidente de las magulladuras— que de acuerdo con lo establecido en el expediente yo no había sufrido lesión alguna. Me recordó que obraba una constancia en el expediente levantada y firmada por quien decía ser el doctor Alejandro Carrillo Elvira, en donde —sin haberme revisado— estableció por escrito que yo no presentaba ningún tipo de lesión física. Eso fue suficiente para que el juez Roberto Suárez Muñoz no tomara en cuenta mi dicho. El juez fijó hora y día para la audiencia de declaración preparatoria, no sin antes acordar con el agente del Ministerio Público Federal adscrito al Juzgado Segundo de lo Penal en Guanajuato la valoración de mi grado de criminalidad.

Apenas tomado el acuerdo, el juez ordenó que se me practicaran las baterías de criminología necesarias, con el fin de que se pudiera establecer de qué nivel era mi grado de peligrosidad. ¿Por qué un estudio para valorar mi nivel de criminalidad? Muy simple: esa era la única salida para no manchar con mi proceso penal la imagen del gobierno de Guanajuato, que tenía las manos metidas atorando un adecuado proceso penal. La corrupción del juez Suárez Muñoz fue la que hizo posible que el gobierno estatal de Juan Manuel Oliva Ramírez limpiara su imagen con un estudio de criminalidad sobre mi persona. Ahora lo explico.

En los días en que se dio mi encarcelamiento en la prisión estatal de Guanajuato, en los medios de comunicación masiva la asociación Reporteros Sin Fronteras (RSF), encabezada por Balbina Flores, litigaba por mi inocencia. A través de varios comunicados a la prensa, RSF estableció que yo, sin una sola prueba, estaba recluido en una cárcel de Guanajuato, acusado de delitos graves. Por ello se estaba exigiendo mi libertad. La postura de RSF fue insistente y comenzó a hacer mella en la opinión pública. Al gobierno de Guanajuato se le venía una crisis de credibilidad, al menos una acusación severa de represión a la libertad de expresión y el libre ejercicio periodístico. Por esa razón el gobernador Juan Manuel Oliva Ramírez le ordenó al juez Roberto Suárez Muñoz que buscara la forma de sacarme del estado, a través de mi remisión a otra cárcel, pero que no perdiera el control del caso. Esa era la instrucción del presidente Felipe Calderón.

La única manera de sacarme de la cárcel estatal de Guanajuato sin necesidad de perder el control del proceso penal era mediante mi envío a una cárcel federal. Eso sería posible solo si se me declaraba un reo de altísima peligrosidad. Lo que además justificaría mi encierro en una cárcel federal, y la no renuncia al proceso de enjuiciamiento por parte del juez de la causa. Y para llegar a ese punto se necesitaba hacer un examen criminológico que dictaminara que la cárcel de Guanajuato no podría contener mi grado de criminalidad. Por eso de manera alevosa el juez Suárez ordenó un examen criminológico a modo. Dicho examen me lo practicó en menos de dos minutos una diminuta criminóloga que un día de esos llegó a la puerta de la Jaula. Le temblaban las manos. Ella tenía no más de 25 años y las mejillas rosadas y pecosas. Tenía una bata blanca y una libreta de taquigrafía. Era como un bloc de reporter.

Se paró frente a la Jaula. Todos los presos ávidos de deseos insanos se la querían tragar. Por eso creo que era el miedo. Lo más lejos que pudo estar de la reja, acompañada de don Nico, que no dejaba de sonreír, la diminuta criminóloga me llamó por mi nombre. Salí con esfuerzo de entre la masa de presos que adentro nos arremolinábamos, tomando turnos en la reja del frente, para poder halar algo de aire. Era mayo y los calores de Guanajuato eran intensos. Con trabajos quedé pegado como una calcomanía en la reja. La criminóloga volvió a gritar mi nombre en la forma más tímida que he visto jamás.

Le dije que aquel que buscaba era yo. Me preguntó mi nombre completo. Se lo dije de la misma forma como ella llegó preguntando por mí. Luego me preguntó mi edad. En aquellos días yo tenía apenas 40 años. Mi nombre y mi edad los anotó en la libreta Scribe azul de reportero y desapareció en el acto. Fue todo lo que me dijo. Don Nico se quiso disculpar con un encogimiento de hombros y una franca sonrisa.

—Muchachas, ya ve cómo son las muchachas —dijo mientras apresuraba el paso para alcanzar a la criminóloga.

No pasaron más de cinco días cuando fui llamado al juzgado. Eran las 10 de la noche cuando el actuario me notificó que por decisión del juez Roberto Suárez se había ordenado mi traslado de aquella cárcel estatal a la prisión federal de Puente Grande, Jalisco. Entre otros argumentos —según me explicó el actuario—, el traslado era porque se me consideró como "un reo de altísima peligrosidad, que podría crear cualquier arma a partir de cualquier material que se me proporcionara". Se argumentó que por mi grado de "peligrosidad" ponía en riesgo la estabilidad de aquel penal estatal y hasta la seguridad de los otros internos ahí recluidos. Por eso la necesidad de recluirme en una cárcel federal, "en donde usted mismo se encontrará más seguro y no será usted un riesgo para la sociedad", terminó explicándome el actuario, que no dejaba de mirarme como una cosa extraña. Mi notificación de traslado fue rápida. A las 10:20 de la noche crucé por última vez el patio de la cárcel de Puentecillas, en Guanajuato. Era una noche cálida y plateada. La luna se quedó clavada y colgando de una de las serpentinas metálicas que adornaban aquellas paredes.

Al día siguiente, antes del pase de lista, en punto de las siete de la mañana, un tropel de oficiales de custodia fue por mí a la Jaula. Me entregaron la ropa con la que había ingresado a la cárcel. Dejé el pantalón, la sudadera café y las sandalias patas de gallo que se habían convertido en parte de mi uniforme aquellos días de breve estancia en Guanajuato. Afuera del penal estatal de Puentecillas ya esperaba un convoy de seguridad que vigilaría mi traslado: me subieron a una camioneta Suburban de la Procuraduría General de la República. Me sentaron en el asiento de en medio. Detrás de mí iban dos hombres armados y otros dos —uno en cada costado— se sentaron junto a mí. Adelante, el chofer y el comandante a cargo del traslado.

—¿Qué te comiste? —preguntó sorprendido el comandante a cargo—. ¿Quién eres? —insistió en voz baja como para él mismo tratar de entender aquel aparato de seguridad poco usual bajo el que fui custodiado.

Desde mi posición se podía ver lo espectacular del operativo de traslado: en la vanguardia del convoy iban dos camiones Mercedes Benz de la Sedena con 27 soldados cada uno. Después, dos camionetas Suburban de la PGR, con por lo menos otros seis agentes cada unidad. Luego, la camioneta en la que yo iba esposado de pies y manos, sujeto al asiento con una correa de cuero. En la retaguardia del convoy otras dos camionetas también con por lo menos seis agentes de la PGR cada una. El desfile de seguridad lo coronaban cinco camionetas de la Policía Federal Preventiva (PFP) con por lo menos ocho agentes federales cada una.

Ante aquel sorprendente despliegue de seguridad, diseñado desde la oficina del secretario Genaro García Luna para cubrir el traslado de un solo preso, el comandante a cargo volvió a preguntarme, siempre en un tono amable, quién era verdaderamente yo. No pudo evitar la carcajada cuando le respondí que a esas alturas ni yo sabía quién era. Me volvió a preguntar quién era y por qué tanto "gobierno" me iba cuidando. Le dije mis generales cuando por tercera vez me los volvió a pedir. No desperté ningún interés cuando escuchó mi nombre. Solo movió la cabeza cuando le dije que era periodista.

—¡Ah! Tú eres el periodista —dijo como respondiéndose en ese momento a muchas de sus dudas.

No volvimos a cruzar palabra. El trayecto desde la ciudad de Guanajuato a Guadalajara duró seis horas. Llegamos a las puertas de Puente Grande en punto de las cuatro de la tarde. A las 4:15 de la tarde se abrieron las puertas del infierno. Una jauría de oficiales de custodia del penal federal de Puente Grande salió a recibirme como si ya me estuvieran esperando y como si ya me conocieran. No hubo necesidad de que me dijeran cuánto me odiaban al solo pisar el suelo de aquella cárcel. Las botas y los puños cerrados golpeando cualquier parte de mi humanidad hablaban de todo el odio que, en los últimos días, meses o años, habían reservado para mí.

Me dolió y me dio mucho miedo escuchar lo que uno de los que me dieron la bienvenida a Puente Grande dijo, mientras me levantaba del suelo luego de la primera ronda de golpes:

—Esto es cortesía del sistema. Bienvenido a Puente Grande, donde los güevos no son al gusto.

El ritual de bienvenida a la prisión federal de Puente Grande, consistente en una despiadada golpiza, se iniciaba con una especie de entrevista que hacía el comité de recepción, integrado por el director del penal y todos los miembros del Consejo Técnico Interdisciplinario.

Durante los primeros seis meses de mi estancia de tres años y cinco días que pasé en la prisión federal de Puente Grande los custodios siempre me hicieron saber que la "terapia de reeducación" a la que estaba siendo sometido era por instrucción del juez de mi causa. Yo no lo dudé ni un momento, por dos razones: primero, porque nunca más, aun cuando solicité ver a mi juzgador, tuve la posibilidad de hablar con él. Roberto Suárez Muñoz, violentando el orden, siempre me negó mi derecho de audiencia. Y segundo, porque aun cuando en la Cámara de Diputados y en el Senado de la República hubo puntos de acuerdo para que se me protegiera con el Protocolo de Estambul, que previene la tortura y tratos crueles e inhumanos, el juez Roberto Suárez nunca verificó que yo estuviera a salvo de esos tratos ilegales que eran cotidianos en la cárcel federal de Puente Grande.

Si fue o no el juez de mi causa quien ordenó mis golpizas a manera de tortura dentro de la cárcel federal, al menos en la dirección del penal de Puente Grande sí se las atribuyeron a él, y así me lo hicieron sentir cada una de aquellas madrugadas de los primeros seis meses que pasé en reclusión, cuando me sacaban entre las 12 de la noche y las tres de la madrugada "a caminar" alrededor del patio. Aquellas caminatas en realidad eran eventos de tortura que, resumidamente, consistían en bañarme con un chorro de agua fría a presión. Me hacían rodar por el piso empujado por el chorro de la manguera. Luego me hincaban. Venía una golpiza con toletes sobre mi espalda, siempre con el acoso de perros a centímetros de mi cara.

Contra todo principio del derecho y contra todo lo establecido en el marco legal, cuando este juez debió haber sido garante de mi vida y mis derechos fundamentales dentro de prisión, solo porque pudo hacerlo, actuó en forma arbitraria. El juez Roberto Suárez Muñoz nunca garantizó mi sobrevivencia dentro de la cárcel, pese a la tortura que prevalecía. Aunado a lo anterior, como para garantizar que mi caso no fuera desechado por algún juez honesto de los que, aunque muy pocos, todavía hay dentro del Poder Judicial, Suárez Muñoz determinó enviarme a una cárcel federal en Jalisco, pero el caso siguió en sus manos dentro del Juzgado Segundo de lo Penal, en Guanajuato.

Mi proceso se llevó a través de la figura del "exhorto", que no es otra cosa que un método del que rutinariamente se valía el antiguo sistema de justicia penal para hacer más lentos y tardados los juicios. Este acicate se aplicaba cuando un juez decidía —solo porque podía— hacer muy tardado un proceso penal, fuera porque no había forma de sentenciar condenatoriamente al acusado o porque el señalado era "recomendado" por algún alto funcionario o una persona poderosa. Mediante esa figura se le hacía la vida imposible al procesado: se le negaba acceso al juez, se dilataban las audiencias, se prorrogaban los plazos. Todo se hacía más engorroso por ser diversos jueces los que llevaban el caso, pero solo uno decidía. También esta figura del exhorto se aplicaba cuando un proceso era de tal interés para algún juez que este se negaba a que otro juzgador lo pudiera sentenciar en forma distinta a la planeada originalmente.

Por eso, a pesar de que yo fui trasladado de la cárcel estatal de Puentecillas, en el distrito judicial en Guanajuato, para ser internado en la prisión federal de Puente Grande, en el distrito judicial en Jalisco, mi expediente quedó radicado en donde en un principio fui procesado, en Guanajuato. De esta manera Roberto Suárez siempre tuvo bajo su control mi proceso judicial, sin importar que se violentara mi derecho a la defensa al no tener a un juez determinado a quien dirigirme en mi nuevo sitio de reclusión.

No solo fue el no poder acceder a un juez que conociera mi caso, también dejé de tener acceso a un defensor de oficio que conociera mi proceso penal y en consecuencia que siguiera una determinada estrategia para llevar a cabo mi defensa; como mi caso quedó radicado en el distrito de Guanajuato, también asumió la defensa un abogado de oficio de aquella demarcación, el cual hacía las diligencias por exhorto, solicitando apoyo de la oficina de la Defensoría de Oficio del distrito judicial en Puente Grande, Jalisco. Por eso cada vez que yo tenía que acudir ante el juzgado para diligencias en compañía de mi defensor de oficio, siempre lo hice con un abogado distinto. Por lo general cada abogado de oficio que me acompañó en diversos momentos de mi proceso desconoció totalmente mi caso.

Entre otras aberraciones judiciales que se registraron en mi proceso penal, en donde la más evidente es la aplicación del acicate del exhorto, podría destacar la negativa del juez a reconocer que fui objeto de tortura, incomunicación ilegal y secuestro por parte de la Procuraduría de Justicia de Guanajuato. Además, alejándose de su calidad de juzgador imparcial, Roberto Suárez siempre se negó siquiera a escuchar los argumentos de mi secuestro a manos del que sería luego mi acusador de oficio, el policía Ángel Ruiz Carrillo. Asimismo, como si fuera la parte acusadora, protegió y dio preponderancia a los testimonios incriminatorios de mi acusador, sin importar que esos mismos dichos estaban contenidos en otros procesos penales. Al juez de mi causa no le importó, o lo pasó inocentemente por alto, que quien me incriminó con dolo como narcotraficante fuera el mismo policía ministerial que, a manera de un testigo protegido o soplón de la Procuraduría, también declaró en contra de otras personas que bien pudieron ser inocentes.

La conducta inmoral o prevaricación en la que incurrió Roberto Suárez, que tuvo su clímax sin parangón al momento de argumentar en mi contra una sentencia condenatoria, en primera instancia, de 20 años de prisión por los supuestos delitos de fomento al narcotráfico y delincuencia organizada, nunca fue sancionada por el Consejo de la Judicatura Federal. Eso solo se entiende porque dicho personaje fue parte del equipo de juzgadores que el Consejo de la Judicatura puso a disposición del entonces secretario de Seguridad Pública, Genaro García Luna, con el fin de que le ayudaran a empujar desde la administración de justicia la guerra contra el narco, aunque esta se fincara en mentiras y sobre los huesos rotos de miles de personas que fueron injustamente encarceladas y sentenciadas con alevosía.

En el gobierno del presidente Felipe Calderón, tal vez por los servicios prestados a favor de la corrupta administración de justicia que prevaleció en ese sexenio, el juez Roberto Suárez fue premiado. Dejó de ser el titular del Juzgado Segundo de lo Penal en Guanajuato para convertirse en magistrado del Primer Tribunal Colegiado en Materias Administrativa y Civil en Tamaulipas, en febrero de 2016, por decisión del ministro presidente de la Suprema Corte de Justicia de la Nación, Luis María Aguilar Morales.

El juez que se excedió en funciones, solo porque podía hacerlo o tal vez por ser lacayo de la corrupción que floreció durante el calderonato, cobró bien al Estado mexicano sus buenos servicios de prevaricación. De acuerdo con su declaración patrimonial más reciente, la del 30 de junio de 2022, el hoy magistrado, con un salario anual de 2 millones 933 mil 994 pesos con 80 centavos, ha podido amasar una fortuna en inversiones inmobiliarias. Entre 2012 y 2021 el magistrado Roberto Suárez Muñoz se hizo dueño de siete terrenos, el más reducido con una superficie de 300 metros cuadrados, mientras que el más extenso es de 127 mil 509 metros cuadrados. Seis de estos terrenos fueron comprados a crédito y uno de ellos de contado. La suma total del precio pagado por todos sus terrenos fue de 5 millones 529 mil 808 pesos, una cifra que sin duda está vetada para poseer el grueso de los mexicanos, y menos en un lapso de nueve años de trabajo honesto.

La compra de bienes inmuebles no es la única debilidad de este magistrado que puede hacer lo que quiera con el dinero que le reditúa su labor como juzgador del Poder Judicial de la Federación. También —de acuerdo con su declaración patrimonial que se expone públicamente en la Plataforma Nacional de Transparencia— tiene gusto por los vehículos automotores de alta gama: en 2010, cuando aún era juez de distrito, compró de contado un vehículo Dodge Ram por la cantidad de 454 mil 720 pesos. En 2017 compró un auto Buick a crédito, por la cantidad de 360 mil 700 pesos. En 2019 repitió la operación y compró a crédito un automóvil Volvo a razón de 700 mil pesos, y en 2021, otra vez a crédito, compró otro auto de la misma marca Volvo por el que pagó otros 700 mil pesos.

Del mismo modo, solo que en el ámbito del Poder Judicial local, el que por sus servicios de prevaricación fue recompensando por el sistema fue el procurador de Justicia del estado de Guanajuato, Daniel Federico Chowell Arenas. El mismo que avaló prácticas crueles e inhumanas —como la tortura a la que fui sometido— dentro de las agencias del Ministerio Público del fuero común en Guanajuato fue llevado a un cargo de juzgador dentro del Poder Judicial local. Por su relación con el entonces presidente Felipe Calderón, y por la protección que recibió de Genaro García Luna —el hombre fuerte de aquel sexenio—, en 2010 Chowell Arenas apenas dejó el cargo de procurador estatal fue designado como magistrado del Supremo Tribunal de Justicia del Estado de Guanajuato. Su encargo venció en 2017, pero en ese mismo año, con el aval del entonces secretario de Gobernación, Miguel Ángel Osorio Chong, el pleno de la Cámara de Diputados del Congreso local de Guanajuato reeligió a Daniel Federico Chowell para un segundo periodo como magistrado del Supremo Tribunal de Justicia de Guanajuato, cargo que se vence en mayo de 2024.

La dimensión de la corrupción que permea dentro del Poder Judicial de la Federación es más entendible cuando se ejemplifica con dinero. Esa fue la estrategia del presidente Andrés Manuel López Obrador para explicar a sus huestes el deslizamiento de los jueces, magistrados y ministros hacia el lado oscuro del servicio público. Una vez que no pudo hacerse del control del Poder Judicial de la Federación, con base en una campaña publicitaria fincada en el eslogan "Más austeridad y menos privilegios", el jefe del Ejecutivo federal sembró el bulo de que la corrupción dentro del Poder Judicial de la Federación se centraba solo en los altos salarios y los grandes privilegios económicos con los que se regodean los mandos encargados de impartir justicia en México.

Fue un bulo porque no quiso señalar —en el fondo de la denuncia pública— que la corrupción más brutal dentro del Poder Judicial de la Federación se debe a la falta de una verdadera impartición de justicia, y no solo se da por los altos salarios y las prestaciones económicas dignas de un principado, la mayoría resultantes del manejo discrecional de 13 fideicomisos económicos. No se quiso adentrar en que la corrupción de la mayoría de jueces, magistrados y ministros tenía que ver más con sentencias a modo, protección de grupos criminales, venta de plazas laborales, prostitución de la justicia, comercialización de la impunidad, venta de servicios judiciales a grupos fácticos de poder, pero sobre todo por la discrecionalidad de los mandos judiciales para protegerse entre iguales y permitirse el nepotismo y otros vicios, para que todo quedara en familia.

De manera didáctica o aleccionadora, el presidente López Obrador, desde que fracasó su intento de control al Poder Judicial de la Federación, a través de la manipulación o las buenas relaciones que mantuvo con el entonces presidente de la Suprema Corte de Justicia de la Nación (SCJN), el ministro Arturo Zaldívar Lelo de Larrea, y se topó con la sucesora de este, la insumisa ministra Norma Piña Hernández, comenzó a construir gran parte de su discurso público, sobre todo el de las conferencias mañaneras, en el descrédito de todos los integrantes del Poder Judicial de la Federación, todo eso con base solo en las prestaciones y salarios. Sin tocar el fondo en el problema de corrupción que enfrenta el Poder Judicial de la Federación, el presidente López Obrador fincó como único método didáctico el azuzamiento de sus huestes, en aras de alcanzar su deseo de aniquilar —nunca para reformar— al Poder Judicial de la Federación.

El mal manejo o al menos el cuestionable manejo de los fideicomisos que opera el Poder Judicial de la Federación, a través de la rectoría de la SCJN o del Consejo de la Judicatura Federal (CJF), ha sido el inmejorable pretexto para inclinar a la opinión pública hacia una supuesta necesidad de reforma orgánica al Poder Judicial. Por eso la campaña que —más allá de la retórica— todos los días siembra en el imaginario colectivo la necesidad de transformar la actuación de los jueces, magistrados y ministros, a los que se les reprocha no tanto lo torcido de sus decisiones judiciales y su servicio a favor de una clase privilegiada, sino que se les reclama que vivan como los trabajadores de la impartición de justicia mejor pagados del mundo.

Con datos emitidos por la Presidencia de la República se ha informado desde los canales oficiales del gobierno federal mexicano que, debido al mal manejo de los recursos económicos —que principalmente tienen que ver con los fideicomisos oficiales—, los ministros mexicanos son los mejor pagados del mundo, que ganan más que los ministros de Estados Unidos y Canadá y que sus sueldos son cuatro veces mayores a los de los ministros de España o que ganan cinco veces más que el salario que obtienen los ministros de Brasil o de Argentina.

Desde la óptica de la campaña institucional "Más austeridad y menos privilegios" se ha informado públicamente que al cierre de 2023 cualquiera de los ministros del Poder Judicial de México gana un promedio de 8 millones 400 mil pesos anuales. Esa cantidad se encuentra por encima de los 6 millones 737 mil pesos que ganan los ministros de Canadá. El sueldo de los ministros mexicanos es también superior a los 4 millones 919 mil pesos que ganan los ministros de Estados Unidos. Es también mayor por mucho a los 2 millones 533 mil pesos que ganan los ministros de Italia o los 2 millones 066 mil pesos que ganan los ministros de España. También está muy por encima del millón 987 mil pesos que ganan los ministros de Portugal, y muy por encima de los sueldos de los ministros de Países Bajos, Guatemala, Chile o Colombia.

También es cierto que a causa de los fideicomisos que maneja el Poder Judicial de la Federación, sus magistrados, jueces y ministros se exceden en salarios y privilegios. En términos generales, cualquiera de los tres niveles de juzgadores que existen en México gana 17 veces el salario de cualquiera de los funcionarios operativos del Poder Judicial. Los ingresos de los juzgadores federales están por encima 37 veces del salario promedio que recibe por honorarios cualquier trabajador promedio registrado ante el Instituto Mexicano del Seguro Social (IMSS).

Claro que los juzgadores federales mexicanos son una clase social aparte, y eso queda demostrado en las siguientes cifras económicas al cierre del 2023: un ministro gana en promedio anual 8 millones 400 mil pesos, un consejero gana en ese mismo periodo 5 millones 329 mil pesos, un magistrado de circuito obtiene ingresos anuales por 4 millones 490 mil pesos, mientras que un juez de distrito, en promedio, recibe 4 millones 517 mil pesos. En contraparte, un profesional operativo de tribunal percibe 902 mil 495 pesos al año, un técnico operativo gana 600 mil 998 pesos al año, un oficial de servicios apenas recibe por salario la cantidad de 487 mil 234 pesos, mientras que un trabajador común promedio afiliado al IMSS percibe la cantidad de 240 mil pesos al año.

Esos privilegios de los que gozan los jueces, magistrados y ministros del Poder Judicial de la Federación no serían posibles si desde pasados gobiernos no se hubiesen autorizado los fondos discrecionales con los que se recompensó a toda la estructura burocrática del país. Los fideicomisos del Poder Judicial de la Federación, que se han convertido en la manzana de la discordia, fueron creados desde la reforma al Poder Judicial que llevó a cabo el presidente Ernesto Zedillo. Fueron una especie de compensación por los daños causados por la renovación de la estructura orgánica del Poder Judicial de la Federación.

Los fideicomisos del Poder Judicial de la Federación instituidos por Ernesto Zedillo fueron fortalecidos por decisiones legislativas en los gobiernos de Vicente Fox, Felipe Calderón y Enrique Peña Nieto. Dichos fideicomisos llegaron a sumar fondos por más de 30 mil millones de pesos. Hasta la llegada de la Cuarta Transformación, quedó en evidencia que el monto global de esas cajas chicas de fomento a los grandes privilegios llegó a tocar el techo financiero de los 20 mil millones de pesos. Ese dinero es equivalente a una inversión de un año de becas para 2 millones 200 mil niños de educación básica o es igual al fondo que se requiere para apoyar a 222 mil campesinos inscritos en el programa Sembrando Vida.

El argumento de los ministros de la SCJN para justificar el manejo discrecional y oscuro de los fideicomisos en cuestión fue que dichos fondos eran parte de un esquema propio de financiamiento a las pensiones de los ministros, magistrados y jueces en retiro. El argumento puede ser válido, pero se estrella con la realidad que enfrentan millones de trabajadores mexicanos que, en promedio, al cierre de 2023, en el mejor de los casos reciben entre 7 mil 600 y

12 mil 500 pesos por mes, a manera de pensión. Por su parte, los ministros del Poder Judicial de la Federación en retiro, mediante la operatividad de los fideicomisos, logran una pensión vitalicia de más de 300 mil pesos mensuales; tienen derecho a un seguro de separación individualizado por la cantidad de 20 millones de pesos, solo por 15 años de servicios; adquieren un seguro de vida de 12 millones de pesos y un haber al momento de la jubilación; pueden quedarse con los vehículos que el Poder Judicial les asignó durante su vida laboral y cuentan con el pago de dos personas de apoyo en su jubilación.

Como efecto de los mismos fideicomisos, "los ministros tienen seguros médicos y jubilaciones que ni Obama tiene", según reza la campaña de señalamientos que se ha instituido desde la Presidencia de la República en contra del Poder Judicial de la Federación. Y tienen razón los señalamientos oficiales, pues todos los ministros de la SCJN y del CJF cuentan con un seguro médico, que también beneficia a toda su familia, por la cantidad de 30 millones de pesos; cuentan con un apoyo especial para la compra de medicamentos de 188 mil pesos al año; también cuentan con otro seguro de vida, llamado "institucional", por la suma de 12 millones de pesos, además de contar con seguro de daños para automotores y casas, así como un apoyo económico para la compra de anteojos; este beneficio es para los ministros, sus cónyuges y sus hijos.

Si lo anterior fuera poco, gracias a los fideicomisos los ministros —y en medida proporcional los magistrado y los jueces— también tienen beneficios económicos en tecnología y comunicación: cada ministro tiene derecho a la adquisición anual de seis teléfonos celulares de alta gama, con plan ilimitado de datos; se les dota de tres equipos de cómputo e impresión para ser instalados fuera de sus oficinas, y también cuentan con el beneficio de adquisición de tres iPads con servicio de internet ilimitado. Además, como beneficio adicional, los ministros y las ministras no desembolsan un solo peso para su propia alimentación, ellos y ellas cuentan —de acuerdo con datos de finales de 2023— con un fondo de 723 mil 690 pesos para consumo de alimentos en restaurantes.

Gracias al uso discrecional de los fideicomisos, los mandos del Poder Judicial de la Federación pueden darse una vida regalada a la que no cualquier mexicano puede acceder. Entre otros privilegios —aparte de los altos salarios— de los que gozan los ministros de la SCJN y del CJF, destacan el acceso a un comedor en la SCJN, en donde se pueden ordenar a la carta bebidas alcohólicas y alimentos; acceso mensual a un fondo de 5 millones 540 mil pesos para la contratación de personal; derecho de uso dos vehículos blindados, un bono para consumo de combustible por 22 mil pesos mensuales y pago ilimitado de peaje en autopistas de todo el país; servicio de escoltas de protección federal; atención personalizada y privilegiada en aeropuertos y en trámites de licencias, visas y todo tipo de reservaciones o trámites burocráticos.

Los fideicomisos del Poder Judicial de la Federación también garantizan a los ministros viáticos ilimitados en alimentación, transporte y hospedaje en viajes por cualquier parte del mundo, y cuentan con un pasaporte diplomático para ellos y su primer núcleo familiar. Tienen el beneficio de dos periodos vacacionales al año, de 15 días cada uno; tienen también derecho a un sistema de videovigilancia en sus domicilios, papelería personalizada, servicio técnico para comunicación, cómputo y reparación de sus casas las 24 horas del día, todos los días del año. Es decir, los ministros y dueños del Poder Judicial de la Federación viven —a costa del erario— en el ideal de la aspiración de millones de mexicanos.

Agradecimientos

Este trabajo no habría sido posible sin el valioso apoyo que, desinteresada y cariñosamente, hicieron Michel Ada, Inna Paola Plaza Reséndiz, Hortensia Olvera, Adriana del Pilar y Carlos Rodríguez, Anaid Castelán y Aarón, quienes fueron refugio en la tormenta y me ayudaron a sostenerme en el periodismo libre.

Nota del autor: este es un trabajo de periodismo independiente. En ningún momento de esta investigación se utilizaron fondos o recursos públicos u oficiales. Tampoco se aceptó dinero, para el financiamiento de la investigación de personas con intereses en el tema. El trabajo de investigación y gabinete fue financiado única y exclusivamente por el autor. Hubo algunas aportaciones por parte de algunos particulares que —sin saber en qué sentido iba la investigación periodística— decidieron ayudar con aportaciones que sirvieron de mucho. A ellas y ellos, todos usuarios de YouTube gracias:

Olga Meza Aguilar, Francisco Javier Vázquez Banda, Horacio Dávila Velázquez, Rubén García Meza, Lilia Sánchez Ensch, Marco Chávez, Graciela Elizabeth Rodríguez G., Eva Hernández, Heriberto Reséndiz, Rufi Cortés, Héctor Lopez Ozuna, Esperanza Téllez, Al

Alcaraz, El Cuervo Sagrado de Plata, Michel Torres, Grace Elizabeth, Mariam Calderón, Daniel Alvarado, Conrado Alvarado, Patricia Alvarado, PaT MC, Raúl Martínez, Rudy Valencia, Ulises Kano, Mil González, Fraile Zaca, Edgar Orozco, Rosaura Ortega, Elnor Elnor, Jorge Álvarez, Verdaderas Mentiras, Lauris, Mau Spartan, Fernando Rosales Jiménez, Lupita Naes, Irma Casillas, Declan Harp, Rayo McQueen, Don Silva, Gloria Verduzco, Abogado Mendoza, AJJ NA, Marcela Vargas Peña, Florencio Martínez, Distribuciones Comarca, Cecy Herrera, Maria Dolores Egea, Marco P. Reyes, Carlos Rodríguez, Dany, Audrey Airam, Miguel Ángel Jiménez García, Arturo Bolívar, José Martz, José Romero, Rosa Cruz, Alejandra López, Julián Falcón, Ceba 73, Luishappy45, Olga Ponce, Yolanda Zamarripa, Lup león, José Romero, Ccarlos Peimbert, Kontrainfórmate, Rey Misterio, Rufi Cortes, César Sánchez, Lizz, Salmoni, Sergio Olvera Ramos, Crack Seven, Martha Adriana Guadalupe, Yolanda Martínez, Albeiro Albeira, Abel Romero, Luisa Robles, Domínguez E., Samuel Romo, Edgar Tavira, Sabino de la O, Luz del Rayo Galán, Sayury Dana, Rendón Rendón, Luly Ríos, No Deleges, Irving Valdovinos, Alejandra Bravo, Atilano Tiago, Lourdes Gutiérrez, Juan Ocadiz, Abeja Amarilla, Hilario Tetatle, Alexa Basurto, Zenaida Barbosa y Barracuda.